Euro-Vision

W0172723

Henrik Müller ist promovierter Volkswirt und stellvertretender Chefredakteur des *manager magazins*. Für seine Arbeit wurde er mit zahlreichen Preisen ausgezeichnet. Er schreibt einen wöchentlichen Kommentar zur Euro-Krise auf *manager magazin online* und ist Autor zahlreicher Bücher, zuletzt »Sprengsatz Inflation« (Campus Verlag, 2010).

Henrik Müller

Euro Vision

Warum ein Scheitern
unserer Währung
in die Katastrophe führt

Campus Verlag   Frankfurt / New York

ISBN 978-3-593-39685-9

Umschlaggestaltung: Anne Strasser, Hamburg
Satz: Fotosatz L. Huhn, Linsengericht
Gesetzt aus: Minion und Myriad
Druck und Bindung: Beltz Druckpartner, Hemsbach
Printed in Germany

Dieses Buch ist auch als E-Book erschienen.
www.campus.de

Inhalt

In diesem Buch vertrete ich ein paar weit reichende Thesen. Extreme Zeiten befördern nun mal extreme Gedanken. Meine Vorschläge werden umstritten sein, und genau das ist der Sinn der Sache. Ich bin gespannt auf die Reaktionen. Stets jedoch ist meine Argumentation von der Überzeugung getragen, dass wir alles daransetzen müssen, die Euro-Krise, die eine Krise der Europäischen Union ist, aber weit über sie hinaus wirkt, nicht in Unfreiheit, Unfrieden und Barbarei münden zu lassen. Frieden, Freiheit, Wohlstand – das sind die Ziele. Alles andere ist viertrangig.

1

»Wir haben's versaut, in ganz großem Stil«

Erstmals war mir William White im Sommer 1998 aufgefallen: Er sagte Unheil voraus, während der Rest der westlichen Welt feierte. Das klang interessant, einfach weil es sehr außergewöhnlich war, damals. Denn die Aussichten in jener Zeit schienen so freundlich und hoffnungsvoll wie seit einer Generation nicht mehr. Ein neues Jahrtausend stand bevor und es versprach unbegrenzte Möglichkeiten: Das Internet, die New Economy und die Globalisierung würden die alten Begrenzungen überwinden, ein neues Zeitalter bräche an, in dem die bisherigen Mechanismen der Ökonomie nicht gelten würden. In den USA verkündete Notenbank-Chef Alan Greenspan, Amerika genieße einen *virtuous cycle,* einen glücklichen Kreislauf aus billigem Kapital, immer mehr Investitionen, steigender Produktivität. Und in Europa schickten sich elf Staaten an, ihre historischen Gegensätze endgültig zu überwinden und eine gemeinsame Währung, den Euro, zu schaffen. Wohlstand, Frieden, Freiheit für alle – im Sommer 1998 leuchtete die Sonne hell über dem Westen.

Nur in Basel, da saß dieser William White bei der Bank für Internationalen Zahlungsausgleich (BIZ), er beugte sich über seine Zahlenkolonnen und machte düstere Vorhersagen: Die USA verschuldeten sich immer mehr im Ausland, viele Aktien waren hoffnungslos überbewertet, die Zinsen waren zu niedrig, die Liquidität zu reichlich – das konnte auf die Dauer nicht gut gehen. Also warnte White vor schwerwiegenden Rückschlägen, einer plötzlichen Dollar-Abwertung zum Beispiel. Die Reaktion damals: Kopfschütteln. Und das war noch die freundlichere Variante. Hinter den Kulissen entspann sich eine heftige Kontroverse zwischen ihm und Alan Greenspan und dessen Gefolgsleuten. White, Chefvolkswirt der BIZ und damit ein wichtiger Vordenker der globalen Notenbankergemeinde, war der Spielverderber, der Miesepeter, der nicht mitfeiern mochte, während überall sonst die Champagnerkorken knallten.

White, Jahrgang 1943, ist ein knorriger Kanadier – weißhaarig, hoch gebildet, klug, erfahren –, doch er hat nicht verlernt, geradeheraus zu formulieren, wie man das in seiner Heimat Ontario eben tut. Immer wieder habe ich Gespräche mit White geführt. Zum Beispiel Mitte der 2000er Jahre. Da war die Realität gerade dabei, seine Vorhersage von 1998 zu bestätigen. Der New-Economy-Boom war längst am Ende, aber weil die westlichen Regierungen und Notenbanken den Aufschwung künstlich immer weiter verlängert hatten, kündigte sich nun ein umso heftigeres Beben an. Im Sommer 2006 sagte mir White, er habe ja schon vieles erlebt in seinem langen Berufsleben – aber eine Situation wie diese? »So was habe ich noch nicht gesehen. Sehr, sehr sonderbar.« Nicht mehr nur die USA, viele Länder lebten nun dramatisch über ihre Verhältnisse. Amerika wies in jenem Jahr ein außenwirtschaftliches Defizit von mehr als 7 Prozent des Bruttoinlandsprodukts (BIP) aus; als White seine erste Warnung ausgesprochen hatte, lag der Wert bei nur 2 Prozent – was zeigt, dass auch verrückte, ja gefährliche Entwicklungen sich sehr lange fortsetzen können, jedenfalls wenn es niemanden gibt, der gegensteuert. Im Sommer 2006 lag die Leistungsbilanz Portugals mit fast 10 Prozent im Minus, die Spaniens mit 9 Prozent, Griechenlands und Ungarns mit 8 Prozent, Islands gar mit 15 Prozent – all jene Länder, die wenige Jahre später als Erste in den Abgrund der Krise gerissen wurden, wiesen gigantische makroökonomische Ungleichgewichte auf. Aber damals wussten wir noch nicht so recht, was da auf uns zukam. Nur dass die Welt aus dem Ruder gelaufen war, das war offensichtlich für alle, die es sehen wollten. Und White hatte Hypothesen, beunruhigende Hypothesen darüber, wie es weitergehen könnte: Entweder würde es in Kürze einen »Kollaps« der Finanzmärkte geben – mit kaum abschätzbaren Folgen für die Weltwirtschaft. Oder wir würden vor »einer langen Phase langsameren weltweiten Wachstums« stehen. Oder es gehe weiter wie gehabt, möglicherweise noch Jahre, dann käme irgendwann ein noch viel größerer Knall. Alles möglich. Nur so viel sei klar: Weiter wie bisher – das werde auf Dauer nicht gut gehen.

Wie gesagt, das Gespräch fand statt, ein Jahr bevor der US-Immobilienmarkt und der globale Geldmarkt zusammenbrachen, zwei Jahre bevor Lehman Brothers crashte und die Weltwirtschaft in die Große Rezession riss, vier Jahre bevor mit Griechenlands Zahlungsproblemen die Euro-Krise begann.

Ich schrieb einen langen Artikel über die globale Lage, der im *manager magazin* erschien.[1] White trat darin mit weiteren, bedeutenden Persönlichkeiten als einer der Kronzeugen auf. Darunter auch Jean-Paul Villain, damals Chefstratege der Adia, des größten Staatsfonds der Welt aus Abu Dhabi, sowie der Währungsfachmann Barry Eichengreen aus Berkeley. Es war die ich-weiß-nicht-wievielte Story, die ich seit Ende 90er Jahre über die globalen Ungleichgewichte veröffentlicht hatte. Nebenbei bemerkt: Die häufig gehörte Ausrede, Wissenschaft und Medien hätten ja gar nicht erkannt oder sogar verschwiegen, was sich da für eine Problemlage zusammenbraute, ist schlicht falsch. Die Wahrheit ist: Kaum einer wollte es wissen. Der globale Aufschwung ging doch immer weiter, endlich profitierte auch Deutschland davon. Im Übrigen war die Geschichte mit den Ungleichgewichten längst nicht mehr neu, man wollte sie schlicht und einfach nicht mehr hören. Ging es nicht trotzdem immer weiter aufwärts? So blieben auch die Reaktionen auf meinen Artikel im Sommer 2006 spärlich.

Ich blieb mit William White in Kontakt, auch als er altersbedingt die BIZ verließ und nun unter anderem für die OECD arbeitete, die Organisation der etablierten Volkswirtschaften. Er war für mich weiterhin ein spannender Gesprächspartner. Nicht nur seiner jahrzehntelangen Erfahrung und seiner vielfältigen Bera-

---

1   Henrik Müller (2006b)

tungstätigkeit für Banken, Notenbanken und Regierungen wegen (unter anderem war er Mitglied der »Issing-Kommission«, die die Bundesregierung beim Thema Finanzmarktregulierung beriet), auch weil er Bücher las, die sonst niemand mehr anrührte: die »österreichische Schule«, Mises, Menger, Hajek. Das war eine Gedankenwelt, die aus der wilden Zeit der ersten Globalisierung im späten 19. und frühen 20. Jahrhundert stammte, einer Ära, die in vielerlei Hinsicht unserer eigenen Gegenwart ähnelt.

»Auf diesem Weg kommen wir nie ans Ziel«

Im Frühjahr 2011 begann ich mir ernste Sorgen zu machen. Die Krise der Jahre 2008/2009 war schon schlimm genug gewesen. Aber damals konnten die wichtigsten Staaten der Erde immerhin noch gegensteuern. Sie legten gigantische Konjunkturprogramme auf, retteten Banken, garantierten weiter die Funktionsfähigkeit des Systems. Nun aber sah es so aus, als sei der Westen definitiv pleite – als habe alles Retten und Sparen am Ende doch keinen Sinn. Zu hoch waren die Schulden: Ich hatte die Bruttoschulden, die der Internationale Währungsfonds (IWF) in seinem Finanzstabilitätsbericht veröffentlicht, aufaddiert und kam auf unvorstellbare Größenordnungen. Wenn man nicht nur die Verbindlichkeiten der Staaten betrachtet, sondern auch die Schulden der Privatbürger, der Unternehmen und der Banken einbezieht, dann stand Irland mit mehr als 1100 Prozent seines BIP in der Kreide, Großbritannien mit 850 Prozent, Japan mit 640 Prozent; das Euro-Gebiet zusammengenommen kam auf 440 Prozent, Frankreich lag etwas darüber, Portugal etwas darunter; das vermeintlich so solide Deutschland erreichte 320 Prozent; die USA kamen auf 376 Prozent. Es waren die zu Zahlen geronnenen Exzesse der Vergangenheit.[2] Seit den

---

2 Natürlich sind dies Bruttozahlen, die erstens saldiert werden müssen und denen zweitens Vermögenswerte gegenüberstehen. Doch die Vermögenswerte drohten nach einer langen Phase der Asset-Preis-Inflation zusammenzuschrumpfen. Die Bruttozahlen vermitteln deshalb einen durchaus realistischen Eindruck davon, wie anfällig die Volkswirtschaften sind.

späten 80er Jahren hatten sich die Schuldenstände, je nach Land, verdoppelt bis verdreifacht.[3] Rein rechnerisch müssten die Nationen des Westens zwischen drei und elf Jahren arbeiten, um ihre Schulden abzutragen, und in dieser Zeit dürften sie weder essen noch sich kleiden noch wohnen. Geht man aber realistischerweise von einer gesamtwirtschaftlichen Sparquote von 20 Prozent aus, müsste Irland mehr als 50 Jahre an seinen Schulden abzahlen, Großbritannien mehr als 40 Jahre, Euro-Land mehr als 20 Jahre. Ehrlich gesagt reichte meine Fantasie nicht dafür aus, mir vorzustellen, dass sich an Wachstum gewöhnte Gesellschaften über so lange Zeiträume hinweg zu eiserner Sparsamkeit verpflichten könnten.

Allein die Höhe der Verbindlichkeiten ist schon erschreckend genug. Schaut man sich aber die Tragweite dieses Problems an, wird jedem bewusst, dass es kein historisches Vorbild für die heutige Konstellation gibt. Früher konnten starke Nationen schwache Länder, die in Zahlungsschwierigkeiten gekommen waren, auffangen. Nun aber sind praktisch alle Volkswirtschaften mehr oder weniger stark betroffen. Wer kann da eigentlich noch wen retten? Stehen wir alle unmittelbar vor dem Offenbarungseid? Und was würde danach kommen?

Wieder vereinbarte ich ein Gespräch mit William White. Es wurde eine lange Konversation – über die Lage der Weltwirtschaft, über die Reaktionen der Regierungen und Notenbanken, über die Zukunft des Euro und die Perspektiven für den Dollar. Was würden die Chinesen als Nächstes tun? Wie tief würden die Immobilienpreise noch sinken? Wie viele Banken und welche Staaten würden noch pleitegehen? Wann würde die Inflation einsetzen? War der Westen reif für den Ausverkauf – materiell, ideologisch, moralisch? Große, ganz große Fragen. Und am Ende dieses Gesprächs sagte White einen schlichten, starken Satz:

»*Well, Henrik, we screwed up big time.*« Wir haben's versaut, in ganz großem Stil.

---

3   McKinsey Global Institute (2010a)

»Okay, Bill«, fragte ich ihn, »aber wie geht es denn nun weiter? Was können wir tun, um noch ein Desaster zu verhindern?« White antwortete mit einem kurzen, trockenen Lachen – und erzählte einen Witz: »Das erinnert mich an diesen alten irischen Joke. Da ist dieser Mann, der hat sich auf dem Land verfahren. Er fragt einen Bauern, wo es denn nach Dublin geht. Der Bauer guckt ihn an, überlegt kurz und sagt dann: ›Wenn ich Sie wäre, würde ich nicht von hier aus starten.‹ *If I were you, I wouldn't start from here.* Und das ist die optimistische Version der Pointe.« »Und wie geht die pessimistische?« *»You can't get to Dublin from here.«* Es gibt keinen Ausweg, jedenfalls keinen leichten. Das war die Botschaft der irischen Bauern-Parabel. So geht es Irland. So geht es Europa. So geht es dem Westen insgesamt.

Die Lage ist verfahren, doch lange Zeit wollte das kaum jemand wahrhaben.

Eigentlich ist der Westen pleite, es muss jetzt darum gehen, das Schlimmste zu verhindern – den totalen Systemzusammenbruch, begleitet von heftigen Verteilungskämpfen innerhalb der Gesellschaften, dem Erstarken gefährlicher Populisten, feindseligen Konflikten zwischen den Nationen: Wir müssen verhindern, dass Frieden, Freiheit und Demokratie im Zuge der Geldkrise unter die Räder kommen, alles andere ist zweitrangig. Mit diesen Aussichten habe ich immer wieder Notenbanker, Topmanager, Spitzenbeamte und Politiker konfrontiert. »Ach, Henrik«, lachte ein EZB-Insider, den ich seit Jahren gut kenne, »guck mal, draußen scheint die Sonne, sei nicht so pessimistisch.« Ein IWF-Abteilungsleiter antwortete ausweichend, es werde für viele Länder sehr schwierig, die nötigen Haushaltsüberschüsse zu erwirtschaften. Ein deutscher Minister sagte mir, man müsse eben über sehr lange Zeiträume hinweg sparen.

Um nicht missverstanden zu werden: Ich unterstelle diesen Leuten nicht einmal Ignoranz, sondern letztlich hehre Motive. Sie wollen sich nicht mit der Pleite des Westens abfinden. Sie stemmen sich mit aller Kraft dagegen. Warum sonst hat sich die deutsche Regierung so darauf konzentriert, die Spielregeln im Euro-Raum zu verbessern? Warum sonst haben sich die Bundesbank und ihr Präsident Jens Weidmann so vehement dagegen gewehrt, dass die Europäische Zentralbank mit ihrer ganzen Potenz zur Krisenbekämpfung eingesetzt wird? Weil sie glauben, es lasse sich noch etwas retten. Weil sie hoffen, der harte, aber seriöse Weg der Schuldentilgung und Haushaltssanierung stehe noch offen.

Was aber, wenn diese Therapie falsch ist – wenn auf die Geldexzesse der Vergangenheit nun Sparexzesse folgen, die die Gesellschaften zersetzen und die internationalen, vor allem die innereuropäischen Beziehungen vergiften? Es sind Zeiten, in denen viele Bürger in extremen Szenarien denken. Manche hamstern Konserven und beschaffen sich eine Überlebensausrüstung, falls am Tag nach dem großen Knall die zivile Ordnung zusammenbricht. Manche haben ihre Lebensversicherung aufgelöst, sind auf Gold umgestiegen oder Immobilien. Sicher, es kann sein, dass zu freigebige Notenbanken eine große Inflation anfachen, wie es sie seit den 20er Jahren in Europa nicht mehr gegeben hat. Es kann aber auch sein, dass ein rigider Sparkurs in eine lange Depression führt, ähnlich wie in den 30er Jahren. Möglich, dass ein zu nachsichtiger Umgang mit den größten Schuldnernationen die nächste, womöglich noch größere Krise verursacht. Aber kann es nicht auch sein, dass ein zu striktes Vorgehen gegen die »Schuldensünder« längst überwunden geglaubte Animositäten zwischen bisher verbrüderten Nationen Europas und des Westens überhaupt hervorbringt?

Nicht wenige in Deutschland empfehlen die Auflösung der Währungsunion in ihrer heutigen Form: der Ex-Präsident des Bundesverbands der deutschen Industrie (BDI) Hans Olaf Henkel etwa oder der Tübinger Ökonom Joachim Starbatty und natürlich auch der unvermeidliche Thilo Sarrazin. Doch gerade für die Bundesrepublik steht viel auf dem Spiel.

»Wenn wir wieder eine eigene Währung einführen«, sagte mir

ein prominenter deutscher Krisenmanager, »dann müsste die Bundeswehr die deutschen Grenzen abriegeln.«

Wie bitte?

Doch, doch, beharrte der Krisenmanager im vertraulichen Gespräch, das sei unausweichlich. Falls die Währungsunion scheitere, müsse zunächst mal verhindert werden, dass andere Europäer ins Land kämen, um ihre schwächeren Euros gegen hartes neues Deutschgeld zu tauschen. Und dann müssten eben Schlagbäume errichtet, Soldaten postiert, Autos und Lastwagen durchsucht, der Verkehr lahmgelegt, der Strom der Warenlieferungen über den ganzen Kontinent unterbrochen werden.

Das ist ein Gedankenspiel, hypothetisch, drastisch – aber ist es wirklich so unrealistisch? Man muss sich das Szenario bildhaft vor Augen führen: Bewaffnete uniformierte Deutsche stellen sich gegen ihre Nachbarn – diese Bilder würden um die Welt gehen. Emotionen würden hochkochen und Erinnerungen wachrufen an eine grausame Geschichte, die durch das europäische Projekt doch längst überwunden schien. Es wären Bilder, deren Macht sich kaum überschätzen lässt. Bilder, die den Lauf der Geschichte verändern würden. Danach sähe die Zukunft anders aus.

Die Botschaft war klar: So weit dürfe es nicht kommen. Wenn der Euro zerbräche, stände so ziemlich alles zur Disposition, was die Bundesrepublik sich in sechs Jahrzehnten aufgebaut hat – Wohlstand, Freundschaft, Ansehen, Frieden. Scheitern sei also keine Option. Doch Europa war dabei zu scheitern.

Welchen Weg die Führungsfiguren des Westens auch einschlagen, es scheint der falsche zu sein. »Wir sind an einem Ort, an dem wir nie sein wollten«, sagt William White. Es stimmt schon, was er sagte: Wir haben's versaut, in ganz großem Stil.

Der moralische Offenbarungseid des Westens

Die große Schuldenkrise ist ein epochaler Einschnitt, der der Weltgeschichte eine neue Richtung gibt. Die Kräfteverschiebung hin zu den großen Schwellenländern, insbesondere zu China und Indien, ist schon seit mehr als einem Jahrzehnt im Gange. Nun gewinnt dieser Prozess enorm an Fahrt. Welch ein Wendepunkt – das Ende einer 500 Jahre währenden Vorherrschaft des Westens auf dem Globus! Europa entdeckte die Welt und machte sie sich untertan. Die beiden neu entdeckten Kontinente – Amerika und Australien – wurden wie selbstverständlich von westlichen Mächten kolonisiert. Afrika teilten die Europäer unter sich auf. Asiatische Großmächte wie Japan und China, die noch im 19. Jahrhundert mit dem Rest der Welt am liebsten gar nichts zu tun haben wollten, wurden mit Kanonen zur Öffnung gezwungen. Es war eine Liberalisierung mit Waffengewalt, um neue Märkte zu öffnen für die Fabriken im alten Europa. Im 20. Jahrhundert war die Dominanz des Westens, jetzt erweitert um die USA, noch weit größer, trotz zweier verheerender Kriege, in denen sich westliche Nationen gegenseitig metzelten. Der Westen war derart überlegen – wirtschaftlich, technologisch, organisatorisch –, dass niemand sich ihm widersetzen konnte. Er verfügte über die größten Armeen mit der größten Feuerkraft, die die Welt je gesehen hatte. Der Westen flog zum Mond. Der Westen rüstete seinen kommunistischen Widerpart, die Sowjetunion, tot. Der Westen versprach Wohlstand für alle und Freiheit des Redens und des Handelns. Der Westen als Konzept war, vor allem in seiner US-amerikanischen Prägung, so attraktiv, dass immer mehr Nationen sich ihn zum Vorbild nahmen. Zunächst Japan, später auch China und Indien, Südostasien und Lateinamerika, sie adaptierten das technisch-ökonomische Instrumentarium des Westens an ihren Schulen und Hochschulen, sie öffneten ihre Märkte und schickten sich an, ihrerseits den Weltmarkt zu erobern und dann den Weltraum. Sie wurden zwar keine exakten Kopien des Westens, übernahmen aber Bausteine der westlichen Kultur, Technik, Ordnung. Ihre Ausdrucks- und Organisationsformen orientierten sich am Westen. Ihre Repräsentanten tragen westliche Kleidung, ihre Autos sind Kopien westlicher Modelle, ihre modernen Städte sind voll von Beton- und Glastürmen, wie sie seit Jahrzehnten in jeder beliebigen US-Großstadt stehen. Rund um den Globus sind die Wohnungen der neuen Mittelschichten ausgestattet mit Gütern nach westlichem Konsumstandard – Kühlschrank, Fernseher, Waschmaschine.

Wer die Welt heute oberflächlich betrachtet, der könnte meinen, »das Ende der Geschichte«, von dem der US-Politologe Francis Fukuyama nach dem Fall der Mauer geträumt hatte, sei Wirklichkeit geworden, weil alle Welt euro-amerikanischen Idealen nacheifert. Aber dieser Eindruck täuscht. Der Westen als Konzept hat abgewirtschaftet. Was sonst sollen Chinesen denken, wenn deutsche Emissäre nach China reisen, um Hilfsmilliarden gegen die Euro-Krise zu erbetteln, wie im Herbst 2011 geschehen? Die Geldkrise ist nicht nur eine ökonomisch-finanzielle, sondern auch eine moralisch-ideologische Pleite historischen Ausmaßes. Die Gesellschaften des Westens werden ihren eigenen Ansprüchen nicht mehr gerecht. Beispiele?

Fair und gerecht soll es zugehen? Nun ja, in der Ära der Schuldenexzesse haben sich einige Finanzjongleure fantastisch bereichert, während die Mittelschichten in vielen Ländern am Ende die Rechnungen zahlen müssen in Form von höheren Steuern, Inflation und/oder Jobverlust.

Jeder ist seines Glückes Schmied? Längst sind westliche Gesellschaften nicht mehr so durchlässig, wie sie eigentlich sein wollen. Der Aufstieg von unten nach oben ist schwierig, gläserne Decken durchziehen das Bildungssystem und die Hierarchien in Wirtschaft und Verwaltung. Kinder aus bildungsfernen Schichten starten in den meisten Ländern mit schlechten Ausgangsbedingungen.

Das Prinzip der Eigenverantwortlichkeit soll gelten? Das ist kaum zu glauben, wenn in vielen Ländern Banken, die sich verzockt haben, mit Hunderten Milliarden Dollar, Euro oder Pfund an Steuergeldern gerettet werden.

Das Privateigentum soll unangetastet bleiben? Kaum einzulösen in einer Zeit, da praktisch alle Auswege aus der Krise irgendeine Art von Vermögenseinbußen beinhalten – entweder durch Staatsbankrott, Inflation oder höhere Steuern auf Vermögen.

Die Volksherrschaft soll stets verwirklicht sein? Immer mehr Länder stehen faktisch unter einer Art Zwangsverwaltung durch den Internationalen Währungsfonds oder die EU, deren Forderungen von Expertenregierungen durchgesetzt werden. Viele Parlamente reagieren nur noch auf die Launen der Rating-Agenturen. Volksvertreter in den Parlamenten drohen zu Vollstreckungsgehilfen degradiert zu werden. Die Demokratie ist die beste Staatsform? In Europa, der Wiege der Demokratie, haben sich freiheitlich verfasste Nationen in einem Akt kollektiver Erblindung binnen eines Jahrzehnts ruiniert. In den USA paralysieren sich die Interessenblöcke des Washingtoner Systems gegenseitig, so dass das Land praktisch zwei Jahre lang ohne politische Richtung gewesen ist und deshalb immer wieder am Rand der Staatspleite entlangschrammte. Autoritär regierte Länder stehen derzeit besser da, jedenfalls finanziell gesehen: China und Russland haben extrem niedrige Schuldenstände.

Die große Geldkrise stellt nicht nur bislang sicher geglaubte materielle Werte infrage, sie relativiert auch das Wertesystem selbst in einem umfassenden Sinn. Geld ist der zentrale Wertmaßstab in modernen Gesellschaften. Doch die Ökonomen denken sich Geld in einer zu schlichten Form: Danach ist Geld Tauschmedium und Recheneinheit sowie Wertaufbewahrungsmittel; es erleichtert die Transaktion auf den Märkten für Güter und Arbeit, es befördert die arbeitsteilige Gesellschaftsordnung, steigert die Effizienz und die Produktivität, es macht Kapitalakkumulation in großem Stil erst möglich; gäbe es kein Geldwesen, könnten die Sparer ihre Vermögen, auch wenn sie noch so klein sind, nicht über Banken und Versicherungen in das allgemeine Kapitalangebot einspeisen. Tatsächlich aber ist Geld viel mehr. Geld bestimmt in modernen Gesellschaften die Verfügungsrechte, nicht nur über Güter, sondern auch über Bildungs- und Lebenschancen, über Gesundheitsversorgung – generell darüber, wie selbstbestimmt der Einzelne in der Lage ist, sein Leben zu gestalten. So werden immer mehr Bereiche des Zusammenlebens ökonomischen Prinzipien unterworfen. Weil die Gesellschaft sich zunehmend arbeitsteiliger organisiert, werden die Leistungen des Einzelnen am Markt messbar. Zum Beispiel: Wenn früher Haushalts- oder Pflegeleistungen unentgeltlich durch die Familie – meist durch nicht erwerbstätige Hausfrauen – erbracht wurden, war der ideelle Wert dieser Arbeit hoch. Frau tat, was Familiensinn und Tradition geboten. Wird diese Leistung jedoch eingekauft, dann hat sie einen Marktpreis, und zwar einen ziemlich geringen. Entsprechend niedrig ist der soziale Status der Kinderbetreuerinnen, Putzfrauen, Kranken- und Altenpfleger, die die Leistungen erbringen. Natürlich hängt der soziale Status nicht nur am Verdienst und an den Statussymbolen, die sich damit erwerben lassen. Aber das Geld hat großen Einfluss in den sozialen Beziehungen. Es errichtet Barrieren. Es eröffnet Zugänge. Es schürt große Gefühle – Neid, Gier, Scham.

Entsprechend bringt die Geldkrise das soziale Gefüge ins Wanken. Wenn Geldwerte ins Fließen geraten, lockern sich auch die ethischen Verankerungen. Neid sorgt für Destruktion. Kollektive Gier macht Menschen rücksichtslos. Scham grenzt diejenigen aus, die sich auf der Verliererseite einer an materiellen Werten orientierten Gesellschaft wähnen.

Während eines Booms, wenn plötzlich einige reich werden, kann jeder sich ausmalen, auch er werde profitieren. Wie die Gier eine ganze Gesellschaft überwältigen kann, haben in den 2000er Jahren bis dato stabile, relativ solide Länder wie Irland, Spanien und Island durchlebt. Kreditfinanzierte Baubooms stürzten weite Teile dieser Nationen in ein fiebriges Investment-Delirium. Und zwar auf Pump finanziert. Kaum einer sparte noch auf die altmodische Art, ganz normale Bürger wollten durch Immobilienspekulation reich werden. Ausläufer einer solchen Gierspirale hat auch Deutschland zu Zeiten der Internet-Blase erlebt.

Umgekehrt entfalten Rezession und Inflation eine destruktive Grundstimmung in der Gesellschaft. Wenn die ökonomischen Spielräume eng werden, obsiegt leicht der Neid. Die plötzliche und unvorhersehbare Umverteilung von Vermögen, die mit einer großen Inflation einhergeht, ist nicht leicht zu akzeptieren. Der eine besitzt Aktien von Banken, die mit Steuergeldern gerettet werden – der andere hat eine Lebensversicherung, die negative Realzinsen abwirft. Fair, gerecht und leistungsbezogen ist das alles nicht. Entsprechend wächst der Unmut. Im Extremfall kommt es zu wilden Aneignungen fremden Eigentums, so wie 1923 in Sachsen, als wütende, hungrige Arbeiter aus den Städten aufs Land zogen und dort die Bauernhöfe plünderten und demolierten. Es war eine der krassen Folgen der Hyperinflation, die damals in Deutschland wütete.[4]

Kurz: Wenn das System des Geldwertes aus den Fugen gerät, dann kann der ganze Wertekanon einer Gesellschaft ins Rutschen kommen. *Boom* und *Bust* führen in eine große Deformation. Was richtig ist und was falsch, was gut ist und was schlecht, was erlaubt ist und was tabu – all das wird in der Folge relativiert und schlimmstenfalls in sein Gegenteil verkehrt.

Kein Zweifel: Wir haben's versaut, in ganz großem Stil.

Die Angst vor dem Chaos

Dem Westen stehen harte Zeiten bevor. Die Frage ist, ob sich Europäer und Nordamerikaner fangen, ob sie zu einer Stabilisierung in der Lage sind – oder ob die Situation weiter eskaliert. Das ist keine Übertreibung: Die Zerstörung des Geldes beschädigt den Geist der säkularen Gesellschaften, weil die zwischenmenschlichen und zwischenstaatlichen Beziehungen vergiftet werden. Auch wenn es im deutschen Alltag nicht ständig so erscheinen mag: Es ist eine extreme Konstellation, in der sich der Westen befindet. Entsprechend groß ist das zerstörerische Potenzial, das daraus erwächst. Erinnerungen an andere große Verwerfungen in der Geschichte werden wach: an die frühen 1920er Jahre, als die Schuldenlasten des Ersten Weltkriegs Deutschland, Österreich, Ungarn, Polen und einige

---

4 Adam Fergusson (1975)

andere europäische Länder in Hyperinflation und Chaos stürzten und die schwachen demokratischen Institutionen mitrissen; an die 30er Jahre, als Depression und Massenarbeitslosigkeit wüteten, rechtsgerichtete Regime auftrumpften und die Volkswirtschaften des Westens in einer Spirale des Protektionismus sich gegeneinander abschotteten, bis Deutschland gegen den Rest der Welt in den Zweiten Weltkrieg zog; an die 70er Jahre, als die weltwirtschaftliche Nachkriegsordnung auseinanderbrach, als der Westen von steigender Arbeitslosigkeit und zweistelligen Inflationsraten heimgesucht wurde und sich in Ländern wie Großbritannien und Italien heftige Verteilungskämpfe zuspitzten.

Tief sind diese Phasen der Unsicherheit und Unruhe im kollektiven Gedächtnis verwurzelt. Wobei die Akzente je nach Land unterschiedlich sind: In den USA ist vor allem die Erinnerung an die 30er Jahre bis heute präsent – weshalb die amerikanischen Krisenmanager vor allem eine Deflation verhindern wollen. In Deutschland überwiegen in der Erinnerung die frühen 20er Jahre – weshalb sich Regierung und Notenbank mit aller Macht gegen die Staatsfinanzierung durch die Notenpresse sperren. In Großbritannien sind die 70er Jahre nach wie vor präsent, als wüste Streiks das Land unregierbar erscheinen ließen – weshalb sich die britische Administration um David Cameron auf den Spuren von Margret Thatcher abermals einen konservativen finanzpolitischen Kurs verordnet hat, während die Notenbank diese Linie mit freigebiger und flexibler Geldpolitik abstützt.

Die Herausforderung für die nächsten Jahre wird sein, diese unterschiedlichen kulturellen Prägungen miteinander vereinbar zu machen und einen gemeinsamen Weg aus der Krise zu finden. Wie schwierig das ist, zeigt die bisherige Geschichte der internationalen Kooperation seit Ausbruch der Krise 2008. Nachdem sich die G20 konstituiert hatten,[5] gab es zunächst einen großen Konsens, was zu tun sei: Geld ausgeben. Dadurch wurde

---

5   Zu den G20 gehören die größten Volkswirtschaften der Welt, nämlich die USA, die EU und die BRICS (Brasilien, Russland, Indien, China, Südafrika), Ölexporteure wie Saudi-Arabien sowie andere Schwellenländer wie Argentinien, Mexiko und Indonesien.

zunächst ein Absturz ins Bodenlose verhindert. Doch als sich zeigte, dass das allein nicht genügt, zerbrach der Konsens. Nicht einmal innerhalb der EU waren die Staaten in der Lage, eine gemeinsame Linie zum Management der Euro-Krise hinzubekommen. Vor allem Großbritannien und Deutschland standen sich diametral gegenüber, mit der Folge, dass Großbritanniens Mitgliedschaft in der Europäischen Union insgesamt infrage steht. Mitten in der Krise geht ein Riss durch die EU – schlechter kann es kaum laufen.

In diesem Buch versuche ich, drei Fragen zu beantworten:

1. Wie konnte es so weit kommen?
2. Wie geht es jetzt weiter?
3. Und: Wie *sollte* es weitergehen?

Das mag banal klingen. Aber häufig sind einfache Fragen keineswegs einfach zu beantworten.

Im Zentrum stehen dabei die spezifischen Probleme des Euro-Raums. Europa, das ist klar, braucht einen Plan für die nächsten Jahre – eine Euro-Vision. Denn eine Währungsunion ohne eine gemeinsame Idee kann auf Dauer nicht funktionieren.

Schluss, aus, Ende – ist das die beste Lösung für Europa?

Es ist relativ leicht, eine negative Zukunftsvision für den Euro auszubreiten. Die populäre These, wonach zerfallen muss, was nicht zusammengehört, ist schließlich in Tausenden Artikeln, Büchern und wissenschaftlichen Papieren ausgebreitet worden. Die Gelduntergangsfantasien kommen in drei Varianten daher: In der ersten Fassung scheren nach und nach die Südstaaten aus, weil sie mit der harten Währung nicht klarkommen – erst Griechenland, dann Portugal, dann Spanien, dann Italien ... In der zweiten Version steigt Deutschland aus der Währungsunion aus, weil der Euro so weich wird, dass er den Deutschen nicht mehr zu vermitteln ist. In Variante Nummer drei teilt sich die Währungsunion in einen

Nord- und einen Südblock, wobei unklar bleibt, zu welcher der beiden Teil-Euro-Zonen Frankreich gehört.

Lasst uns endlich eingestehen, dass die Währungsunion ein Irrtum war, sagen die Gelduntergangspropheten. Denn unter dem Euro-Regime werden so unterschiedliche Nationen wie Griechenland und Deutschland in eine gemeinsame monetäre Zwangsjacke geschnürt, die keinem der beteiligten Völker passt. Schluss, aus, Ende – das sei die beste Lösung.

Warum die Währungsunion bestehen bleiben soll, ist dagegen schwieriger zu begründen. So tief ist die Krise, in der Europa derzeit steckt, dass es einiger Fantasie bedarf, um sich vorstellen zu können, wie das Euro-Land in zehn oder zwanzig Jahren aussehen kann: Schließlich sind die Schulden der europäischen Volkswirtschaften heute so hoch wie nie zuvor; die Wettbewerbsfähigkeit der beteiligten Volkswirtschaften driftet immer weiter auseinander; die politischen Gemeinsamkeiten in der europäischen Politik scheinen ausgeschöpft. Krisenmüdigkeit ist spürbar – bei den vielen Millionen Arbeitslosen in Südeuropa, bei den immer tiefer in Mithaftung gezogenen Deutschen, Niederländern oder Finnen.

Es steht viel auf dem Spiel: Wenn es nicht gelingt, der grimmen Gegenwart eine positive Euro-Vision entgegenzustellen, dann dürfte die Euro-Zone tatsächlich zerfallen. Dann ist der Gelduntergang programmiert.

Es geht um nichts weniger, als durch einen kollektiven Willensakt den scheinbar vorgezeichneten Lauf der Geschichte zu ändern. Es geht darum, die ökonomische Mechanik so zu verändern, dass echter Fortschritt möglich wird. Die Euro-Vision ist ein Generationenprojekt. Ein weit über das Wirtschaftliche hinausreichendes europäisches Gesamtkonzept ist nötig. Die Euro-Krise lässt sich nicht so einfach »lösen«, auch wenn Politiker das immer wieder versprochen haben in den vergangenen Jahren. Bestenfalls steht Europa am Beginn eines langen Weges, der gesäumt sein wird von Rückschlägen, Widerständen und Widersprüchen.

Wozu der ganze Aufwand? Wieso solch ein Kraftakt historischen Ausmaßes? Warum sollte man den Euro retten? Die beste

Antwort lautet: Weil es ihn gibt. Der Euro ist eine Realität. Die Währung fußt auf Institutionen, die in den vergangenen Jahrzehnten aufgebaut worden sind. Das gemeinsame Geld hat gemeinsame Erfahrungen gebracht, die sich ins kollektive Gedächtnis der Europäer eingebrannt haben. Ein historischer Prozess lässt sich nicht einfach ungeschehen machen. Wer heute glaubt, man könnte zum Europa der mittleren 90er Jahre zurückkehren, der unterliegt einem gefährlichen Irrtum.

Es ist wahr: Die Richtung der historischen Entwicklung kann sich ändern, sogar umkehren, aber solche Umschwünge laufen selten sanft und friedlich ab, sondern fast immer abrupt und manchmal barbarisch. Hätten sich die Europäer in den 90er Jahren nicht auf den Weg zum Euro begeben, könnte man sich in der Tat fragen, ob man das Projekt der Geldvereinheitlichung heute angehen würde. Denn wie wir inzwischen wissen, sind die ökonomischen Fliehkräfte innerhalb des Währungsgebietes so groß, dass sie sich mit herkömmlichen Mitteln nicht neutralisieren lassen. Aber da es den Euro gibt, ist der Weg zurück in die Zukunft keine Option.

Falls der Euro scheitert, wird Europa sich in nationalen Gegensätzen aufreiben, wird der Binnenmarkt zerfasern, droht eine katastrophale Wirtschaftskrise, steht der Wohlstand für weite Teile der Bevölkerung zur Disposition, drohen soziale Unruhen, politische Umstürze und internationale Spannungen. Europa würde in einen lange überwunden geglaubten Zustand der Kleinstaaterei zurückfallen – ein Anachronismus in der beginnenden Epoche der Mega-Mächte USA, China, Indien ... Die Zukunft des Euro ist, so gesehen, eine Schicksalsfrage für Europa.

Um eine Vision zu entwickeln, beginnt man am besten mit der Fehleranalyse. Was ist schiefgelaufen in Europa?

Knapp gesagt: Eine Währungsunion souveräner Staaten bei offenen, hoch entwickelten Kapitalmärkten funktioniert nicht. Weil für einzelne Regionen die Zinsen und der Wechselkurs immer zu niedrig sind, für andere aber zu hoch, bilden sich Unwuchten heraus – einige Regionen boomen, andere darben, die Verschuldung erreicht exzessive Höhen. Derartige Ungleichgewichte korrigieren sich nicht von selbst – die Märkte allein richten es nicht. Sie haben es in der Vergangenheit nicht getan und sie werden es auch in der Zukunft nicht tun. Damit der Euro überleben kann, muss das Projekt vom Kopf auf die Füße gestellt werden: Ursprünglich war die Währungsunion ein zuvorderst politisches Projekt, mit dem das Zusammenwachsen der Völker Europas befördert werden sollte. Dieses starke Motiv ignorierend, wurde sie aber viel zu lange als rein ökonomisches Projekt behandelt. Damit die Währungsunion in Zukunft wirtschaftlich reibungsarm funktionieren kann, braucht sie jedoch unbedingt einen Überbau an paneuropäischer Staatlichkeit, Solidarität und Identität.

In groben Umrissen sieht die Euro-Vision so aus: Die Währungsunion entwickelt sich zu den Vereinigten Staaten von Euro-Land weiter. Einem Super-Staat mit gemeinsamer Regierung (der heutigen Kommission), einem Parlament mit echten Initiativrechten und einer Länderkammer (dem heutigen Ministerrat). Es gibt einen europäischen Präsidenten, der vom Volk gewählt wird, er steht der europäischen Regierung vor. Das europäische Parlament entscheidet über eigene Einnahmen (Steuern, Sozialabgaben, Zölle, Schulden) und eigene Ausgaben. Teile der europäischen Sozialstaatlichkeit werden auf die europäische Ebene verlagert, insbesondere eine Basisabsicherung für Arbeitslose, womöglich auch eine Basisrente; nationale Regelungen können die gemeinschaftlichen Unterstützungsniveaus aus den nationalen Haushalten aufstocken. Der europäische Super-Staat verfügt über eine vereinheitlichte Armee, die billiger und schlagkräftiger ist als 17 (oder 27) nationale Streitkräfte.

Der europäische Super-Staat muss eine Super-Demokratie sein, in der alle Macht vom europäischen Volk ausgeht. Damit eine Super-Demokratie lebendig sein kann, kann sie sich auf eine europäische Super-Nation stützen: Das Zusammengehörigkeitsempfinden der Europäer wird durch einen zunehmend grenzüberschreitend geführten öffentlichen Diskurs gestärkt. Austausch und Verständigung über gemeinsame Fragen werden öffentlich in gemeinsamen, grenzüberschreitenden Medien erörtert. Englisch findet als Zweitsprache, in der der transnationale Diskurs stattfindet, immer mehr Verbreitung. In den Schulen wird eine gemeinsame europäische Geschichte gelehrt. So wie im 18. und 19. Jahrhundert die Nationalstaaten nicht einfach vom Himmel fielen, sondern sich als Folge von bewusst vorangetriebenen Vereinheitlichungsprozessen vollzogen, so braucht Europa heute eine Art *super-nation building*. Die Nationalitäten verschwinden nicht, aber sie verlieren ihre trennende Bedeutung. Eine europäische Identität ergänzt die nationale.

Ökonomische und politische Aspekte greifen ineinander. Selbstverständlich gibt es dann einen europäischen Finanzminister und Euro-Bonds, also gemeinschaftlich garantierte Super-Staatsanleihen. Es gibt ein teilweise vergemeinschaftetes Schuldenmanagement und eine gemeinsame Kapitalmarktregulierung, so dass eine echte Lösung der Schuldenkrise möglich wird und eine Wiederholung unwahrscheinlich.

Diese Euro-Vision geht sehr weit und sie ist mutig. Sie funktioniert nur, wenn alle ihre Bestandteile realisiert werden. So wäre zum Beispiel eine stärkere fiskalische Vereinheitlichung ohne europäische Demokratisierung schlechterdings verfassungswidrig – sie würde eine Beamtendiktatur etablieren. Eine Super-Demokratie wiederum kann nicht entstehen ohne europäische Super-Identität und nicht ohne gemeinsame Medien.

Die Euro-Vision ist ein Super-Projekt, um eine Super-Krise abzuwenden.

2

»In unkartierten Gewässern«
Der Irrweg ins Schuldendesaster

Beginnen wir mit einer einfachen Feststellung: Diese Krise wird erst vorbei sein, wenn die Schulden auf ein erträgliches Niveau gesunken sind. Das klingt banal, aber das ist es nicht. Auch fünf Jahre nach ihrem Ausbruch geistert immer noch die Vorstellung durch die politischen Debatten, die Probleme ließen sich irgendwie schnell und schmerzlos beseitigen; es könne eine »Lösung« für die europäische Währungskrise geben, oder Amerika könne irgendwie einen *jump start* seiner Wirtschaft hinbekommen. Das ist Unsinn. Die hohen Schulden halten die westlichen Volkswirtschaften am Boden. Sie erdrosseln die wirtschaftliche Dynamik, so dass die Länder immer tiefer im Schuldensumpf versinken. Die erdrückenden Verbindlichkeiten machen die Finanzmärkte und die Politik anfällig für immer neue Verwerfungen. Das zerstörerische Potenzial ist gigantisch und in seiner destruktiven Kraft kaum abschätzbar: Der Westen ist, in Relation zur Wirtschaftsleistung, so hoch verschuldet wie noch nie in Friedenszeiten. Es gibt kein historisches Vorbild für die derzeitige Situation.

Die *Staatsschulden* in den etablierten Volkswirtschaften haben Level erreicht, die höher sind als während des Ersten Weltkriegs und auch höher als während der Großen Depression der 30er Jahre (siehe Abbildung 1). Nur am Ende des Zweiten Weltkriegs waren noch höhere staatliche Schuldenstände zu verzeichnen, insbesondere für die Siegernationen USA und Großbritannien. Doch es gibt einen großen Unterschied zu damals: Private Haushalte und Unternehmen waren kaum verschuldet. Die Banken waren konservativ regulierte Institute, die Spareinlagen in Kredite ver-

Abb. 1: Wie in Kriegszeiten

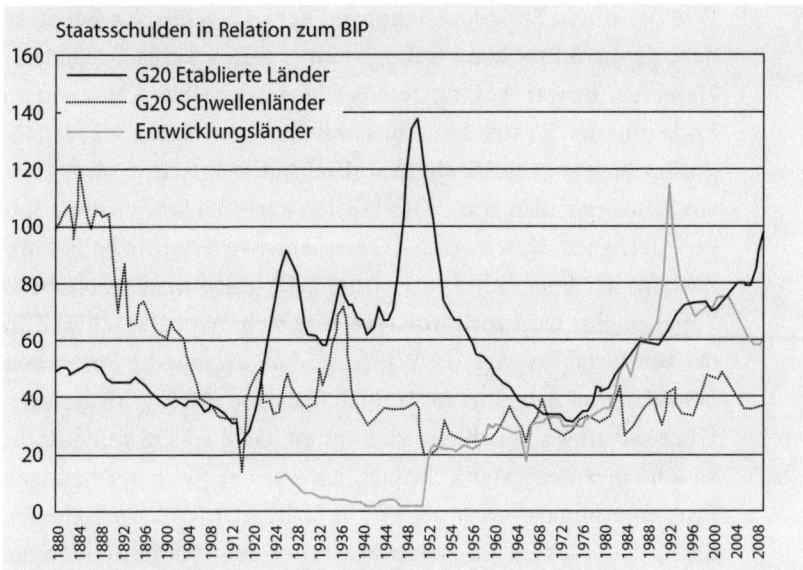

Quelle: Abbas et al. (2011)

wandelten und nicht viel mehr. Heute jedoch sind auch die *privaten* Schulden – von Bürgern, Unternehmen und Banken – in praktisch allen westlichen Volkswirtschaften so hoch wie noch nie zuvor. Wo wird all das enden? Schwer zu sagen. Wir befinden uns »in unkartierten Gewässern«, schreiben die US-Ökonomen Carmen Reinhart und Kenneth Rogoff.[6] Nur eines ist klar: Das Paradies liegt ganz woanders – wir sind weit, weit entfernt von Eden.

In der Rückschau muss man fragen, wie es eigentlich möglich war, dass sich der Westen selbst in eine derart verzweifelte Lage gebracht hat. Wie konnte es sein, dass zivilisierte, hoch gebildete Gesellschaften sich in Friedenszeiten in völliger Ignoranz in immer höhere Schulden stürzen konnten? Warum hat sich der Westen selbst derart stranguliert, dass er nun von einem ökonomischen Nahtod-Erlebnis zum nächsten taumelt?

---

6   Reinhart/Rogoff (2011)

Der Prozess der Selbstzerstörung begann mit einem Selbstbetrug.
Wie bei einem Drogenabhängigen, der sich selbst vormacht, er
habe gar kein Problem – außer wenn er gerade keine Drogen zur
Hand hat. Es war Anfang der 90er Jahre, der Kalte Krieg war zu
Ende und der Westen hatte unzweifelhaft gewonnen. Es war ein
großer Sieg – militärisch, moralisch, ideologisch –, ohne dass
ein Schuss gefallen wäre. Der Westen hatte die Sowjetunion tot-
gerüstet, allein durch seine überragende wirtschaftliche Potenz.
Anfang der 90er Jahre waren die USA die einzig verbliebene
Supermacht. Und in Europa wähnte sich Westdeutschland in
der komfortablen Lage, die Wiedervereinigung aus der Portokasse
bezahlen und nebenbei sogar noch Russland mit Zig-Milliarden-
Überweisungen beruhigen zu können. Geld spielte keine Rolle,
so schien es wenigstens. Tatsächlich war der Keim der heutigen
Probleme damals bereits gelegt: Die etablierten Volkswirtschaften
des Westens lebten auf Pump. Schon seit den 70er Jahren stiegen
die Staatsschulden schneller als die Wirtschaftsleistung. Und
dieser Prozess beschleunigte sich nochmals in den 80er Jahren:
In den USA finanzierte Ronald Reagan sein Rüstungsprogamm
weitgehend per Kredit; in Europa versuchten Länder wie Italien
und Belgien, ihre innenpolitischen Gegensätze mit immer neuen
Ausgabenprogrammen auszubalancieren – eine Strategie mit
absehbarem Ende, die ihnen Staatsschuldenquoten von über 100
Prozent des BIP bescherte.

Doch statt den historischen Sieg über den Ostblock mit einem
großen Konsolidierungsprogramm zu feiern, ging das Spiel fröh-
lich weiter. Zwar bemühten sich viele Regierungen in den 90er Jahren nun darum, ihre Haushalte in Ordnung zu bringen: In Europa
führte der Maastricht-Vertrag, der den Weg zum Euro vorzeich-
nete, die Norm ein, wonach die Staatsschuldenquote nicht mehr
als 60 Prozent des BIP betragen sollte; in den USA machte sich der
junge Präsident Bill Clinton daran, das Haushaltsdefizit in einen
Überschuss zu verwandeln und allmählich Schulden abzubauen,
was ihm immerhin über ein paar Jahre hinweg auch gelang. Doch
während der Aufbau der öffentlichen Verbindlichkeiten zeitweise

Abb. 2: Viele private Sünden
Schuldung nach Sektoren in Prozent des BIP[1]

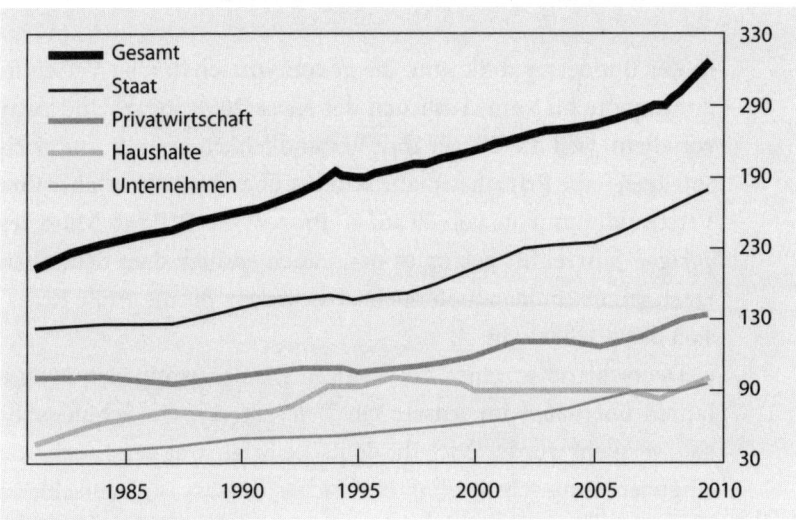

1 Durchschnitte von 18 OECD-Ländern
Quelle: Cecchetti et al. (2011)

gebremst wurde, wuchsen die privaten Schulden immer weiter, ohne dass es jemanden groß interessiert hätte. Ende der 80er Jahre lagen die Verbindlichkeiten der privaten Haushalte im Durchschnitt der OECD-Länder bei 40 Prozent des BIP. In den folgenden zwei Jahrzehnten verdoppelten sie sich auf 80 Prozent. Auch die Unternehmen arbeiteten mit einem immer längeren Kredithebel (*»leverage«*) und steigerten ihre Verbindlichkeiten im OECD-Durchschnitt von 80 auf 130 Prozent des BIP (siehe Abbildung 2).

Der Befund ist klar: Die Schuldenmanie der letzten beiden Jahrzehnte war vor allem Privatsache. Außer in Japan, wo die Tokioter Regierungen mit immer neuen Konjunkturprogrammen neues Wachstum erkaufen wollten und nebenbei die Staatsfinanzen ruinierten, waren es nicht zuvorderst verantwortungslose Politiker, die dem Westen den Rest gaben – sondern Privatbürger und Manager.

Es gab nur ein wichtiges Land, das diesem Trend nicht bedingungslos folgte.

»Good frugal Germans« –
deutsche Sonderwege und amerikanische Desaster

In der Bundesrepublik *sank* die gesamtwirtschaftliche Verschuldungsquote bis zum Ausbruch der Krise 2008 sogar. Und zwar vor allem, weil die Bürger ihre Verbindlichkeiten nach und nach abtrugen – die Privathaushalte senkten über die 2000er Jahre ihre Verschuldungsquote von 70 auf 60 Prozent des BIP;[7] ab Mitte des vorigen Jahrzehnts gelang es dann auch endlich dem deutschen Staat, seine Schuldenquote leicht abzusenken. Bis die große Rezession dazwischenkam.

Deutschland ist eines der wenigen Länder, wo in den 2000er Jahren überhaupt im Ansatz ein *Deleveraging,* ein Schuldenabbau, versucht wurde. Doch die deutsche Erfahrung zeigt auch, wie langwierig und schmerzhaft ein solcher Prozess ist; Deutschland hatte über die 2000er Jahre eine sehr schwache Binnennachfrage. Inzwischen gilt es manchem als Vorbild. Gerade in den USA, wo auf einmal Bücher wie *German Genius*, eine Lobeshymne auf die deutsche Art zu wirtschaften,[8] auftauchen und gefeiert werden und wo ein deutschstämmiger Top-Manager wie Klaus Kleinfeld, Chef des Aluminium-Multis Alcoa mit Sitz in New York, ständig öffentlich über das angebliche neue deutsche Wirtschaftswunder Auskunft geben soll. Dabei wird gern vergessen, dass Deutschlands Schuldenlasten nicht viel geringer sind als die anderer Länder – sie liegen über 200 Prozent des BIP, wenn man den Finanzsektor ausblendet, und bei 320 Prozent, wenn man die Verbindlichkeiten der Banken in die Kalkulation einbezieht.[9] Auch nicht gerade eine Glanzleistung – zumal dabei noch nicht die Euro-Garantien berücksichtigt sind, die die Bundesrepublik über EZB, IWF und die Euro-Rettungsschirme in kaum abschätzbarer Höhe eingegangen ist. Aber Deutschland verfügt über drei Stärken, die diese Schulden erträglicher machen: Zum Ersten ist die Wirtschaft wettbe-

---

7   McKinsey Global Institute (2010b), S. 23
8   Watson (2011)
9   Internationaler Währungsfonds (2011a)

werbsfähig und erwirtschaftet Exportüberschüsse. Zum Zweiten sind die Bürger relativ sparsam, die Sparquote der privaten Haushalte liegt seit Jahren um die 11 Prozent der verfügbaren Einkommen. Zum Dritten sind die Deutschen bereit, relativ hohe Steuern und Abgaben zu zahlen, so dass der Staat auf einer breiten Einnahmebasis steht. All das ist beispielsweise in Amerika anders – so dass die bröckelnde westliche Vormacht inzwischen die schwerste Schuldenlast ihrer Geschichte trägt (siehe Abbildung 3).

Im Herbst 2010, ein dreiviertel Jahr bevor die Rating-Agentur Standard & Poor's die Kreditwürdigkeit der USA erstmals herabstufte, besuchte ich Mitch Daniels. Der Gouverneur des Staates Indiana galt damals als möglicher republikanischer Herausforderer Barack Obamas. Ein nüchterner Mann. Zu nüchtern für die aufgeheizte US-Innenpolitik, wie sich später herausstellen sollte, weshalb er dann doch nicht antrat. Er ist ein konservativer Pragmatiker, drahtig, von bescheidener Körpergröße, doch beeindruckender Präsenz. Wenn er sich seinen *Hoosiers*, wie die Bürger von Indiana sich selbst nennen, nähert, fährt er mit seiner Harley über Land. Zum Übernachten lädt er sich gern in die Gästezimmer von Privatleuten ein.

An diesem Nachmittag hatte Mitch Daniels sein Jackett abgelegt. Es war noch sehr warm in Indianapolis – ein heißer Herbst in der Mitte Amerikas. Und was er zu sagen hatte, das klang nach harter Arbeit und nach Zumutungen, überhaupt nicht nach *Hope* und *Change,* den Schlagworten Barack Obamas im Wahlkampf zwei Jahre zuvor. Wie geht es weiter mit Amerika?, fragte ich ihn. Treiben die USA auf die Pleite zu? Es war die Frage, die ich all meinen Gesprächspartnern auf dieser Recherchereise stellte. Daniels antwortete spontan: Am besten sollten sich die Amerikaner ein Vorbild nehmen an den *»good frugal Germans«*, an den guten, sparsamen Deutschen. Eine Antwort, die noch wenige Jahre zuvor in den einst so stolzen, so patriotischen USA unvorstellbar gewesen wäre. Und dann brach es aus ihm heraus: »Unsere Nation steht vor enormen Herausforderungen. Wir müssen Veränderungen vornehmen, die viele für unmöglich halten.« Radikale Kür-

Abb. 3: Ein Jahrhundert – zwei Exzesse
Staatliche und private Verschuldung in den USA, in Prozent des BIP

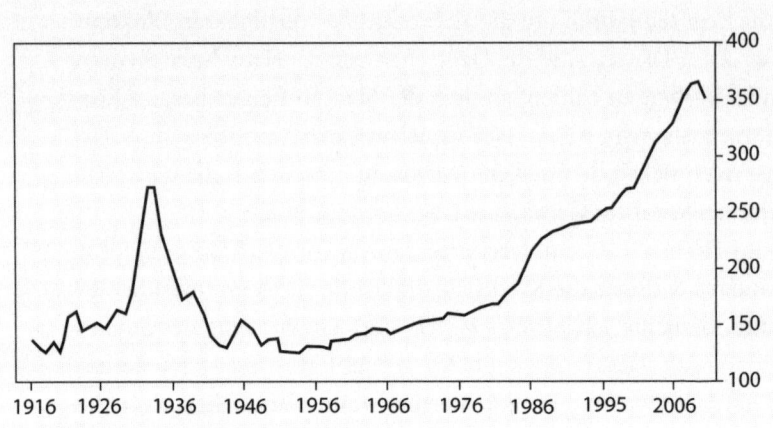

Quelle: Reinhart/Rogoff (2011)

zungen der Sozialbudgets seien unausweichlich, wenn Amerika der Staatspleite entkommen und nicht als »das nächste Griechenland« enden wolle. Ob die Wende gelinge, sei offen: »Wir betreten Neuland.« Schwerwiegende Sätze, die Mitch Daniels mit ruhiger Stimme aussprach. Er lehnte sich im Sessel zurück, sein Büro und das Mobiliar darin waren geradezu riesenhaft, ich versank in dem Sofa, das man mir als Sitzplatz angeboten hatte.

In seinem früheren Leben hatte Daniels Karriere als Topmanager gemacht. Lange arbeitete er bei Eli Lilly, einem der größten Pharma-Konzerne der Welt mit Sitz in Indianapolis. Und so sieht er sich bis heute: als oberste Führungskraft, nun eben als CEO der Indiana-AG. »Wir« – er benutzte den Pluralis Majestatis – »glauben daran, dass dem Staat Grenzen gesetzt sein sollten. Aber innerhalb der Staatssphäre sollte die Regierung sehr aktiv sein. Wir bestehen auf exzellenten Leistungen. Wir« – er meinte die Regierung von Indiana, der er damals bereits sechs Jahre vorstand – »sind die größten Straßenbauer, die größten Brückenbauer, die größten Infrastrukturinvestoren, die dieser Staat in seiner Geschichte gesehen hat. Schauen Sie mal bei unseren Nachbarn in Michigan vorbei: Die zerfahren ihre Straßenbeläge zu Schotter, weil sie es sich nicht mehr leisten können, Schlaglöcher zu reparieren.« Die Schuldenlage der USA insgesamt sei doch »in höchstem Maße alarmierend«, sagte Daniels. Und die Wirtschaft vielerorts zu schwach, um sie tragen zu können. Nur um den Schuldenstand stabilisieren zu können, brauche Amerika »ein Jahrzehnt mit dem stärksten Wachstum seit den 50er Jahren. Und wir kommen auf absehbare Zeit nicht mal in die Nähe dieser Werte.«

Daniels düstere Worte illustrieren, wie demoralisierend hohe Schulden wirken, wenn sie erst ins Bewusstsein gerückt sind. Man braucht alle Kraft, um sich dagegenzustemmen. Und selbst dann kann man sich nicht sicher sein, dass man die drückenden Lasten wirklich abwerfen und einen Neustart hinbekommen kann.

Doch auch Daniels gehörte früher zu denjenigen, die den Weg in den Schuldenstaat mitgestaltet hatten: Er war Budgetdirektor unter George W. Bush – und in dieser Funktion dafür mitverantwortlich, dass Washington gleichzeitig die Ausgaben drastisch erhöhte und die Steuern für die Reichen senkte.

Immer mehr Schulden – doch die Welt schaute weg

Dass der Westen sich derart der Schuldenorgie hingegeben hat, ist kaum erklärbar ohne eine gewisse ideologische Verblendung. Das Gefühl der 90er Jahre, als Sieger der Geschichte dazustehen, leitete eine geistig-moralische Wende ein: Ein neuer Markttotalitarismus machte sich breit. Die angeblich effizienten Finanzmärkte mit ihren ach so rationalen Akteuren hätten immer Recht. Deshalb könnte man ihrem Urteil vertrauen – wessen Urteil solle man denn sonst vertrauen? Deshalb war es schon in Ordnung, wenn die Schulden immer weiter stiegen. Deshalb brauchten die Behörden auch nicht weiter auf den Anstieg der privaten Verbindlichkeiten zu achten. Und was die Staatsschulden angehe, so würde sich schon immer ein neuer Finanzier finden. Es gab sogar amerikanische Politiker, die Haushaltsdefizite schlicht und einfach für irrelevant erklärten.

Aber der Weg in die Schulden begann schon viel früher. Seit den späten 70er Jahren, als die westlichen Staaten unter steigenden Ölpreisen litten, trachteten die Regierungen nach Möglichkeiten, ihren Finanzierungsspielraum zu vergrößern. Nach und nach hoben sie Restriktionen der Finanzmärkte und der Kreditvergabe auf. »In Kombination mit den Fortschritten der Finanztheorie und der Informationstechnologie« habe diese Liberalisierung dazu geführt, dass Banken und Fonds immer neue Finanzprodukte schufen, heißt es in einem Papier der BIZ (dazu mehr in Kapitel 6).[10]

Seit den 80er Jahren kam eine neue makroökonomische Entwicklung hinzu: die sogenannte *great moderation*, die »große Beruhigung«. Das gesamtwirtschaftliche Umfeld wurde stabiler. Einem lang anhaltenden Trend folgend sanken die Inflationsraten und die Arbeitslosenquoten; die Amplitude der Auf- und Abschwünge der Volkswirtschaften wurde flacher, die Volatilität nahm ab. Kurz: Die Welt schien ein immer sichererer Ort zu sein, an dem man ruhig größere Risiken eingehen konnte – ein Ort, an dem Bürger, Unternehmen und Staaten immer mehr Geld ausliehen und Banken, Versicherungen und andere Kapitalsammelstellen immer mehr verliehen.

Seit den 90er Jahren sanken auch noch die realen Zinssätze – weil die westlichen Zentralbanken immer mehr Geld kreierten (siehe Kapitel 5), weil die Schwellenländer ihre Überschüsse im Westen anlegten (siehe Kapitel 7). Die niedrigen Zinsen ermöglichten es Schuldnern, immer höhere Schuldenniveaus zu tragen. Schließlich dürften auch noch die Steuergesetze eine Rolle gespielt haben, die Schuldzinsen steuerabzugsfähig machen und Fremdkapital somit gegenüber Eigenkapital bevorzugen.

So wurden Stück für Stück alle Bremsen gelockert. Der Prozess der Kreditschöpfung, der ohnehin stets übers Tempolimit hinauszuschießen droht, konnte seine ganze Eigendynamik entfalten. Und als die Finanzmärkte dann erst einmal richtig entfesselt

---

10 Cecchetti et al. (2011), S. 7 f.

waren, befeuerten sie einen globalen Immobilienboom – die wichtigste Ursache der heutigen Schuldenprobleme.

Wenn Blasen platzen

Auf die Aktienhausse der New-Economy-Ära folgte in den 2000er Jahren ein breiter Anstieg der Häuserpreise. Das war willkommen, weil dadurch zunächst eine tiefe Rezession verhindert wurde. Aber die Dynamik ging immer weiter, nahm immer mehr Fahrt auf und erfasste immer mehr Länder. Es kam zu einem Hype ums Haus, wie ihn die Welt noch nicht gesehen hatte. In Irland und Großbritannien stiegen zwischen 1997 und 2007 die Preise für Immobilien auf das Zweieinhalbfache. In Spanien und Frankreich verdoppelten sie sich. In den USA war der Boom etwas früher zu Ende: Immerhin legten bis 2006 die Immobilienpreise um rund 80 Prozent zu. In Italien stiegen sie immerhin noch um rund ein Viertel. Nur in Deutschland, da sanken die durchschnittlichen Häuserpreise über den gesamten Zeitraum.

Immobilien mögen als sichere Geldanlage gelten, weil sie so solide aussehen – Steine, Beton, Stahl. Aber das täuscht. Immobilien sind, gesamtwirtschaftlich betrachtet, das gefährlichste aller Vermögensgüter: Sie können ganze Nationen ruinieren und ihre Banken in den Abgrund reißen. Sie verzerren die Wirtschaftsstrukturen und verdrängen andere, produktivere ökonomische Aktivitäten.

Denn nicht nur bestehende Gebäude werden im Boom über jede vernünftige Bewertung hinaus bepreist, auch die Bausektoren werden aufgebläht. In Irland und Spanien machte die Beschäftigung auf dem Bau 2007 rund 13 Prozent der gesamten Beschäftigung aus, doppelt so viel wie noch zehn Jahre zuvor.[11] Immobilien sind schwer verkäuflich, sie haben lange Abschreibungszeiträume – mit dem hässlichen Nebeneffekt, dass, insbesondere in Zeiten großer Bestände, der Überhang lange bestehen

---

11 Bank für Internationalen Zahlungsausgleich (2011a), S. 22

bleibt. Der Bau von Häusern löst keine nachhaltigen Produktivitätseffekte aus, anders etwa als Investitionen in neue Maschinen, Computer oder Bildung. Häuser sind letztlich ein Konsumgut, und zwar eines, das man schwer wieder loswird. Sie bringen Gesellschaften keinen nachhaltigen Wohlstandszuwachs – sieht man davon ab, dass am Ende einige Bürger schöner und komfortabler wohnen. Aber das Land insgesamt ist nach einem großen Immobilienboom ärmer. Das Schlimmste aber ist: Häuser werden überwiegend kreditfinanziert. Ganz besonders diejenigen, die mit der Spekulation auf steigende Immobilienpreise gebaut werden. Platzt diese Preisblase jedoch, dann stehen viele Immobilienbesitzer überschuldet da. Den Banken wiederum fehlen Sicherheiten, weil bei vielen Objekten nun der Wert der Hypothek den Wert des Hauses übersteigt. Zwischen 2007 und 2011 sackten die irischen Immobilienpreise um fast die Hälfte gegenüber ihren Höchstständen, in Großbritannien gingen sie um rund ein Viertel zurück, in den USA sanken sie fast aufs Niveau um die Jahrtausendwende.[12]

Befeuert vom Immobilienboom, explodierte die Verschuldung geradezu. Binnen eines Jahrzehnts verdoppelte sich die Verschuldung der privaten Haushalte in Irland, Großbritannien und Spanien. In Frankreich und den USA stieg sie um rund ein Drittel.[13]

Wer baut, macht Schulden. Bauherren verlagern ihre künftigen Einkommensströme in die Gegenwart und machen es sich gemütlich. Entsprechend wächst mit der Immobilienblase der Finanzsektor. Beides bedingt sich gegenseitig: Ohne billiges Geld gibt es keinen Bauboom – ohne Bauboom wächst die Finanzbranche nicht so dramatisch. In Irland verdoppelte sich der Anteil des Finanzsektors an der nationalen Wertschöpfung von gut 6 auf annähernd 12 Prozent. In Großbritannien lag der Zuwachs im gleichen Zeitraum bei dreieinhalb Prozentpunkten, in Spanien, wo die Großbanken relativ strikt reguliert wurden, nahm der Anteil immerhin noch um gut zwei Prozentpunkte zu.

---

12 Bank für Internationalen Zahlungsausgleich (2011a), S. 20
13 Jeweils in Relation zum BIP. Bank für Internationalen Zahlungsausgleich (2011a), S. 21

Immobilienblasen ähneln in ihrer Wirkung Neutronenbomben. Wenn sie explodiert sind, stehen am Ende nur noch die Gebäude da, aber das Leben ist aus ihnen gewichen. Irland steht voller Bauruinen, teils fertiggestellt, teils vor der Fertigstellung aufgegeben. Ganze Siedlungen, Dörfer, Bürohochhäuser – alles weit über den Bedarf hinaus gebaut. Auch auf Island, einer Nation mit der Einwohnerzahl einer deutschen Mittelstadt, wuchsen die Träume vom unendlichen Boom in den Himmel. Bemerkenswert, dass sich diese über lange Zeit stabilen Nationen binnen weniger Jahre im kollektiven Betonrausch selbst kaputtmachten – und dass Banken in Ländern wie Deutschland ihnen ohne große Bedenken Geld liehen. In Island dauerte der Boom nur von 2005 bis 2008. Eine kurze Phase der Euphorie, die im Desaster endete: Das Land steht jetzt mit mehr als 1000 Prozent seines Bruttoinlandsprodukts beim Rest der Welt in der Kreide.[14] Für Irland, wo der Wahnsinn ein paar Jahre länger anhielt, kalkuliert der IWF sogar, auf dem Stand von 2011, Auslandsschulden von fantastisch anmutenden 1680 Prozent des BIP.[15] Summen, die diese Länder niemals werden abtragen können, selbst wenn sie für lange Jahre stabile Leistungsbilanzüberschüsse erwirtschaften.

Irland und Island mögen die extremsten Fälle sein, aber das Muster zieht sich durch die ganze hoch entwickelte Welt. Auf den *Boom* folgt unweigerlich der *Bust* und hinterlässt eine Spur der Verwüstung. Die Iren schulden im Schnitt mehr als zwei verfügbare Jahreseinkommen, Spanier und Briten anderthalb Jahreseinkommen. In Amerika, wo der Wert beim 1,2-Fachen des Jahreseinkommens liegt, ist der Schuldenabbau im Privatsektor übrigens am weitesten fortgeschritten; dort lagen die privaten Verbindlichkeiten 2007 schon mal beim 1,4-fachen verfügbaren Jahreseinkommen. In Ländern wie Irland hingegen, wo unter den Bedingungen der Währungsunion Löhne und Beschäftigung sinken müssen, wird das Deleveraging umso schwieriger.

---

14 Reinhart/Rogoff (2011)
15 Internationaler Währungsfonds (2011a)

Die Belastungsquoten können dort trotz Einsparungen kaum sinken.[16]

Hohe Schulden machen Gesellschaften anfällig. Schon bei geringen Veränderungen der äußeren Bedingungen droht die nächste akute Finanzkrise. Fallen beispielsweise die Hauspreise weiter, was bei einer erneuten Rezession durchaus möglich ist, stehen noch mehr Haushalte überschuldet da; so überstieg 2010 beispielsweise bei einem Fünftel der US-Haushalte, die einen Hypothekarkredit hatten, die Schuld den Wert des beliehenen Hauses. In einigen europäischen Ländern, in Spanien beispielsweise, sind die Hypothekenzinsen üblicherweise an die Entwicklung der kurzfristigen Zinsen gekoppelt. Steigen die Sätze, geraten ganze Gruppen von Hauseigentümern an den Rand des Bankrotts.

Derartige Immobilienblasen sind keine Spezialität des Westens. Auch in Asien sind in den vergangenen Jahren die Preise für Häuser und die privaten Schulden erheblich gestiegen. Je nach Land machen Hypotheken zwischen 50 und 80 Prozent der aufgelaufenen privaten Schulden aus.[17] So ist auch Chinas Immobilienmarkt seit Jahren stark überhitzt. Besonders in den großen Metropolen sind die Preise in astronomische Höhen geschossen. In Peking haben sie sich zwischen 2007 und 2011 verdreifacht, in Shanghai haben sie sich im gleichen Zeitraum verdoppelt.[18] Das Muster ist bekannt: Parallel zum Immobilienboom entwickelt sich der Hypothekenmarkt sprunghaft, zwischen 2008 und 2010 hat sich das Ausleihvolumen mehr als verdoppelt.[19] Der Bausektor wächst und wächst, während längst unübersehbar ist, dass es ein Überangebot an Wohn- und Geschäftsraum gibt. Wiederholen sich in China die Fehler des Westens? Möglich. Niedrige Zinsen, reichliche Liquidität und staatliche Förderung des Immobiliensektors sind auch im Land des roten Kapitalismus die Treibsätze für den Immobilienmarkt. Allerdings reagiert Peking seit 2011

---

16   Bank für Internationalen Zahlungsausgleich (2011a), S. 26
17   Ma et al. (2009), S. 1
18   Internationaler Währungsfonds (2011d), S. 10
19   Internationaler Währungsfonds (2011c), S. 18

mit restriktiven Maßnahmen, die womöglich die Blase noch relativ frühzeitig zum Platzen bringen. Doch zugleich gibt es auch in China massive Anreize, den Boom in Gang zu halten: Dort sind es insbesondere die Kommunen, die immer neue Bauprojekte unterstützen; sie müssen sich überwiegend durch Landverkäufe finanzieren, weil sie von den Steuereinnahmen kaum etwas abbekommen. Immerhin: Solange China stark wächst, dürfte die rasch steigende Verschuldung der neuen immobilienbesitzenden Mittelschicht tragbar bleiben. Sollte jedoch das Wachstum einbrechen, was angesichts lahmender Exporte in den Westen und eines lang anhaltenden Investitionsbooms durchaus möglich ist, könnte auch China ein ernstes Schuldenproblem bekommen.[20]

Getunte Unternehmen

Bürger und Banken ließen es krachen, und auch die Unternehmen waren gegenüber hohen Schulden durchaus aufgeschlossen. Seit den 90er Jahren hatte sich die Philosophie der Unternehmensführung stark verändert. Galten Konzerne traditionell als organische Gebilde mit langer Geschichte und Tradition, die auf jeden Fall auch in Zukunft bestehen sollten, so wurden sie nun zunehmend als Portfolios betrachtet – als Ansammlung wirtschaftlicher Aktivitäten, die man zerlegen, verkaufen und wieder neu zusammensetzen kann. Manager börsennotierter Firmen betrachteten Unternehmen nun aus dem Blickwinkel eines Aktionärs, der seinen *Shareholder Value* maximieren will. Entsprechend versuchten sie, sämtliche Unternehmensteile und -funktionen möglichst effizient aufzustellen: Möglichst niedrige Kosten, möglichst wenig Parallelstrukturen, möglichst große Transparenz – Unternehmen wurden getunt und tiefergelegt, soweit es irgend ging. Entsprechend agierten sie auch bei ihren Finanzen: Mit großem *Leverage*, also durch Aufnahme von möglichst viel Kredit, sollten die Renditen gesteigert und rasches

---

20 Internationaler Währungsfonds (2011c), S. 17

Wachstum in die immer größeren Weltmärkte hinein möglich werden. Es war die passende Strategie für eine Welt, die dank der *Great Moderation* so stabil zu sein schien, dass jegliche Sicherheitspolster als überflüssiger Ballast betrachtet wurden. Es war die Strategie, die Beratungsfirmen wie McKinsey viele Jahre lang den Unternehmen als die bestmögliche verkauft hatten.

Im Frühjahr 2010 traf ich Dominic Barton, den Weltchef von McKinsey, zu einem Interview.[21] Wir saßen in einem Besprechungsraum in der Uni St. Gallen, wo wir uns am Rande des Hochschulsymposiums verabredet hatten. Durch die Panoramafenster waren die saftigen Wiesen der Alpenausläufer zu sehen. Ein sattes Ambiente für ein schweres Krisengespräch: Welche Lehren müssen wir aus dem aktuellen Debakel ziehen? Ist der Kapitalismus am Ende? Und: Haben McKinsey-Berater über all die Jahre ihren Kunden eigentlich das Falsche geraten? Kontroverse Themen. Doch Barton ist ein freundlicher Kanadier mit ausgesuchten Manieren. Es wurde dann doch ein angenehmes Gespräch. »Wir stehen am Ende einer Ära der Exzesse: der exzessiven Verschuldung und der exzessiven Spekulation«, sagte er.

Ein paar neue Finanzmarktregeln – aber sonst soll alles beim Alten bleiben?, fragte ich ihn.

»Für mich persönlich und auch für McKinsey muss ich sagen: Wir haben das Ausmaß und das Tempo dieser Krise nicht kommen sehen. Das zwingt uns, einige Grundannahmen zu überdenken.«

Aber McKinsey hat doch typischerweise Unternehmen geraten, sich auf ihre Kernkompetenzen zu konzentrieren, sich möglichst schlank aufzustellen und mit möglichst hoher Verschuldung zu arbeiten.

Ja, sagte Barton, das möge als »*classic McKinsey*« gelten, und das sei doch ein sehr guter Rat »in einer stabilen Welt, wie sie war. Nun aber ist die Welt in einer neuen, viel volatileren Phase. Globale Wertschöpfungsketten werden abrupt unterbrochen, Re-

---

21 Barton (2010)

finanzierungsquellen können über Nacht versiegen – wir haben es in den vergangenen zwei Jahren erlebt. In dieser unsicheren Welt ist es womöglich gefährlich, auf Just-in-time-Zulieferungen zu vertrauen. Übrigens waren viele unserer Klienten in Asien viel vorsichtiger.«

Barton hat lange in Asien gelebt. Die asiatische Krise Ende der 90er Jahre hat er hautnah miterlebt. Später wirkte er in der chinesischen Boomtown Shanghai. Solche Erfahrungen weiten den Horizont. Und gelegentlich machen sie auch nachdenklich.

Inwiefern waren die Asiaten vorsichtiger?

»Die Erfahrung der Asien-Krise 1997/98 hat Unternehmen und Regierungen dort nachhaltig geprägt. Wir haben dort gelernt, lieber auf die letzten Effizienzgewinne zu verzichten, gerade beim Kapitaleinsatz. Dafür haben Unternehmen dann mehr Reserven, wenn die nächste Krise kommt. Wer auf das langfristige Überleben seiner Institution bedacht ist, muss in einer volatilen Welt größere Sicherheitspolster vorhalten.«

Mr. Barton, verstehen wir Sie richtig – McKinsey verabschiedet sich von seinem bisherigen Effizienz-Paradigma?

»Nein, nein«, antwortete er, »wir halten größtmögliche Effizienz nach wie vor für unverzichtbar. Aber die Welt hat sich verändert, sie ist volatiler geworden. Die neue Realität hat eine Reihe von Implikationen für das Management: Man braucht mehr Sicherheitspuffer auf allen Ebenen, weniger Kreditfinanzierung, konservativeres Liquiditätsmanagement. Wachstum muss verstärkt organisch aus den Unternehmen selbst kommen – durch Innovation –, wenn das Geld für Zukäufe knapp ist. Womöglich brauchen manche Unternehmen eine andere Organisationsstruktur. In der Wirtschaft werden derzeit viele Orthodoxien infrage gestellt.«

Orthodoxien infrage zu stellen ist immer eine gute Idee. Auch wenn es spät kommt angesichts der gigantischen Schäden, die die Glaubenssätze der *great moderation* angerichtet haben. Weil Kredite über viele Jahre leicht und leichter zu haben waren und immer

mehr Unternehmen einen direkten Zugang zum Kapitalmarkt
bekamen, indem sie eigene Anleihen begeben konnten, stiegen
die Schuldenquoten immer weiter. Zwei Jahrzehnte Globalisierung und leichtes Geld haben auch in der Wirtschaft tiefe Spuren
hinterlassen. Seit Anfang der 90er Jahre stieg die Verschuldung
der Unternehmen (ohne Finanzsektor) in den USA von 65 Prozent
des BIP auf 80 Prozent, in Großbritannien von 66 auf 110 Prozent, in Frankreich von 77 auf 114 Prozent, in Italien von 53 auf
83 Prozent, in Spanien von 49 auf 141.[22] Und so weiter. Die erste
Phase der Globalisierung war die Ära der langen Hebel, auch in
der Wirtschaft. In Deutschland übrigens stieg die Verschuldung
in diesem Sektor von 48 auf 69 Prozent. Zwar sind viele größere
mittelständische Unternehmen sehr solide finanziert; es gibt Kreise
in der deutschen Wirtschaft, da gilt jeglicher Bankkredit als Teufelszeug. Größere börsennotierte Unternehmen in Deutschland
sind jedoch in deutlich stärkerem Maße schuldenfinanziert als
ihre Wettbewerber in den USA, in Großbritannien oder in den
großen Schwellenländern.[23] Ein erheblicher Wettbewerbsnachteil
in Zeiten steigender Zinsen.

Die große Krise als Budget-Killer

Schulden sind unsichtbar. Das macht sie so verführerisch. Erst
wenn sie ein kritisches Niveau erreicht haben – oder wenn sich die
Marktbedingungen dramatisch ändern –, werden sie zum Problem. Beides ist eingetreten: Zum einen geht die Ära des reichlichen
Kapitalangebots zu Ende (mehr dazu weiter unten). Zum anderen
haben die Finanzkrise und die Große Rezession von 2008/2009 die
Schuldenstände der Staaten stark in die Höhe getrieben.

In ihrer groß angelegten Untersuchung *This Time Is Different*
haben Carmen Reinhart und Kenneth Rogoff anhand einer Viel-
zahl historischer Episoden vorgerechnet, dass am Ende großer

---

22 McKinsey (2010a), S. 59 ff.
23 Mattern (2011)

Finanzkrisen die Staatsschulden im Durchschnitt um 86 Prozent steigen, sich also annähernd verdoppeln.[24] Dieser sprunghafte Anstieg resultiert in den meisten Fällen nicht aus der Rettung bankrotter Banken – obwohl in einigen Ländern der Finanzsektor so groß ist, dass er den Staatshaushalt ruiniert hat, Irland, Island und Zypern zählen zu dieser Kategorie –, sondern vor allem aus der heftigen Rezession, die regelmäßig auf einen Finanzcrash folgt. Die schuldengeplagte Wirtschaft liegt dann so lange am Boden, dass die Steuereinnahmen drastisch zurückgehen und die Staatsausgaben, etwa für Arbeitslosenunterstützung und Konjunkturprogramme, massiv steigen.

So ist es auch diesmal. Die große Krise von 2008/2009 hat die Realwirtschaft in die Tiefe gerissen. Die USA und Deutschland erreichten erst Ende 2010 wieder das BIP-Niveau von 2008, Großbritannien, Spanien, Italien und Japan blieben auch noch 2011 um rund 5 Prozent unter dem Vorkrisenniveau, Irland gar um 15 Prozent. Der alte Westen liegt darnieder. Aber es gibt durchaus Aufsteigernationen, die relativ unbeeindruckt weiter wachsen. China und Indien hatten 2011 ein um 20 bis 30 Prozent höheres Sozialprodukt als 2008. Brasilien erreichte immerhin ein Plus von rund 10 Prozent gegenüber dem Vorkrisenniveau, ebenso übrigens Polen. Das rohstoffreiche Australien ist von der großen Rezession praktisch gar nicht betroffen gewesen.[25]

Was die verheerenden Auswirkungen auf die Staatsfinanzen angeht, stellt die aktuelle Krise historische Vergleiche in den Schatten: Die 86-Prozent-Regel von Reinhart und Rogoff ist in vielen Staaten erreicht, die Schulden steigen dennoch weiter. Dramatisch sind die Staatsschuldenquoten zwischen 2007 und 2011 gestiegen: In den USA haben sie sich fast verdoppelt, von 62 auf 107 Prozent. Im Euro-Raum insgesamt stiegen sie von 72 auf 97 Prozent, in Deutschland von 65 auf 87 Prozent, in Frankreich von 72 auf 100 Prozent. In Italien stiegen die Verbindlichkeiten auf hohem Niveau kaum, von 113 auf 128 Prozent – wegen der fragilen Aus-

---

24 Reinhart/Rogoff (2009)
25 Bank für Internationalen Zahlungsausgleich (2011a), S. 18

gangsposition hatte sich die Regierung vorsichtshalber erst gar nicht an den 2008 und 2009 verabredeten G20-Konjunkturpaketen beteiligt. In Spanien stiegen die öffentlichen Verbindlichkeiten von 42 auf 75 Prozent, in Griechenland von 113 auf 160 Prozent, in Irland von 29 auf 127 Prozent, in Portugal von 75 auf 116 Prozent, in Belgien von 88 auf 100 Prozent, in Großbritannien von 47 auf 93, in Japan von von 167 auf 219 Prozent. Überall das gleiche Bild, mit unterschiedlichen Schattierungen.[26]

Es gibt gute Gründe, warum in Rezessionen die öffentlichen Schulden steigen, zumal in einer so tiefen wie der von 2009. Die Regierungen sollen die »automatischen Stabilisatoren« wirken lassen, so dass der Staat nicht parallel zur Privatwirtschaft auf die Bremse steigt, sondern antizyklisch gegenhält. Doch dieses Mal liegen die Dinge insofern anders, als die Staatshaushalte vieler Länder auch Jahre nach dem Einbruch immer noch tief im Defizit sind – was zeigt, dass es sich um strukturelle Defizite handelt, die schwerer in den Griff zu bekommen sein werden.

Vor der Krise stellte sich die finanzielle Lage in vielen Ländern weitaus günstiger dar. Länder wie Spanien, Irland und Großbritannien fuhren vor der Krise jahrelang Überschüsse ein. Auch Frankreich und die USA profitierten von der guten Konjunktur zwischen 2000 und 2007, so dass ihre Staatshaushalte stabil wirkten. Doch diese günstigen Zahlen waren ein Trugbild: Die Einnahmen wurden überzeichnet durch den Boom bei Bau und Banken. Baubooms führen zu höheren Einnahmen, weil die Immobilienwirtschaft relativ leicht zu besteuern ist und weil nahezu die gesamte Wertschöpfung vor Ort erbracht wird. Geht dieser Sektor auf Schrumpfkurs, fehlen auch dem Finanzminister viele Milliarden. So resultierte nach Berechnungen der BIZ im Falle Irlands fast das gesamte Haushaltsplus des Jahres 2007 aus Einnahmen aus der überdehnten Baubranche. In Spanien trug die Immobilienwirtschaft auf dem Höhepunkt der Fiesta rund ein Drittel zum Überschuss bei.[27]

---

26 Bank für Internationalen Zahlungsausgleich (2011a), S. 28
27 Bank für Internationalen Zahlungsausgleich (2011a), S. 27 ff.

Hätten die Regierungen den derzeitigen desaströsen Anstieg der öffentlichen Schulden verhindern können? Sicher. Sie hätten schon lange zuvor die alte Regel beherzigen sollen, wonach Regierungen im Aufschwung Überschüsse einfahren sollen, damit sie sich im Abschwung Defizite leisten können. Genau das steht übrigens als Ziel im Stabilitäts- und Wachstumspakt, auf den sich die EU-Staaten vor Beginn der Währungsunion Ende der 90er Jahre einigten. Doch die einzigen Länder, die nachhaltig so handelten, waren die skandinavischen: Schweden, Finnland und Dänemark (Norwegen sowieso, aber das ist wegen seiner Öleinnahmen ein Sonderfall) haben ihre Schuldenquoten systematisch und kontinuierlich gesenkt. In den meisten anderen Ländern jedoch begann stets das gleiche Ritual, sobald Haushaltsüberschüsse eingefahren wurden: Steuern runter! Gebt den Bürgern ihr Geld zurück! Haushaltsüberschüsse sind unfair gegenüber den Leistungsträgern! Solche Parolen haben in der Vergangenheit häufig die Konsolidierung verhindert.

In Zukunft jedoch werden die Spielräume extrem eng, solchen politischen Reflexen nachzugeben: Die westlichen Staaten sind nahezu bewegungsunfähig. Seit 2009 folgt einer Herabstufung durch die Rating-Agenturen die nächste. Und die Regierungen reagierten alle nach dem gleichen Muster: Ausgaben kürzen, Steuern erhöhen. Auch wenn unklar ist, ob, wenn so viele Staaten gleichzeitig den Gürtel enger schnallen, sie nicht womöglich alle gemeinsam die Wirtschaft erdrosseln und in eine echte Depression abgleiten: es gibt zu diesem Kurs wohl keine Alternative. Denn die Herabstufungen der Staaten führen in einen Teufelskreis. Schlechtere Bonitätsnoten lassen in aller Regel die Zinsen steigen, so dass Staatsanleihen Kursverluste erleiden. Dadurch wiederum haben die Banken des jeweiligen Landes schlechtere Refinanzierungsmöglichkeiten; sie können die Staatsanleihen bei den Notenbanken nun nur noch gegen Abschläge einreichen. Die Banken reagieren darauf typischerweise, indem sie ihr Kreditgeschäft einschränken – was wiederum die Konjunktur dämpft. Der Staat aber kann nicht gegensteuern, weil er selbst sparen muss.

Immer mehr westliche Länder stecken in dieser Todesautomatik, weil die Staaten ihre finanzpolitische Potenz verloren haben. Aber die Zeiten werden noch härter.

Warum Kapital knapp wird – oder: kein Geld mehr für Schulden

Als wenn nicht alles schon schlimm genug wäre, droht durch einen säkularen Trend an den Kapitalmärkten die Lage sich noch weiter zuzuspitzen: Kapital wird knapper. Zwei Jahrzehnte lang konnten die westlichen Gesellschaften sich immer höher verschulden, weil Kapital im Übermaß vorhanden war und die Zinsen entsprechend niedrig waren. Die niedrigen Zinsen waren eine Folge der Liberalisierung der Finanzsektoren, der Öffnung der globalen Kapitalmärkte, der Beruhigung des gesamtwirtschaftlichen Umfelds (der *great moderation*, wie sie der Finanzjargon nennt), der expansiveren Politik der Notenbanken. Aber dahinter steckte noch ein weiterer Faktor: Es gab weltweit einen strukturellen Kapitalüberschuss, wie der Think Tank McKinsey Global Institute in einer interessanten Untersuchung dargelegt hat.[28] Dieser Überschuss an Geldern, die nach Anlagemöglichkeiten suchten, resultierte aus zwei Entwicklungen. Zum einen wurde in den reichen westlichen Volkswirtschaften immer weniger investiert; die Investitionsquoten in Prozent des Bruttoinlandsprodukts folgen seit rund zwei Jahrzehnten einem sinkenden Trend. Zum anderen erwirtschafteten die schnell wachsenden Schwellenländer immer größere Überschüsse, die sie im Westen anlegten; insbesondere China und die Erdöl exportierenden Länder recycelten ihre Einnahmen aus dem Handel mit dem Westen, indem sie in Amerika und Europa ihr Geld anlegten. Es waren diese Kapitalimporte, die es beispielsweise ermöglichten, dass sich in den USA arme Leute, die nie zuvor von einem Eigenheim zu träumen gewagt hätten, Häuser kaufen konnten (per »Subprime«-

---

28 McKinsey Global Institute (2010b)

Kredit) – und die es prompt verloren, als sich die wirtschaftliche Situation verschlechterte. Doch nun kehrt sich die globale Konstellation in ihr Gegenteil um. Eine Folge der veränderten Position der Schwellenländer: Die sind nämlich inzwischen so große und so ambitionierte Volkswirtschaften, dass sie immer mehr im eigenen Land investieren. Entsprechend weniger Kapital können sie exportieren. China zum Beispiel hat seinen außenwirtschaftlichen Überschuss drastisch gesenkt, auch auf Druck der USA, und bemüht sich nach Kräften, die heimische Nachfrage zu stärken. Der Leistungsbilanzüberschuss (er ist das Spiegelbild der Nettokapitalexporte in der Mechanik der Volkswirtschaftlichen Gesamtrechnung) hat sich nach einem Höhepunkt 2007 halbiert.[29] Demzufolge kann China weniger Kapital exportieren als früher.

Ähnlich das Bild in den Golfstaaten. Früher haben Saudi-Arabien und die ölsatten Emirate ihre Überschüsse überwiegend im Westen investiert: Ihre Zentralbanken kauften Dollars und amerikanische Staatsanleihen, ihre Staatsfonds investierten mehr oder weniger wahllos in Unternehmensanteile. Das ist vorbei. Inzwischen haben diese Länder ihre heimischen Investitionen in die Höhe geschraubt: Saudi-Arabien baut neue Industriestädte in der Wüste. In der Basischemie oder der Aluminiumproduktion wollen sie ihre niedrigen Energiekosten in höheren Wertschöpfungsstufen einsetzen. Die Emirate sind noch einen Schritt weiter gegangen: Sie bevorzugen Hightech und hochwertige Dienstleistungen. So hat Abu Dhabi versucht, sich zum globalen Zentrum für Öko-Energie zu entwickeln. Dubai gründete eine »Internet-City«. Überall an der Golfküste entstanden Vier- und Fünf-Sterne-Hotels, Kliniken, gigantische Freizeitparks (»Dubai-Land«, Abu Dhabis Ferrari-Park) und importierte Kultureinrichtungen (darunter Ableger westlicher Museen). Geplant im Überschwang hoher Ölpreise, dürften viele dieser Vorhaben letztlich nicht funktionieren. Doch der Kurs ist klar: Die arabischen Monarchen setzen auf

29 Internationaler Währungsfonds (2011d), S. 21 f.

heimische Entwicklung. Sie wollen gut bezahlte Jobs für ihre Be-
völkerungen schaffen, um sich gegen Umstürze wie während des
»Arabischen Frühlings« in Nordafrika zu schützen. Als wichtigste
Finanziers der westlichen Welt – zeitweise zahlten sie den größten
Teil der horrenden US-Leistungsbilanzdefizite – dürften sie dauer-
haft ausfallen.

Die Folgen der neuen Kapitalknappheit sind bereits spürbar:
Längst sind die Schwellenländer nicht mehr so freigiebig mit ihren
Kapitalexporten. So war es Ende 2011 hoch kompliziert, China,
Brasilien, Russland, die Saudis und andere zu überreden, dem IWF
zusätzliche Mittel zur Verfügung zu stellen – damit der Fonds die
Euro-Krise bekämpfen könnte. Nur nach mühsamen Verhandlun-
gen erklärten sie sich schließlich im Frühjahr 2012 bereit, sich an
einer Aufstockung der Fondsmittel zu beteiligen. Entsprechend
schwierig wird die Lage in den kommenden Jahren werden.

Die kritischen Jahre

Fassen wir zwischendurch kurz zusammen: Der kreditgetriebene
Boom der 2000er Jahre und die nun einsetzende Explosion der
Staatsdefizite bilden lediglich das Schlusscrescendo einer langen,
schleichenden Entwicklung. Die Länder des Westens sind in den
vergangenen zwei Jahrzehnten so viele Verbindlichkeiten eingegangen, dass es jedes vernünftige Maß sprengt und jedes historische
Vorbild übertrifft. Bürger, Unternehmen, Finanzsektoren und Staaten haben in beispielloser Euphorie eine kollektive Schuldenorgie
angezettelt. Auch Länder wie die Bundesrepublik, deren vergleichsweise moderate Verschuldung isoliert als tragfähig gilt, hängen mit
drin – über europäische Verpflichtungen und internationale Ver-
flechtungen. Der Westen insgesamt ist dadurch hochgradig anfällig
für Veränderungen der Marktbedingungen: plötzlich veränderte
Risikoeinschätzungen, Kapitalflucht aus bestimmten Märkten, An-
steckungseffekte (*contagion*). Strukturell wird die Lage zusätzlich
erschwert durch das knappere globale Kapitalangebot.

Und in dieser Lage müssen die etablierten Staaten auch noch unvorstellbar große Summen refinanzieren, weil in den Jahren ab 2011 viele länger laufende Anleihen fällig werden und Anschlussfinanzierungen her müssen. Jetzt kommen die kritischen Jahre: Die größte Schuldenwelle der Geschichte erreicht ihren Höhepunkt. Noch nie mussten sich die Staaten der Welt so viel Geld leihen. 2011 nahmen die etablierten Volkswirtschaften 10,4 Billionen Dollar auf, 2012 werden es 10,5 Billionen sein, sagt die OECD, der Club der reichen Länder, vorher.[30] Unvorstellbar große Zahlen. Doch dahinter verbirgt sich ein ökonomischer Sprengsatz, der das Potenzial hat, die Weltwirtschaft aus den Angeln zu heben.

Vier Faktoren multiplizieren sich zu einer heiklen Konstellation:

- Hohe Schuldenstände müssen refinanziert werden. Die USA, Europa und Japan haben im Durchschnitt Verbindlichkeiten von rund 100 Prozent des Bruttoinlandsprodukts (BIP). Es laufen viele Anleihen aus, die die Finanzminister zurückzahlen müssen und für die sie eine Anschlussfinanzierung brauchen. In den ersten Monaten des Jahres 2012 wurden allein jeweils rund eine Billion Dollar fällig.
- Große Budgetdefizite lassen die Schulden noch weiter steigen. Trotz der Sparanstrengungen mancher Länder klaffen in den Haushalten immer noch große Löcher. Nur wenige Staaten konnten 2012 Defizite von weniger als 3 Prozent ausweisen – die Grenze, die in den Euro-Regeln festgeschrieben ist –, darunter Deutschland, Schweden und Finnland. Die USA und Japan müssen abermals an die 9 Prozent ihres BIP über Schulden finanzieren.
- Der Abschwung, vor allem in den Staaten der Euro-Zone, vereitelt vorerst weitere Sparbemühungen. Wegbrechende Einnahmen und zusätzliche Ausgaben, etwa für die Unterstützung Arbeitsloser, treiben die Defizite in die Höhe. Sollten die Staaten mit

---

30 Blommenstein et al. (2011)

weiteren Einsparungen reagieren, verschärfen sie womöglich den Abschwung. Ein Teufelskreis, aus dem es so leicht kein Entrinnen gibt.

• Die Unsicherheit an den Märkten dürfte die Zinsen tendenziell steigen lassen. Bislang konnten viele Staaten zu günstigen Konditionen Kredite aufnehmen. Doch das steigende Risikobewusstsein der Anleger hat den Preis für Kapital in die Höhe getrieben.

Der Internationale Währungsfonds (IWF) hat in einer Studie die anfälligsten Länder identifiziert: Japan, Griechenland, Irland, Portugal und die USA, in dieser Reihenfolge.[31]

Die Lage ist derart verfahren, dass sich die Frage stellt: Ist der Westen bankrott?

Genau genommen ja. Denn viele Staaten können sich nur noch mit haushälterischen Tricks über Wasser halten. Längst sind nicht mehr private Anleger – Bürger, Banken, Versicherungen, Investmentfonds – die Hauptfinanziers der Staaten. Zunehmend verschulden sich die Staaten bei sich selbst. Zum Beispiel die USA. 12 Prozent der Washingtoner Bundesanleihen (Treasuries) liegen bei der Federal Reserve, 35 Prozent bei anderen US-Regierungsinstitutionen; weitere 22 Prozent werden, so der IWF, von ausländischen Notenbanken, vor allem der chinesischen, als Währungsreserven gehalten. Macht einen Staatsanteil von zusammen 69 Prozent.

Ähnlich das Bild in Japan: Von den Tokioter Bonds liegen 21 Prozent bei in- und ausländischen Notenbanken und anderen Regierungsstellen; weitere 20 Prozent werden von der Japanischen Postbank gehalten, die wiederum zu 100 Prozent dem Staat gehört. In Großbritannien hat die Bank of England ein Fünftel der Staatsschulden aufgekauft, weitere 6 Prozent liegen bei ausländischen Notenbanken.[32]

Auch im Euro-Gebiet hat die Europäische Zentralbank (EZB) Teile der Anleihen jener Staaten aufgekauft, die Probleme hatten,

---

31 Internationaler Währungsfonds (2011b), S. 15
32 Internationaler Währungsfonds (2011b), S. 12

sich zu refinanzieren. Wichtiger noch waren die langfristigen Liquiditätsspritzen (LTRO – Long Term Refinancing Operation), die die EZB seit Dezember 2011 in die Banken injizierte, die wiederum Staatsanleihen angeschlagener Staaten wie Italien und Spanien kauften. Griechenland, Portugal und Irland werden bis auf Weiteres über die europäischen Rettungsschirme und die EZB finanziert – die wiederum von den übrigen Euro-Mitgliedsstaaten garantiert werden.[33]

Der Befund ist eindeutig: Die größten staatlichen Schuldner werden nicht mehr überwiegend vom privaten Kapitalmarkt finanziert, sondern von Notenbanken und anderen staatlichen Einheiten. Eine Perpetuum-mobile-Ökonomie, die zwar den akuten Finanzstress lindern mag, die aber die grundlegenden Schuldenprobleme nicht dauerhaft lösen kann. Schwierig, wie die Lage ist, manipulieren staatliche Institutionen die Märkte. Entsprechend wenig Verlass ist auf die üblichen Marktsignale. Die Zinsen sind längst staatlich beeinflusst, sowohl in ihrer Höhe als auch in ihrer Struktur: So bemühte sich die Fed in der »Operation Twist«, die langfristigen Zinsen weiter zu drücken. Die EZB war lange zurückhaltender. Anders als die übrigen großen Notenbanken verweist die Euro-Bank darauf, ihr sei es per EU-Vertrag verboten, in die direkte Staatsfinanzierung einzusteigen. Präsident Mario Draghi beruft sich gern auf die Tradition der Deutschen Bundesbank, der er sich verpflichtet fühle. Zunächst ist die EZB am Sekundärmarkt aktiv gewesen, hat also Staatsanleihen von Banken übernommen und nicht direkt den Finanzministern abgekauft. Sie lässt die Märkte und Regierungen aber im Unklaren über die Größenordnung ihrer Interventionen. Das LTRO-Programm wählte den Umweg der Liquiditätsschwemme für die Banken. Weil die EZB kein bedingungsloser Retter der letzten Zuflucht (*lender of last resort*) ist, standen die Schuldenprobleme der Euro-Zone lange Zeit quasi allein im Fokus der Weltöffentlichkeit. Dabei ist die Lage in Japan und den USA ebenso drama-

---

33 Ebenda

tisch. Sie wird lediglich besser kaschiert durch die Interventionen der Notenbanken.

Gibt es Auswege?

Würde höheres Wachstum einen realistischen Notausgang eröffnen? Nach dem Zweiten Weltkrieg haben es viele Länder geschafft, aus den damals hohen Staatsschulden herauszuwachsen. Das wäre zweifellos die beste, weil schmerzärmste Lösung: Es genügt, wenn das Sozialprodukt schneller steigt als die Verbindlichkeiten, um die Schuldenquoten zu senken. Ausgabenkürzungen, Steuererhöhungen und die damit einhergehenden Verteilungskämpfe ließen sich so umgehen. Deshalb wird jetzt auch so viel geredet über wachstumsfördernde Strukturreformen, die das Potenzialwachstum anregen sollen; das gehört zum Standardrepertoire der Ökonomen bei IWF, OECD, EU et cetera. Angebotsorientierte Reformen sind prinzipiell immer eine gute Idee. Aber leider wird sich damit das Schuldenproblem des Westens kaum lösen lassen.

Eine Untersuchung der BIZ zeigt: Übersteigen die Verbindlichkeiten bestimmte Schwellenwerte, dann drücken die Schulden das Wachstum. Für Staatsschulden liegt dieser Grenzwert zwischen 80 und 100 Prozent des BIP; (Reinhart und Rogoff kalkulieren, dass ab einer Quote von 90 Prozent das Wachstum im Durchschnitt um 1 Prozentpunkt sinkt[34]). Auch für Unternehmensschulden sieht die BIZ-Studie eine wachstumsdämpfende Schwelle bei 90 Prozent, bei privaten Haushalten bei 85 Prozent.[35] Viele westliche Länder liegen über diesen Werten oder nähern sich ihnen rasch.

Wachstum wie in den 1950er Jahren? Dagegen sprechen neben anderem auch die demografischen Perspektiven. Man braucht gar nicht die derzeit gängigen langfristigen Bevölkerungsvorausberechnungen zu Rate zu ziehen, die eine negative Entwicklung zeigen; danach sollen im Jahr 2060 in fast allen europäischen Ländern die Zahl der über 64-Jährigen die Zahl der 15- bis 64-jährigen Einwohner übersteigen.[36] Eine Vorhersage, die wegen des

---

34 Reinhart/Rogoff (2011), S. 25 ff.
35 Cecchetti et al. (2011)
36 Z. B. Deutsche Bundesbank (2009), S. 36

langen Zeitraums so unsicher ist, dass sie uns heute keine schlaf-
losen Nächte verursachen sollte. Es genügt schon der Blick auf
die nächsten beiden Jahrzehnte. Bis 2030 sind die Vorhersagen
für den Arbeitsmarkt ziemlich genau, weil die dort berücksich-
tigten Personen schon fast alle geboren sind. Die Aussichten sind
für Deutschland schon schlimm genug: Das Arbeitskräfteangebot
hat seinen Höhepunkt überschritten; selbst wenn man längere Le-
bensarbeitszeiten und eine höhere Erwerbsbeteiligung von Frauen
unterstellt: Zwischen 2010 und 2020 wird die Zahl der Personen,
die dem Arbeitsmarkt zur Verfügung stehen, um 1,8 Millionen
Personen abnehmen. Bis 2025 werden weitere 1,8 Millionen aus
dem Markt ausscheiden.[37] Ein in Friedenszeiten beispielloses Aus-
trocknen des Arbeitsmarktes. Anderen Ländern steht mit leichter
Zeitverzögerung eine ähnliche Entwicklung bevor.

Weniger Menschen heißt weniger Wachstum. Heißt: Die bestehenden Schuldenlasten müssen von einer schrumpfenden ökonomisch aktiven Bevölkerung bedient werden. Das wird schwierig. Alle Hoffnungen, aus den Schulden einfach herauswachsen zu
können, dürften sich also in Luft auflösen. Historisch gesehen sei
das sowieso die Ausnahme: »Schuldenquoten werden selten allein
durch konsistentes, robustes Wirtschaftswachstum gesenkt. Häu-
figer passiert es, dass Schuldenstände reduziert werden durch fiskalische Austerität, Schuldenrestrukturierung (manchmal echter
Bankrott) oder eine Kombination aus allem«, schlussfolgern Reinhart und Rogoff.[38]

Also Steuern rauf und Ausgaben runter? Eine Mischung aus
Ausgabenkürzungen und Steuererhöhungen, um nachhaltige
Haushaltsüberschüsse zu erzielen, kann allenfalls über Jahrzehnte
wirken und wird über so lange Zeiträume politisch schwer durchsetzbar sein.

Oder Schuldenschnitte statt Rückzahlung? Für einzelne Länder mag die Sanierung durch Verzicht der Gläubiger oder durch
schlichtes Einstellen der Rückzahlungen auslaufender Anleihen –

---

37 Fuchs/Zika (2010)
38 Reinhart/Rogoff (2011), S. 2

vulgo: Staatspleite – möglich sein. Doch derzeit sind derart viele
Nationen in einer ähnlich prekären Lage, dass die Gefahr der An-
steckung enorm ist – mit ziemlicher Sicherheit wäre dies der Weg
zum finanziellen Armageddon. Schon die »freiwillige Beteiligung
privater Gläubiger« an der Griechenland-Krise – ein Euphemis-
mus, denn die Banken wurden von den Regierungen zur »Frei-
willigkeit« massiv gedrängt –, die im Sommer 2011 beschlossen
wurde, trug massiv zur Eskalation der Euro-Krise bei. Eben deshalb haben die Euro-Staaten Ende 2011 Schuldenschnitte für die
Zukunft ausgeschlossen.

Also Inflation? Darin sehen manche eine Abkürzung auf dem
Weg zur Haushaltssanierung. Wenn die Einkommen nominal
schneller steigen, weil Preise und Löhne entsprechend anziehen, so
die Überlegung, ließen sich Schuldenquoten schmerzlos senken.
Das Problem dabei ist nur: Ein bisschen Inflation bringt nichts.
Der IWF hat dieses Szenario in einer Modellrechnung durchge-
spielt: Wenn die Verbraucherpreise über einen längeren Zeitraum
um 6 Prozent – statt bislang um 2 Prozent – stiegen, würden die
Schuldenquoten nur um wenige Prozentpunkte sinken.[39] Denn
ein einmaliger Anstieg der Inflationsrate führt lediglich zu entsprechend steigenden Zinsen. Folglich wird der Schuldendienst
für alle Anschlussfinanzierungen teurer – jede neue Anleihe, jeder
neue Kredit würde höher verzinst. Ergo: Wer durch Geldentwertung die Lasten erträglicher machen will, der darf nicht zimperlich sein. Nur überraschende und sprunghaft steigende Preisstei-
gerungsraten würden zu einer nachhaltigen Entlastung führen:
Erst eine Inflation von 25 bis 30 Prozent, heißt es beim IWF,
würde die Schuldenquoten merklich senken. Diese Erkenntnis
entspricht dem historischen Muster: Wenn in der Vergangenheit
viele Staaten in Zahlungsverzug gerieten, kam es stets mit einigen
Jahren Zeitverzögerung zu einer Häufung von Volkswirtschaften,
die jährliche Inflationsraten von mehr als 20 Prozent aufwiesen.[40]
Doch der IWF warnt: Nach einem solchen Geldentwertungs-

---

39 Internationaler Währungsfonds (2010b), S. 12 f.
40 Reinhart/Rogoff (2009)

schock stellten sich ganz andere Fragen. Um nach ein paar Jahren die Inflationsdynamik wieder zu brechen, müssten die Notenbanken dann wohl derart auf die Bremse treten, dass sie die nächste große Rezession auslösen würden. Ob sie das tun werden? Oder ob sie die Preisdynamik einfach laufen lassen?

Sind die Sparsamen am Ende die Dummen?

Dass all die Schulden irgendwann auf seriöse Weise zurückgezahlt werden, ist eher unwahrscheinlich. Vermutlich werden am Ende die Gläubiger geprellt, wie so häufig in der Wirtschaftsgeschichte. Und wenn es so kommt, dann ist es geradezu irrational, jetzt den Gürtel enger zu schnallen – dann ist nämlich derjenige, der spart, der Dumme.

Große Krisen treten typischerweise in Sequenzen auf. Auf kreditgetriebene Booms folgen in den Jahren darauf häufig Finanzmarktcrashs, Banken-, Währungs-, Schuldenkrisen und Inflation. So entledigen sich finanziell manövrierunfähige Gesellschaften ihrer Verbindlichkeiten. Sicher, es gibt in der Geschichte auch Beispiele für seriöses Deleveraging. Die USA und Großbritannien, die nach der Großen Depression und dem Zweiten Weltkrieg hoch verschuldet waren, bauten in den 50er und 60er Jahren ihre Lasten großteils ab. Die skandinavischen Länder, um 1990 von Bankenkrisen geplagt, haben ihre Staatsschuldenquoten seither annähernd halbiert. Den asiatischen Schwellenländern gelang nach dem Crash von 1997/98 eine überraschend schnelle finanzielle Gesundung. Aber in all diesen Fällen wurde das Deleveraging unterstützt von einem soliden globalen Wachstum.

Diesmal ist die gesamte westliche Welt betroffen; gegen die Krise anzuexportieren wird schwierig. Die Krise selbst dämpft das trendmäßige Wachstum. Die beginnende demografische Wende verschärft die Schuldenproblematik zusätzlich. Unter diesen Bedingungen Schulden abzubauen ist nicht nur enorm schmerzhaft, vielleicht ist es sogar unmöglich.

Wohin dieser Weg führt, ist absehbar: Irgendwann wird man sich der Lasten auf unseriöse Art entledigen – durch Inflation, Abwertung oder Staatsbankrott. Also durch die teilweise Enteignung der Gläubiger. Sobald sich diese Erkenntnis auf breiter Front durchsetzt, steckt der Westen in einem kollektiven Dilemma: Wer sich verantwortungsvoll verhält, wer spart und seine Schulden ganz konservativ zurückzahlt, der läuft Gefahr, am Ende sein Geld zu verlieren. Das gilt für Staaten, für Privatleute, für Unternehmen. Die daraus resultierende Reaktion, dann sei sowieso alles egal, würde indes sofort alle Konsolidierungsbemühungen durchkreuzen. So dass am Ende wirklich derjenige, der spart, der Dumme ist.

3

»Ohne Garantie durch einen Staat«
Das brüchige Fundament des Euro

Wer Wolfgang Schäuble in den vergangenen Jahren im Interview gegenübersaß, der erlebte einen gelassenen, fast heiteren Mann. Gewiss wirkte er oft angestrengt, manchmal müde nach all der Euro-Retterei. Aber er strahlte stets einen inneren Optimismus aus, der manchmal schwer nachvollziehbar schien. Sicher, die Krise werde sich lösen lassen, warten Sie mal ab. Natürlich, es werde eine lange und steinige Wegstrecke, aber am Ende werde Europa besser dastehen. Man müsse sich eben darauf einrichten, auf sehr lange Zeit mit weniger Geld als früher auszukommen. Nein, die Wirtschaft werde nicht kaputtgespart – was langfristig richtig sei, das könne doch kurzfristig nicht falsch sein. So in der Art. Der Minister schien ungerührt von all dem Geschrei, all der Hektik und der Nervosität, die draußen Märkte und Medien beherrschte.

Schäuble, den viele als letzten echten Europäer in der Bundesregierung sehen, dachte längst weiter, auch wenn er das öffentlich nicht unbedingt sagte. Die europäische Integration müsste einen weiten Schritt voran tun, anders werde die Krise nicht zu lösen sein, das war ihm frühzeitig klar. Bereits im Frühjahr 2010, bevor das erste Hilfspaket für Griechenland unter Dach und Fach war, schlug er vor, einen Europäischen Währungsfonds einzurichten, konnte sich mit dem Vorstoß aber nicht durchsetzen; damals galt noch die Doktrin, kein Euro-Staat solle die Schulden eines anderen übernehmen.

War er über solche Rückschläge frustriert? Ach, wissen Sie, sagte er dann, es gehe eben nicht alles auf einmal, so sei das nun mal in der Politik. Ärgerte er sich manchmal über die Reaktionen der Märkte auf europäische Maßnahmen? Klar, das komme schon mal vor. Glaube er, der Euro werde die Krise überstehen? »Ja.« Punkt. Beim Gespräch mit Wolfgang Schäuble schien die zerstörerische Wucht der Krise weit entfernt zu sein.

Dabei wurde der Sturm draußen immer heftiger. Die Hilfspakete wurden größer und größer: Billionen würden gebraucht, um den Euro zu stabilisieren, bereitgestellt durch die Rettungsschirme und durch die Europäische Zentralbank – und damit letztlich zu einem großen Teil durch den größten Euro-Staat Deutschland. Die Bundesregierung brachte mit ihrem unnachgiebigen Verhandlungsstil viele gegen sich auf, nicht nur innerhalb der EU, auch international. Wo steht ihr Deutschen eigentlich, wurden Berliner Delegationsmitglieder bei internationalen Treffen wie der Herbsttagung von IWF und Weltbank gefragt – und wo wollt ihr eigentlich hin? Es stand so viel auf dem Spiel, dass einem ganz blümerant werden konnte – Wohlstand, offene Grenzen, Frieden, Deutschlands Platz in der Welt, mühsam erkämpft nach dem moralischen Bankrott des »Dritten Reichs«. Sogar die Ex-Kanzler Helmut Schmidt und Helmut Kohl meldeten sich zu Wort, um der Bundesregierung Versagen in der Euro-Krise zu attestierten. Doch Wolfgang Schäuble und seine Kanzlerin Angela Merkel schien das alles nicht zu berühren. Ach, wissen Sie, sagte Schäuble, er könne gar nicht erkennen, dass Deutschland irgendwo unbeliebt sei.

So viel Gelassenheit ist bewundernswert. Das Problem daran ist bloß: Die Euro-Krise ist nach wie vor nicht gelöst. Sie geht immer weiter. Und sie wird immer schlimmer. Wie lange wird sie dauern?

Einerseits, bis die exorbitanten öffentlichen und privaten Schuldenstände auf erträgliche Niveaus gesenkt sind (siehe Kapitel 2). Andererseits wird es erst eine Lösung geben, wenn sich die Währungsunion in Richtung einer europäischen Staatlichkeit weiterentwickelt hat. Denn das ist Europas eigentliches Problem: Auch Billionen Euro an Hilfszusagen können kein Vertrauen stiften, solange dem gemeinsamen Geld das politische und ideelle Fundament fehlt. Europa wird längst nicht nur von einer ökonomischen Krise gebeutelt. In Europa kommt eine politische Krise hinzu, weil

die 17 Nationen, die sich derzeit den Euro teilen, keinen gemeinsamen Zukunftsentwurf zustande bringen – weil sie bislang nicht
in der Lage sind, die Vision einer guten, gemeinsamen Zukunft zu
entwickeln.

Es ist dramatisch, wie monströs die Dimensionen der Euro-
Krise geworden sind, nicht nur für Europa und für Deutschland;
die Euro-Krise ist das größte Problem der Weltwirtschaft. Das
wird einem erst richtig bewusst, wenn man mit Verantwortlichen
aus dem Rest der Welt spricht. Ich habe IWF-Exekutivdirektoren
aus den BRIC-Staaten (Brasilien, Russland, Indien, China) be-
fragt, die mir sagten, sie seien in höchstem Maße besorgt über die
Entwicklungen in Europa. Eine chinesische Top-Investmentban-
kerin schilderte mir, dass sie die politische Debatte in den einzelnen Euro-Staaten sehr genau verfolge – zeitweise interessierte
sie sich sogar für die Innenpolitik der Slowakei, eines Landes mit
weniger Einwohnern als eine durchschnittliche chinesische Groß-
stadt, weil sie wusste, dass dort eine globale Kettenreaktion mit
unabsehbaren Folgen ausgelöst werden könnte. Ein Investment-
stratege eines arabischen Staatsfonds sagte, nach seinem Eindruck
verliere der Rest der Welt die Geduld mit Europa.

Woran also krankt der Euro? Warum sollte die Geldunion
scheitern, wo doch die Euro-Zone insgesamt nicht höher verschuldet ist als die USA, aber als ganzes betrachtet durchaus eine wett-
bewerbsfähige Wirtschaft ist?

Die Antwort: Der Euro ist eine Währung, die zu lange von der
Politik vernachlässigt wurde.

Die Währungsunion –
politisches Projekt ohne politische Unterstützung

Es lohnt sich, die Idee der Währungsunion von Anfang an nachzu-
vollziehen. Der Gedanke, Europa ein einheitliches Geld zu geben,
stammt von 1970, als der »Werner-Plan« (so benannt nach dem
luxemburgischen Premier Pierre Werner) vorgelegt wurde. Es schien

damals eine relativ simple Übung: Schließlich waren die Wechselkurse ohnehin fixiert (innerhalb des Bretton-Woods-Systems jeweils
gegenüber dem Dollar), die Volkswirtschaften waren verglichen
mit heute deutlich abgegrenzt, grenzüberschreitende Handels- und
Kapitalströme waren noch relativ klein. Die Europäische Gemeinschaft hatte nur sechs Mitgliedsstaaten (Frankreich, Deutschland,
Italien, Benelux). Und die Europäer hatten eine Phase der Preisstabilität hinter sich, weshalb viele glaubten, die Inflation sei »tot
wie ein rostiger Nagel« (der damalige deutsche Finanzminister Karl
Schiller). Die Risiken – aber auch der Nutzen – einer gemeinsamen
Währung schienen unter diesen Bedingungen begrenzt. Sie wurde
indes nicht realisiert.

In den 80er Jahren griff die Europäische Kommission unter
ihrem damaligen Präsidenten Jacques Delors den Plan wieder auf:
Europa sollte nun ein Binnenmarkt werden, gekrönt durch eine gemeinsame Währung. Die Deutschen sträubten sich zunächst, aber
nach der Wiedervereinigung schien – nicht nur in den übrigen
Mitgliedsstaaten – die gemeinsame Währung das probate Mittel,
Deutschland dauerhaft in die europäische Staatengemeinschaft
einzubinden und ein politisches Übergewicht der vergrößerten
Bundesrepublik zu unterbinden. Auf deutschen Druck hin wurde
die Europäische Zentralbank nach dem Vorbild der Deutschen
Bundesbank organisiert. 1992 unterzeichneten die Staats- und Regierungschefs den Maastricht-Vertrag. Der Vertrag sah sogenannte
»Konvergenzkriterien« vor: maximal 3 Prozent Haushaltsdefizit
und 60 Prozent Schuldenstand (in Prozent des BIP), dazu niedrige
Inflation und Zinsen sowie stabile Wechselkurse. Das sollten die
Bedingungen für einen Euro-Beitritt sein. In Deutschland gingen deshalb noch Mitte der 90er Jahre viele davon aus, der Euro
werde mit einer Kernbesetzung aus sechs Staaten beginnen: etwa
Deutschland, Frankreich, Benelux, Österreich. Andere würden
später hinzukommen. Ich erinnere mich an ein Hintergrundgespräch Mitte der 90er Jahre. Ich saß im Bonner Finanzministerium
mit zwei Spitzenbeamten – einer brachte es später zum Staatssekretär – zusammen, die sich skeptisch gaben, ob der Euro überhaupt

wie geplant starten würde. Sie gingen davon aus, die Währungsunion werde verschoben, weil Deutschland und Frankreich die fest vereinbarten Kriterien nicht lupenrein schaffen würden.

Doch schon bald war klar, dass das Spiel so nicht laufen würde, dass es beim Euro vorrangig nicht um die Einhaltung von Regeln gehen würde, sondern um politische Mehrheiten. Und die Auswahl der Teilnehmerländer – das war nun mal ein politischer Prozess, der im Ministerrat eine qualifizierte Mehrheit finden musste. Die Währungsunion konnte nur mit einer Ländergruppe starten, die eine qualifizierte Mehrheit der Stimmen zustande brächte – auch wenn dafür die Beitrittskriterien gebeugt und gedreht werden mussten. So startete denn die Währungsunion am 1. Januar 1999 mit elf Ländern, darunter Italien, Spanien, Portugal, Irland – also jenen Staaten, die in der Schuldenkrise als Erste im Feuer standen. 2002 kam noch Griechenland dazu, mit geschönten Budgetzahlen, wie sich später herausstellte. Man ahnte es wohl, drückte aber beide Augen zu. Kurz darauf wurde auch noch der Stabilitätspakt, der die Einhaltung der Haushaltskriterien nach Beginn der Währungsunion sichern sollte, ausgehebelt (unter maßgeblicher Mitwirkung der Regierungen Deutschlands und Frankreichs).

Die Politik scherte sich wenig um die langfristige Stabilität der Konstruktion Euro. So ging es über ein Jahrzehnt. Eigentlich seltsam, denn das ursprüngliche Ziel der Währungsunion hatte doch darin bestanden, »eine immer engere Union der Völker Europas« zu erreichen, wie es im Vertrag heißt. Die Formulierung macht deutlich, dass der Euro von Anfang an ein genuin politisches Projekt war. Paradoxerweise aber war die Politik nicht weit genug. Eine »politische Union« kam nicht zustande, und es bemühte sich auch niemand mehr ernsthaft darum, sie nachzuliefern.

Diese Ungleichzeitigkeit von Ökonomie und Politik – das ist letztlich der Kern der heutigen Euro-Probleme.

Dabei war die politische Begründung für den Euro immer überzeugender als die ökonomische: Europa müsse sich qua Währungsunion unwiderruflich vereinigen, um künftige zwischenstaatliche Konflikte zu vermeiden und um auch künftig im glo-

balen Machtpoker der »Triade« (USA, Europa, Japan) mithalten
zu können. Für Helmut Kohl ging es um Krieg oder Frieden. So
sahen das viele in seiner Generation. Die ökonomische Herleitung, warum man den Euro brauche,
war weniger überzeugend. Die Vorteile eines gemeinsamen Binnenmarktes wären auch ohne gemeinsames Geld zu haben gewesen. Den Ökonomen war klar, dass der Euro kein »optimaler Währungsraum« sein würde. »Asymmetrische Schocks« – Ereignisse,
die sich auf die Mitgliedsstaaten in unterschiedlicher Weise auswirken, wie die derzeitige Krise – würden kaum abzufangen sein. Vor
allem, weil drei Arten von *shock absorbers* fehlten: Monetäre Stoßdämpfer – nationale Wechselkurspolitik und Zinspolitik – wurden
mit dem Übergang zur Währungsunion abgeschafft. Realwirtschaftliche Stoßdämpfer sind kaum vorhanden; die Europäer sind
weder so mobil noch sind die nationalen Arbeitsmärkte so flexibel,
als dass die Märkte unterschiedliche nationale Entwicklungen von
allein ausgleichen würden. Auch die dritte Art von Stoßdämpfern
gab es nicht im neuen multinationalen Währungsraum: Umverteilungssysteme – irgendeine Art von Finanzausgleich zwischen den
Mitgliedstaaten –, um unterschiedliche Konjunkturverläufe und
asymmetrische Schocks auszugleichen. Es gab auch keinen Krisenfonds für Staaten, die in Zahlungsbilanzkrisen rutschten.

All das aber gibt es selbstverständlich innerhalb eines jeden modernen Staates. Für die Währungsunion jedoch glaubte man, es
genüge, eine unabhängige Zentralbank zu etablieren. Ansonsten
konnten die Staaten machen, was sie wollten, allenfalls überwacht
durch die EU-Kommission. Sie würden sich schon irgendwie an
die Regeln halten. Und die Märkte würden schon den nötigen
Ausgleich besorgen, das war die Hoffnung damals. Auch wenn
Otmar Issing, der damalige Chefvolkswirt der Bundesbank, 1991
vor der Unterzeichnung des Maastricht-Vertrags mahnte: »Es gibt
in der Geschichte kein Beispiel für eine dauerhafte Währungsunion ohne deren Garantie durch einen Staat.«[41]

---

41 Zitiert nach Mayer (2011a)

Kann eine Währung wirklich nur innerhalb eines Staates funktionieren? Ist eine übernationale Währung zum Scheitern verurteilt? Nicht unbedingt. Aber die beteiligten Nationen müssen sich darum bemühen, im Laufe der Zeit so weit zusammenzuwachsen, dass sie ihre Währung durch gemeinsame superstaatliche Strukturen absichern. Und genau das war ja der politische Zweck der Währungsunion. Aber irgendwie ist die Arbeit daran einfach liegen geblieben. Es gab ja für die Regierenden so viel anderes zu tun. Und Europa lief doch auch so, wie es schien. Wachstum gut, Inflation niedrig – Glück auf!

Der Ignoranz der Vergangenheit ist es geschuldet, dass sich ein Problemgebirge mit gigantischen Dimensionen aufbauen konnte. Immerhin: Seit Ausbruch der Krise sind Vorformen einer erweiterten europäischen Staatlichkeit entstanden. In dramatischen Nacht- und Wochenendsitzungen wurden Europäische Rettungsfonds (EFSF, ESM) und Regeln für eine härtere Kontrolle der Wirtschafts- und Finanzpolitik (»Sixpack«) aus dem Boden gestampft.

Die Bürger, zumal die Deutschen, reagierten überrascht, ja sogar schockiert, wie diverse Umfragen zeigten. Warum? Weil niemand sie darauf vorbereitet hatte. Der Euro sollte zwar »stark wie die Mark« werden. Aber dass Europa dann auch wie die Bundesrepublik über ein umfassendes Umverteilungsinstrumentarium zwischen Bund und Ländern sowie unter den Ländern verfügen müsste, blieb in diesem Zusammenhang unerwähnt.

Ein Nationen verbindendes *Europe building* fand nicht statt. Eine gemeinsame Zweitsprache, ohne die ein grenzüberschreitendes Verstehen kaum möglich ist, versuchte niemand zu etablieren. Es gibt keine gemeinsamen Medien, keinen einheitlichen Kommunikationsraum, keine wirkliche Demokratie auf EU-Ebene. Stattdessen betonen die Mitgliedstaaten wieder verstärkt ihre nationalen Interessen oder was sie dafür halten. Wie gesagt, der Euro ist ein Paradoxon: ein politisches Projekt, dem lange die politische Unterstützung fehlte. Wundert sich jemand, dass das Zusammengehörigkeits- und Solidaritätsgefühl der Europäer schwach bleibt? Aber ohne eine verbindende ideelle Basis wird die Währungsunion auf Dauer nicht zusammenhalten.

Ungleichgewichte – die Mutter alle Euro-Sorgen

Mitte der 2000er Jahre traf ich bei einer Konferenz einen EU-Beamten, der dramatische Zahlen vorstellte. Es war vor allem eine Grafik, die sich mir ins Hirn eingebrannt hat und die den Blick auf den Kern der Euro-Problematik freigab: Sie zeigte, dass die Lohnstückkosten zwischen den Euro-Staaten sich extrem auseinanderentwickelten. Das mag reichlich technisch klingen. Aber es geht dabei um die Wettbewerbsfähigkeit der Nationen: Wenn die Lohnstückkosten zulegen, bedeutet das, dass die Löhne stärker steigen als die Produktivität – die Kosten pro Euro Wertschöpfung nehmen zu. Auf der Grafik war Folgendes zu sehen: In Deutschland sanken die Lohnstückkosten stetig, in einigen Ländern (Österreich, Benelux, Finnland, Frankreich) stagnierten sie oder stiegen leicht – doch im Rest des Euro-Raums stiegen sie rasch. Mit anderen Worten: Während Deutschland immer mehr an Wettbewerbsfähigkeit gewann, schmierten andere Länder förmlich ab. Am problematischsten war die Entwicklung damals – na, wo wohl? – in Portugal, Irland, Spanien, Italien, Griechenland, in dieser Reihenfolge. In jenen Ländern also, die später als PIIGS die Problemgruppe der Euro-Zone bilden sollten.

Diese Fehlentwicklung zeichnete sich schon in den ersten Jahren nach dem Euro-Start ab. Man konnte die heraufziehenden Probleme erkennen. Wenn man gewollt hätte. Doch selbst ein erfahrener Wirtschaftspolitiker wie der erste EZB-Präsident Wim Duisenberg ließ sich vor dem Europaparlamentsausschuss für Wirtschaft und Währung zu der Aussage hinreißen, ein relativ armes Land wie Portugal habe »ein Anrecht« auf ein hohes Leistungsbilanzdefizit.

So spitzten sich die Probleme immer weiter zu, weitgehend unbeachtet – bis zum großen Knall.

Mitte der 2000er Jahre waren die Mängel im Bauplan der Währungsunion längst sichtbar. Als die Euro-Gründerväter um Helmut Kohl und François Mitterrand in den 90er Jahren das Projekt auf den Weg brachten, gingen sie von der Annahme aus, die Marktmechanismen würden das neuartige multinationale Wirtschafts- und Währungsgebiet quasi von selbst im Gleichgewicht halten. Doch es kam anders: Die Währungsunion erst schuf jene Schieflage, die die tiefere Ursache der späteren Krise war. Einige Euro-Volkswirtschaften verloren immer weiter an Wettbewerbsfähigkeit, weil die Lohnstückkosten schneller stiegen als im Rest des Währungsraums. Insbesondere mit dem damaligen Exportweltmeister Deutschland, der mit Lohnzurückhaltung und soliden Produktivitätszuwächsen immer stärker wurde, konnten die Defizitländer nicht mithalten. Früher wäre das kein großes Problem gewesen: Peseta, Drachme oder Escudo hätten einfach abgewertet, schlagartig wäre die Wettbewerbsfähigkeit wiederhergestellt worden. In der Währungsunion ist dieser Weg der Anpassung versperrt; die Umtauschkurse wurden ja mit dem Euro-Beitritt ein für allemal festgelegt. Die Folge: Die südlichen Problemländer produzierten irgendwann so teuer, dass sie ihre Produkte kaum noch absetzen konnten. Eine Deindustrialisierung setzte ein.

Kaschiert wurde diese unkreative Zerstörung durch massive Kapitalzuflüsse – insbesondere aus Deutschland –, die in den Defizitländern einen gigantischen Bauboom befeuerten, während die Schulden immer stärker stiegen. Oberflächlich gesehen schien alles in Ordnung zu sein: Die Beschäftigung nahm zu, die Wirtschaft wuchs, die Löhne stiegen, auch die Staatshaushalte wurden durch den Boom entlastet. Dass zugleich die Leistungsbilanzen der Problemländer beharrlich Defizite zwischen 5 und 10 Prozent des Bruttoinlandsprodukts (BIP) aufwiesen –, jahrelang interessierte das nur ein paar Fachleute.

Immer wieder warnte die EU-Kommission zaghaft vor dem Auseinanderdriften der Währungsunion. Doch die Euro-Gruppe, in der die Finanzminister der Währungsunionsländer zusammen-

sitzen, hörte gar nicht hin. Die Geschichte mit den Ungleichgewichten kannte man ja schon seit Jahren aus dem weltwirtschaftli-
chen Kontext (siehe Kapitel 1 und 7) – ein alter Hut, offenbar kein
großes Problem. Außerdem erschienen mögliche Gegenmaßnah-
men arg unpopulär: Lohnsenkungen in Defizitländern wie Griechenland? Ein Abbremsen des deutschen Exportbooms (mit staatlich verordneten kräftigen Lohnerhöhungen)? Deutlich höhere
Leitzinsen durch die Europäische Zentralbank? All das schien in
Zeiten des Aufschwungs nicht opportun. Ein schwerwiegendes
Versäumnis, das sich bitter rächte: Der Anpassungsbedarf wurde
so groß, dass in der Folge nicht nur die Märkte, sondern ganze
Gesellschaften destabilisiert wurden. Denn die Therapie, die die
PIIGS durchlaufen sollen, ist brachial: jahrelange Lohnzurück-
haltung, Kürzungen von Sozialleistungen und Steuererhöhungen.
Die Arbeitslosigkeit ist hoch, vor allem der Nachwuchs bleibt von
Jobs und Chancen ausgesperrt. Ein gefährliches Frustpotenzial
braut sich da zusammen.

Ich wiederhole mich gerne: Der Mutterboden dieser Krise ist die
gigantische Verschuldung, die sich über lange Zeit ungebremst
aufbauen konnte. Vor allem die *privaten* Schulden explodierten
förmlich: Bürger kauften hemmungslos Immobilien, Unternehmen
»hebelten« ihr Eigenkapital mit immer mehr Fremdkapital (siehe
Kapitel 2).

Ermöglicht wurde der schuldengetriebene Boom durch eine
freigiebige europäische Geldpolitik (die, nebenbei bemerkt, in
der ersten Hälfte der 2000er Jahre auch deshalb so lax war, weil
Deutschland damals in einer schweren Strukturkrise steckte,
hohe Arbeitslosenzahlen aufwies, langsam wuchs und am Rande
einer Deflation zu stehen schien), durch eine nachlässige Regulierung der Banken (siehe Kapitel 6) sowie durch die nun integrierten Euro-Kapitalmärkte, die Verschuldungsgrade in bisher
nicht gekannten Größenordnungen erlaubten. Die Kehrseite der
schrumpfenden Wettbewerbsfähigkeit waren hohe Leistungsbilanzdefizite: Sie waren nach der Euro-Einführung im Schnitt

Abb. 4: Im Zeichen der Schere: Leistungsüberschüsse[1] (+) und -defizite (–) in Prozent des BIP

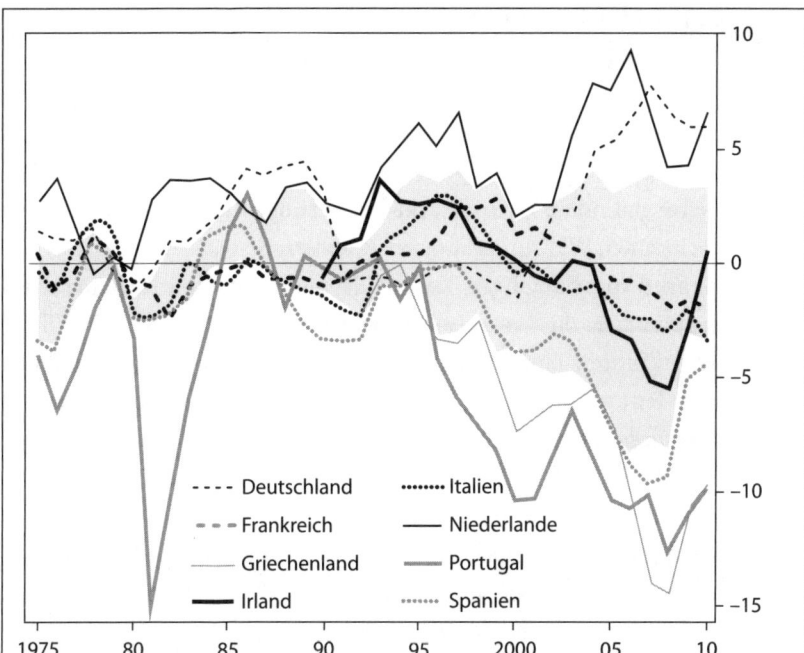

1 Die schattierte Fläche gibt den Bereich der Streuung an (ohne Ausreißer mit Extremwerten)
Quelle: OECD (2012a)

mehr als doppelt so hoch wie vor der Währungsunion (siehe Abbildung 4). Doch weil Kapital aus dem Ausland hereinströmte, fiel der Verlust an Wettbewerbsfähigkeit nicht so auf.

Länder mit Immobilienbooms wie Spanien und Irland wurden mit Kapital aus den Überschussländern, vor allem aus Deutschland, geradezu überschüttet. Vor dem Start des Euro hatte niemand vorhergesehen, wie groß die Kapitalströme innerhalb eines einheitlichen Währungsraumes werden können. Tatsächlich ergoss sich Geld in breiten Strömen über die Peripherieländer. Diese Finanzströme, von Marktmechanismen und Regulierungen kaum gebremst, waren die Nährlösung für die Ungleichgewichte innerhalb des Euro-Lands: für Schuldenmacherei und Baubooms in der Peripherie einerseits, für gigantische Exportüberschüsse Deutschlands andererseits. Es sind diese Exzesse, die letztlich in die derzeitige Malaise geführt haben.

Wie Spanien infiziert wurde

Selbst nationale Finanzmarktregulierungen können in einem gemeinsamen Währungsraum wenig ändern. So wurden die spanischen Banken vom damaligen Banco d'España-Chef Jaime Caruana strikt reguliert, sie durften zum Beispiel keine Finanzvehikel neben ihrer Bilanz führen (eine Praxis, die etwa einigen deutschen Landesbanken das Genick brach). Santander und Co. kamen deshalb ohne große Blessuren durch die Krise. Das Kapital floss im grenzenlosen Euro-Finanzmarkt dennoch nach Spanien – und verursachte später bei deutschen Instituten massiven Abschreibungsbedarf, als die iberische Immobilienblase geplatzt war. Überschüssige Liquidität bahnt sich eben ihren Weg – sie umfließt administrative Sperren geschmeidig.

Boom, Crash und dann eine Dauerkrise mit Verschlimmerungstendenz – an Spanien lässt sich ablesen, woran die Euro-Ökonomie krankt. Anders als Griechenland (das nur durch Bilanzkosmetik die Aufnahme schaffte) oder Irland (das ohne Rücksicht auf Verluste Banken und Bauwirtschaft gewähren ließ) galt Spanien lange als mustergültiger Euro-Partner. Das Land genoss stabiles Wachstum, solide Staatsfinanzen und, wie gesagt, eine relativ strikte Bankenregulierung. Doch dann blähte sich eine schuldengetriebene Immobilienblase auf, die die Wirtschaftsstrukturen verzerrte. Seit die Blase geplatzt ist, sitzt Iberien in der Falle. Ohne den Euro dürfte es Spanien besser gehen. Diesen Schluss lässt ein Vergleich mit dem Nicht-Euro-Mitglied Großbritannien zu. Beide Länder haben eine ähnliche Ausgangslage: Sie sind hoch verschuldet (Großbritannien allerdings noch viel höher als Spanien), beide hatten Baubooms und chronische Leistungsbilanzdefizite. Beide Regierungen mussten auf einen drakonischen Sparkurs einschwenken. Doch während Spanien um seine Zahlungsunfähigkeit bangen muss, ist Großbritannien nicht mehr vom Staatsbankrott bedroht.

Nationales versus supranationales Geld – den großen Unterschied macht die Währungsordnung. Die Bank of England hat freigebig flüssige Mittel in die Wirtschaft gepumpt, so dass die langfristigen Realzinsen immer weiter gesunken sind und das Pfund spürbar abgewertet hat, was der Wettbewerbsfähigkeit hilft (aber zugegebenermaßen mit dauerhaften Inflationsgefahren erkauft wird). Spanien hingegen musste in der Krise mit steigenden Realzinsen und einem starken Euro zurechtkommen, weil die Europäische Zentralbank nicht allein für die Krisenländer Geldpolitik machen kann. Schlechte Bedingungen für einen iberischen Aufschwung.

Dies ist der schwerwiegendste Konstruktionsfehler des Euro: Es können sich gigantische Ungleichgewichte aufbauen, und sie bilden sich nur sehr träge wieder zurück. Das schafft Härten in den Defizitländern: Längst liegt die Arbeitslosigkeit in Spanien über 20 Prozent, die Jugendarbeitslosigkeit sogar doppelt so hoch – ein Drama.

Die großen Ungleichgewichte innerhalb der Währungsunion machen aber auch die Anpassung in den Überschussländern schwierig. Zumal in Deutschland.

Chinesische Verhältnisse – Deutschland süß-sauer?

Deutschland wird häufig mit China verglichen. Martin Wolf etwa, der Leitartikler der Londoner *Financial Times*, hat diese Parallele immer wieder gezogen. Und sie ist nicht völlig aus der Luft gegriffen: Beide sind industrielastige Volkswirtschaften, die über Jahre große Leistungsbilanzüberschüsse eingefahren haben. Beide verfügten über Wettbewerbsvorteile, die anderswo gefürchtet wurden. China wurde zum ökonomischen Angstgegner der USA, die versuchten, chinesische Importe mit Strafzöllen zu behindern. Deutschland wiederum wurde beispielsweise von Frankreich einer egoistischen Wirtschaftspolitik geziehen. Ein ökonomisch schwächeres Deutschland, so der Eindruck, wäre den Euro-Partnern zuträglicher.

Tatsächlich hat die überbordende ökonomische Stärke Deutschlands und Chinas – beide Länder wiesen zeitweise außenwirtschaftliche Überschüsse von 8 beziehungsweise 10 Prozent des BIP aus – ähnliche makroökonomische Gründe: Die Wechselkurse waren fixiert. Normalerweise erfährt eine Volkswirtschaft, die mehr exportiert als importiert, eine Aufwertung ihrer Währung; dadurch werden die Wettbewerbsvorteile teilweise zunichte gemacht, dafür bekommen ausländische Wettbewerber Chancen. Im Falle Chinas war eine solche Aufwertung politisch unerwünscht; die Behörden hielten den Wechselkurs künstlich niedrig, kauften Billionen von US-Dollars vom Markt und bauten Devisenreserven in beispielloser Höhe auf (siehe Kapitel 7).

Im Falle Deutschlands jedoch hat die fehlende Anpassung der Wechselkurse einen anderen Grund: Innerhalb der Währungsunion gibt es schlicht keine beweglichen Umtauschkurse mehr – durch den Beitritt zum Euro haben die Staaten die Preise ihrer früheren nationalen Währungen ein für allemal festgeschrieben. Deutschlands Überschüsse sind also keineswegs das Resultat einer manipulatorischen makroökonomischen Politik wie im Falle Chinas, sondern das Ergebnis von Marktprozessen: von Investitionsentscheidungen der Unternehmen, von Bildungsinvestitionen der Bürger und von einer vorsichtigen Lohnpolitik der Gewerkschaften, die ihren Beitrag dazu leisten wollten, die über viele Jahre sehr hohe Arbeitslosigkeit abzubauen. Die deutschen Überschüsse sind mithin die Folge vieler Einzelentscheidungen, die zu einer langfristigen ökonomischen Gesundung nach einem Jahrzehnt der Schwäche geführt haben. Die chinesischen Überschüsse hingegen waren bewusst durch die Führung in Peking herbeigeführt.

Dennoch führt natürlich kein Weg daran vorbei, dass es irgendeine Art von Anpassung geben muss. Auf Dauer sind so große Ungleichgewichte gefährlich, auch für die Überschussländer selbst. Und für China ist es viel einfacher, eine Anpassung hinzubekommen, als für Deutschland. China kann eine Aufwertung seiner Währung einfach dadurch herbeiführen, indem die Behörden nicht mehr so viele Dollars vom Markt kaufen. Tatsächlich passiert seit 2010 genau das, wenn auch nicht so schnell, wie mancher im Westen sich das wünschen würde. Wichtiger noch: Chinas Führung lässt die Löhne schneller steigen. Beides zusammen bewirkt eine *reale* Aufwertung des Yuan, die Chinas furchterregende Kostenvorteile eindämmt.

Deutschland hingegen ist der Weg der *nominalen* Aufwertung über den Wechselkurs innerhalb der Währungsunion versperrt. Es bleiben jedoch zwei weitere Optionen:

Erstens eine *reale* Aufwertung: Löhne und Preise in Deutschland müssen schneller steigen als im Rest des Euro-Raums. Das geht allerdings nicht wie in China per Order von oben (der staatliche Einfluss auf die Gewerkschaften und die Unternehmen dort ist immens), sondern nur über die dezentralen Lohnfindungsprozesse auf dem Arbeitsmarkt. Das läuft dann wie folgt: Im boomenden Überschussland Bundesrepublik kommt es zu Arbeitskräfteknappheit, die Löhne steigen, höhere Einkommen führen zu mehr Konsumnachfrage, wodurch die Preise steigen – die deutschen Wettbewerbsvorteile schwinden teilweise, dafür können die Bürger mehr konsumieren. Die Bedingung für diese Form des Ausgleichs: Deutschland muss höhere Inflationsraten zulassen als der Rest des Euro-Landes. Das wäre neu. In den ersten zwölf Jahren lag die deutsche Preissteigerungsrate im Durchschnitt bei nur anderthalb Prozent, einen halben Prozentpunkt niedriger als im Euro-Land insgesamt. Damit andere Länder Wettbewerbsfähigkeit gewinnen können, müsste die deutsche Inflation deutlich höher sein als in der Vergangenheit. Bei einer deutschen Inflation um die 2 Prozent müssten Länder wie Spanien *sinkende* Preisniveaus, also Deflation, fahren, um wettbewerbsfähiger zu werden. Das aber würde die Schuldenkrise in den Problemstaaten verschärfen.

Anders gewendet: Je höher die Inflation im Durchschnitt des Euro-Raumes ist, desto leichter wird ein innereuropäischer Ausgleich über reale Auf- und Abwertungen stattfinden können. Um nicht missverstanden zu werden: Dies ist keine Forderung nach einer inflationären Politik der Notenbanken, sondern ein schlichter Hinweis auf ökonomische Grundprinzipien.

Wenn man aber höhere Inflationsraten nicht zulassen will, dann bleibt – zweitens – noch die Anpassung über Umverteilung in großem Stil. Deutschland und andere Überschussländer müssen Teile ihrer Überschüsse durch höhere Steuern abschöpfen und als Transferzahlungen in andere Länder überweisen. Wenn im Defizitland Spanien 20 Prozent Arbeitslosigkeit herrschen und die marktmäßige Anpassung durch Wechselkurse, Löhne und Preise nicht möglich ist, müssen die Deutschen und andere Überschussnationen viele Milliarden Euro zur Unterstützung und zur Ankurbelung von Investitionen überweisen.

Steigende Inflation oder höhere Steuern – dies ist politisch eine schwierige Alternative. Es ist sogar eine für Deutschland derart unangenehme Alternative, dass sie in der Politik schlicht totgeschwiegen wird. Aber es sind die beiden einzigen Optionen, die sich bieten, wenn der Wechselkurs als Anpassungsinstrument nicht zur Verfügung steht. Wer beide Optionen ablehnt, muss die Währungsunion aufgeben. Mit allen gravierenden politischen Konsequenzen, die ein Scheitern hätte.

Auch Deutschland drohen *bubbles*

Die Bundesrepublik im Jahr 2012, das ist eine einsame Blüte in einem Meer der Ödnis. Während der Rest des Euro-Raums in die nächste Rezession rutscht, geht die deutsche Wachstumsstory weiter. Deutschland, so scheint es, erlebt sein drittes Wirtschaftswunder. Das erste fand bekanntlich in der Nachkriegszeit statt, das zweite in der Phase zwischen 2005 und 2008, als sich die Wirtschaft, für alle überraschend, plötzlich aus Jammertal und scheinbar unaufhaltsamem Abstieg zu einer stattlichen Dynamik aufschwang. Nun schließt sich seit 2010 ein drittes Wunder an: Anders als in fast allen anderen westlichen Ländern, deren Wachstumspfade deutlich abgeknickt sind, setzt sich hierzulande die Vor-Krisen-Entwicklung fort. Und sofern große Unfälle – ein Zerbrechen der Euro-Zone oder ein Krieg im Nahen Osten – ausbleiben, könnte Deutschland sich selbst übertreffen.

Aus diesem auf den ersten Blick hocherfreulichen Befund ergeben sich zwei Fragen: Was treibt eigentlich den deutschen Sonderboom? Und: Ist diese Entwicklung wirklich gut?

Was die Ursachen für das »Dritte Deutsche Wirtschaftswunder« angeht, so liegen sie nicht nur in deutscher Produktivität, Tüchtigkeit und Sparsamkeit, sondern auch maßgeblich in der aus deutscher Sicht viel zu lockeren Geldpolitik. Als Mitglied des Euro-Raums kommt Deutschland in den Genuss extrem niedriger Zinsen, eines relativ schwachen Euro-Wechselkurses und äußerst üppiger Liquiditätsversorgung. Das befeuert die Investitionen, längst auch auf den Immobilienmärkten: Es wird gekauft und gebaut wie seit Jahren nicht mehr – und da die Zinsen wegen der Euro-Krise auf Dauer niedrig bleiben werden, ist kein Ende absehbar. In einigen Städten sind bereits gefährliche Preisblasen erkennbar.

Damit ist auch die zweite Frage beantwortet: Die Aussichten mögen zwar geradezu malerisch erscheinen. Aber eine Überhitzung der Wirtschaft, vor allem eine gefährliche Immobilienblase, sollte Deutschland unbedingt vermeiden. Länder wie Spanien, die ähnliche Bedingungen Anfang der 2000er Jahre erlebten, sind mahnende Beispiele.

Der Boom am Immobilienmarkt resultiert aus einem deutlich veränderten Muster für die deutsche Konjunktur. Die Stagnation, die seit den 90er Jahren die Stimmung im Lande trübte, ist vorbei. In den ersten Jahren der Währungsunion war der Kurs der EZB für deutsche Verhältnisse zu strikt. Nun ist er aus nationaler Sicht viel zu lax. Weil große Teile des Euro-Raums tief in der Krise stecken, hält die EZB die Zinsen niedrig und versucht, die Finanzmärkte großzügig mit Liquidität zu tränken. Dieser monetäre Turbo entfaltet im prosperierenden Deutschland gehörige Schubkraft: Nun treibt die heimische Nachfrage das Wachstum – Unternehmen und Bauherren investieren, Konsumenten geben Geld aus. Der Export verliert für die deutsche Entwicklung an Bedeutung. Auf absehbare Zeit wird die Wirtschaft schneller wachsen als das Produktionspotenzial – die Kapazitäten der

Volkswirtschaft arbeiten mit Überlast. Bemerkenswert positiv
entwickelt sich der Arbeitsmarkt. Das Wirtschaftswachstum trifft
auf eine alternde Bevölkerung, in der tendenziell immer weniger
Menschen erwerbstätig sind. Die Folge: Arbeitskräftemangel und
kräftig steigende Löhne. Während im Euro-Raum insgesamt die
Inflation niedrig bleibt, führt die hohe Kapazitätsauslastung in
Deutschland zu deutlich steigenden Preisen. Bevor jedoch die Inflation anspringt – das zeigen die Erfahrungen vieler Länder in
den 2000er Jahren –, reagieren die Immobilienpreise. Doch um
solche nationalen Booms innerhalb der Euro-Zone zu bremsen,
gibt es bislang keine wirtschaftspolitischen Instrumente. Aber
immerhin: Es gibt inhaltliche Vorarbeiten, etwa beim Internationalen Währungsfonds. Wie also könnte man einer deutschen Immobilienblase entgegenwirken? Prinzipiell stehen folgende Wege offen:

Allgemeine Steuerpolitik: Das gröbste Instrument, mit dem sich
eine nationale Sonderkonjunktur eindämmen lässt, besteht in der
Anhebung allgemeiner Steuern, insbesondere der *Einkommen-
steuer* und der *Beiträge zu den Sozialkassen*. Wenn die Notenbank
nicht reagieren kann oder will, müsste die Übernachfrage auf diese
Weise staatlicherseits abgeschöpft werden. Das wäre so ziemlich das
Gegenteil dessen, was in den üblichen Debatten über prozyklische
Senkungen der Steuern oder der Sozialversicherungsbeiträge ge-
fordert wird. Auch international dürfte eine solche antizyklische
Politik im derzeitigen Rahmen nicht durchsetzbar sein. Deutschland
soll ja ordentlich Nachfrage nach Importen generieren, um anderen
Staaten aus ihrer Misere herauszuhelfen.

Spezifische Steuern: Dieses Instrument ist in Deutschland prinzipiell schon vorhanden. Anders als etwa die USA subventioniert
der Staat hierzulande immerhin den kreditfinanzierten Kauf von
privatem Wohnraum nicht; Schuldzinsen für selbst genutzte Flächen
können nicht von der Steuer abgesetzt werden. Im Gegenteil: Die
deutsche *Grunderwerbsteuer* macht das rasche Kaufen und Verkaufen von Wohnungen und Häusern, typisches Symptom einer

bubble, relativ unattraktiv. Ein Anheben dieser Steuer könnte somit spezifisch gegen das Wachsen einer Immobilienblase eingesetzt werden. Empirische Untersuchungen für die USA zeigen die Wirksamkeit dieses Instruments.

Bankenregulierung: Makroprudenzielle« Instrumente heizen seit einiger Zeit die Debatten unter Notenbankern an. Dabei geht es um Regulierungen für die Kreditinstitute, um so die gesamtwirtschaftlichen Risiken – etwa einen Immobilienboom – einzudämmen. Falls sich der deutsche Markt weiterhin schwunghaft entwickeln sollte, könnten heimische Banken zum Beispiel gezwungen werden, Immobilienkredite mit *höheren Kapitalunterlegungen* zu versehen. Das würde der Tatsache Rechnung tragen, dass überbewertete Häuser und Wohnungen für Banken existenzbedrohliche Risiken bergen – falls nämlich der Kredit ausfällt und die Sicherheiten die Forderungen der Bank nicht mehr decken. In die gleiche Richtung gehen Überlegungen, *variable Eigenkapitalpuffer* einzuführen: Im Boom würde durch striktere Regulierung die Kreditvergabe für Banken teurer, weil sie mehr Kapital vorhalten müssen. Im Abschwung würden dann die Zügel entsprechend gelockert. Schließlich könnten die Regulierer den Banken konkrete *Vorgaben für das Hypothekengeschäft* machen. Beispielsweise, dass die Höhe des Kredits maximal 60 Prozent des derzeitigen Marktwerts betragen darf. Oder dass mindestens 50 Prozent Eigenkapital gefordert sind. Oder dass die anfängliche Zinslast nicht mehr als 30 Prozent des Einkommens des Kreditnehmers ausmachen darf. Derartige makroprudenzielle Instrumente dürften in Deutschland ab 2013 einsatzbereit sein.

Gelassenheit ist fehl am Platz. Die Erfahrungen anderer Länder zeigen, wie gefährlich die Spätfolgen einer Strategie des Abwartens und Nichtstun sein können. Damit der erfreuliche Aufschwung wirklich nachhaltig ist und nicht in einer Überhitzung endet, muss sich die deutsche Politik darauf vorbereiten, den unpopulären Weg zu gehen – und das Wirtschaftswunder durch strikte Regulierungen zu entzaubern.

Finanzpolitik in Europa – nicht so schlecht, wie man denkt

Während die schwer lösbare Problematik der Ungleichgewichte wenig Aufmerksamkeit erfahren hat, stand die Finanzpolitik der Euro-Mitgliedsstaaten seit Ausbruch der Krise im Zentrum der Diskussion. Das ist politisch verständlich: Für die Finanzpolitik gibt es klare Verantwortlichkeiten und Regeln. Die Problematik der Ungleichgewichte ist viel schwieriger kommunizierbar. Weil sie aus einer Fülle privater Einzelentscheidungen resultieren, sind Schuldige nicht so einfach dingfest zu machen, und die Lösungswege (Inflation, Umverteilung) sind hochgradig unpopulär.

Die öffentliche Debatte in Deutschland lief in etwa so: Viele andere Staaten haben sich in der Euro-Ära ein lockeres Leben gegönnt, haben hohe Staatsdefizite gefahren und sind jetzt so hoch verschuldet, dass sie an der Pleite entlangschrammen und von den Deutschen gerettet werden müssen. Die Währungsunion, so die populäre Argumentation, verführe dazu, auf Kosten anderer eine verantwortungslose Politik zu machen, weil man sich darauf verlassen könne, schon (im Zweifel von den Deutschen) gerettet zu werden. Diesen Anreiz zur finanzpolitischen Verantwortungslosigkeit zu beseitigen, das war die Ratio hinter dem deutschen Kurs seit Ausbruch der Staatsschuldenkrise.

Um es klar zu sagen: Diese Sicht auf den Euro-Raum ist ein Zerrbild. Entsprechend ungenügend sind die politischen Antworten auf die Krise denn auch ausgefallen. Im Mittelpunkt stand stets die Frage, wie man die Spielregeln im Euro-Raum so verschärfen kann, dass der Stabilitäts- und Wachstumspakt möglichst automatisch wirkt – dass also Staaten daran gehindert werden, Budgetdefizite von mehr als 3 Prozent des BIP zuzulassen, und am besten sogar in konjunkturell normalen Zeiten einen annähernd ausgeglichenen Staatshaushalt fahren. Das ist natürlich zunächst einmal ein sinnvolles Ziel. Die Staatsfinanzen in ein solides Regelwerk zu fassen ist eine gute Idee, genauso wie die Schuldenbremse, die die Große Koalition ins Grundgesetz hat schreiben lassen. Aber dass hohe Defizite seit Beginn der Währungsunion das Hauptproblem seien und folglich mit einem institutionellen Verbot der Schuldenmacherei die Zukunft des Euro gesichert werden könne, geht an der Realität vorbei. Denn Tatsache ist: Seit Beginn der Währungsunion haben nur wenige Mitgliedsstaaten eine rücksichtslos freigebige Finanzpolitik betrieben. Dieser Vorwurf trifft zuallererst Griechenland, das schon mit geschönten Zahlen Euro-Mitglied wurde und das auch danach in keinem einzigen Jahr die 3-Prozent-Grenze eingehalten hat. Im Oktober 2009 musste die neu gewählte Regierung Papandreou nach Durchsicht der Bücher kleinlaut zugeben, das Defizit werde nicht, wie geplant, 6 Prozent betragen, sondern 12,7; die letzten Datenrevisionen zeigten einen Wert von 15,8 Prozent für 2009. In diesen Revisionen wird deutlich, wie wenig verlässlich die Statistiken des Landes waren. Der Vorwurf, in der Währungsunion zu hohe Defizite zugelassen zu haben, trifft auch Portugal. Seit 2003 machte der Staat Jahr für Jahr mehr Schulden als erlaubt.

Für die anderen Problemländer jedoch – Spanien, Irland, Italien und Belgien – stimmt der Pauschalvorwurf der fiskalischen Zügellosigkeit schlicht nicht. Sie haben sich fiskalisch nicht grundsätzlich anders verhalten als Deutschland: In guten Zeiten reduzierten sie ihr Defizit, bei schwacher Entwicklung ließen sie höhere Defizite zu als erlaubt.

Irland erwirtschaftete über die ganzen 2000er Jahre Haushalts*überschüsse*, und das bis zum Ausbruch der Krise 2008. Die Regierung in Dublin *reduzierte* Staatsschulden bis auf eine Schuldenquote von unter 30 Prozent, halb so hoch wie die Deutschlands vor der Krise. Erst seit die völlig überschuldete *private* Wirtschaft darniederliegt (siehe Kapitel 2), hat Irland ein Staatsschuldenproblem und musste sich unter den Euro-Rettungsschirm flüchten.

Auch Spanien hatte in den 2000er Jahren ausgeglichene Haushalte, in einigen Jahren sogar Überschüsse. Die Staatsschuldenquote sank bis 2007 auf 42 Prozent des BIP. Das Problem des Landes war der Bauboom und die stark steigende Verschuldung der Unternehmen (die bis 2008 auf 140 Prozent des BIP hochschnellte, mehr als doppelt so hoch wie der vergleichbare Wert für Deutschland[42]), aber nicht seine Staatsschulden.

Italien wiederum sitzt auf einer großen Hypothek, die die Regierungen in den 70er und 80er Jahren angehäuft haben: einem Schuldenberg von bis zu 120 Prozent des BIP. Diese Quote haben die römischen Regierungen immerhin stabilisieren können. Sicher, die Haushaltsdefizite lagen in vielen Jahren leicht über 3 Prozent, darin Deutschland nicht unähnlich. Italiens Problem besteht darin, dass die verkrustete Wirtschaft zu wenig Dynamik hinbekommt, als dass sie die inzwischen panischen Finanzmärkte beruhigen könnte. Entsprechend sieht sich die EZB gezwungen, mit Anleihekäufen einen allzu starken Anstieg der Zinsen zu verhindern.

Belgien, wie Italien mit hohen Schulden aus der Vergangenheit belastet, hielt sich bis zum Ausbruch der Krise ständig an die 3-Prozent-Regel. Die Schuldenquote, die in den 90er Jahren bei 130 Prozent des BIP gelegen hatte, sank auf 88 Prozent 2007. Und im Zuge der Krise stieg sie nur moderat, anders als etwa jene Deutschlands.

Dennoch ist wahr: Die allermeisten westlichen Staaten – auch Deutschland, Frankreich, Großbritannien und die USA – sind mit zu hohen Staatsschulden in die Krise gestartet. Sie hätten zuvor mehr sparen und ihre Schuldenstände senken müssen, wie das Schweden und Finnland in den 90er Jahren taten. Das wird vielen Ländern nun zum Verhängnis, da bei dauerhaft schwachem Wachstum die öffentlichen Schulden sprunghaft weiter steigen und Anleger nun das Risiko einer Zahlungsunfähigkeit höher einschätzen als in der Vergangenheit. Aber das Urteil, der Euro habe allgemein zu hemmungsloser Staatschuldenmacherei verführt, stimmt so nicht.

Unter Führung der Bundesregierung haben die Euro-Staaten seit 2010 den Stabilitäts- und Wachstumpakt verschärft und Frühwarnsysteme eingeführt. Spanien hat sich eine Schulden-

---

42   McKinsey Global Institute (2012), S. 30

bremse nach deutschem Vorbild in die Verfassung geschrieben. Der »Fiskalpakt« soll die Budgetregeln nochmals härten. In der Vergangenheit haben die Budgetregeln nicht die erwünschte Wirkung entfaltet, weil für die Verhängung von Sanktionen stets qualifizierte Mehrheiten im Ministerrat nötig waren. Wenn sich aber die Mehrheit der Mitgliedsstaaten nicht an die Regeln hält, funktioniert der Pakt nicht. Für die Zukunft gilt das umso mehr; die Krise hat einen Präzedenzfall geschaffen. Von nun an ist klar, dass die Euro-Mitglieder einander helfen und auch gegenseitig Schulden übernehmen. Damit steigen die Anreize, sich künftig auf Kosten der Gemeinschaft ein leichtes Leben zu machen. Deshalb ist die Überlegung richtig, parallel zu den Hilfsprogrammen die Regeln zu verschärfen. Nur: dass sich damit die fundamentalen Probleme im Euro-Raum lösen ließen, ist eine Illusion. Außer für Griechenland und Portugal trifft der Vorwurf, die Euro-Krise sei durch hohe Staatsschulden verursacht, nicht zu.

Das Kernproblem sind die Ungleichgewichte und die damit verbundene explosionsartig gestiegene private Verschuldung. Um die in den Griff zu bekommen, ist es mit ein paar neuen Regeln nicht getan. Dazu muss Europa einen großen Sprung nach vorn wagen. Längst geht es um viel mehr als um Geld.

Zerstört die Euro-Krise die Demokratie?

Fragen Sie einen griechischen Bürger, was die Krise mit seinem Land anrichtet, und er wird Ihnen antworten, sein Volk habe nichts mehr zu melden. Stellen Sie einem deutschen Parlamentarier die gleiche Frage, und er wird sagen, er sei nicht mehr frei in seiner Entscheidung, sondern müsse einfach den Sachzwängen folgend dem nächsten Hilfspaket oder der Aufstockung des Rettungsschirms zustimmen. Die andauernde Krise, so scheint es, höhlt allmählich die Demokratie aus. Überbordende Schuldenlasten schränken den Handlungsspielraum ein – nicht nur in Schuldnerländern, auch in den Gläubigerländern.

Längst steht viel mehr auf dem Spiel als Geld. Der Wirtschaftshistoriker Albrecht Ritschl, Professor an der London School of Economics, fühlt sich angesichts der Krisendynamik an üble Vorbilder erinnert. In der Vergangenheit hätten Schuldenkrisen häufig zu Staatsbankrott oder Hyperinflation geführt – soziale und politische Destabilisierung inklusive. Ritschl sieht denn auch »Staatskrisen« heraufziehen, die den Historiker »brennend an die späte Weimarer Republik erinnern«. Der in London lehrende Bayer ist beileibe kein notorischer Schwarzseher, sondern ein empirisch arbeitender Wissenschaftler. Düstere Sorgen treiben ihn um: »Woher wissen wir, dass es keine neue Diktatur oder einen Bürgerkrieg gibt?« Die zur Schau gestellte Selbstgewissheit der Regierenden macht Ritschl fassungslos. »Das Spiel, das wir bisher gespielt haben, führt in die Irre. Aber die Regierungen wollen das nicht wahrhaben.«

Der Wohlstandsverfall und die nachhaltig hohe Arbeitslosigkeit in vielen westlichen Ländern – Deutschland, wo Sozialprodukt und Beschäftigung über den Vorkrisenniveaus liegen, ist eine rare Ausnahme – verursachen gefährliche gesellschaftliche Spannungen. Dass die Krise nicht gelöst, sondern immer nur weiter vertagt wird, lässt das Vertrauen ins demokratische System und seine Institutionen schwinden. Zumal die autokratische Systemalternative (China) finanziell solider dasteht.

Das große Spiel um den Euro wird immer komplizierter. Zuerst rangen lediglich Regierungen und Notenbanken, Börsen, Banken und Rating-Agenturen miteinander. Doch je länger die Krise dauert, desto stärker erhebt ein weiterer Player seine Stimme: die Bürger. Eigentlich sollte das nicht überraschen in einer demokratisch verfassten Europäischen Union. Nicht nur die Wahlen in Griechenland und Frankreich 2012 haben gezeigt, dass die bisherige Strategie zur Euro-Rettung an Grenzen stößt. Bislang war der Krisenkurs der Europäer aufs Sparen fokussiert, verbunden mit der unterschwelligen Drohung des Entzugs der Unterstützung, um im akuten Krisenfall dann doch üppig zu helfen. Es war, womöglich, genau die richtige Strategie, um im großen Zocken zwischen den

Mitgliedsstaaten zu bestehen. Die Sache hat nur einen Haken: Die Zustimmung der Bürger gewinnt man nicht mit einer Strategie, die für immer mehr Menschen in den südlichen Ländern in die Hoffnungslosigkeit führt. Der ökonomischen Krise droht deshalb eine schwere politische Krise zu folgen.

Denn die schnelle Erholung nach der Krise – jenes Szenario, auf das die Regierungen ursprünglich gehofft hatten – ist für das Gros der Euro-Staaten eine Illusion geblieben. Nur Deutschland und einige kleine Länder schafften nach dem Ende der großen Rezession von 2010 einen steilen Wiederaufstieg. Anderswo breitet sich der Frust aus: In Griechenland, das seit Ausbruch der Krise ein Sechstel seines Wohlstands eingebüßt hat und eine halbe Generation von arbeitslosen Jugendlichen zu verlieren droht; in Frankreich, wo das Schlimmste womöglich noch bevorsteht, weil lange verschleppte Strukturreformen und ein Verlust an Wettbewerbsfähigkeit die zweitgrößte Euro-Volkswirtschaft in den kommenden Jahren fest im Griff halten werden. Die politische Konsequenz: In den Dauerkrisenländern polarisiert sich die politische Landschaft. Die Gesellschaften verlieren ihre Mitte, Rechte und Linke erstarken. Bei einer wachsenden Zahl von Krisenverlierern schwindet die Hoffnung auf eine seriöse, kooperative Euro-Politik und eine bessere Zukunft.

Regelmäßig haben Wahlen in den Euro-Staaten Regierungen auf Sparkurs aus dem Amt getrieben – kein Grund zur Besorgnis in Phasen kollektiver Enttäuschung. Aber was passiert bei den nächsten Wahlen, wenn die Bürger feststellen, dass auch die jeweilige Nachfolgeregierung keine Besserung hinbekommen hat? Gefährliche Risse im Fundament der Euro-Demokratien werden sichtbar, zumal in Griechenland, wo extreme Rechte und Linke gemeinsam mehrheitsfähig wären, was an die Endphase der Weimarer Republik erinnert; die Fixierung auf das griechische Sparmemorandum mit EU und IWF ähnelt fatal der ritualisierten Geißelung des Versailler Vertrags im Zwischenkriegs-Deutschland.

Europa braucht unbedingt eine verbindendes Narrativ von einer guten, gemeinsamen Zukunft, die die grimmige Gegenwart überwinden hilft. Weil es dieses Narrativ bislang nicht gibt, ist es durchaus möglich, dass einzelne Länder doch noch aus dem Euroverbund ausscheiden – und in der Folge die Währungsunion von den Rändern her bröckelt. Die Folgen wären kaum absehbar, mit Sicherheit aber für Deutschland negativ. Es wäre ein geradezu groteskes Ergebnis, nach all den Hilfszahlungen und all den Zusagen, die auch Deutschland gemacht hat. Für die Länder, die aus dem Euro ausscheiden müssten, wäre es ein Desaster: Sie wären praktisch über Nacht pleite (weil ihre Schulden in Euro notiert sind, ihre neue Währung aber deutlich an Wert verlieren würde), ihre Banken brächen zusammen, die zivile Ordnung wäre in Gefahr.

Doch auch ohne einen Euro-Exitus droht sich die Schuldenkrise zur Existenzkrise für die freiheitliche Ordnung auszuwachsen. Über Jahrzehnte haben die westlichen Gesellschaften – Staaten, private Haushalte, Unternehmen – gnadenlos opportunistisch auf Pump gelebt. Das war willkommen, weil so gesellschaftliche und politische Konflikte entschärft wurden. Nun kommt die Quittung: Die kreditgetriebenen Nationen zeigen sich unfähig, ihre Verbindlichkeiten abzutragen. Auch mehr als vier Jahre seit Ausbruch der Krise steigen die Schuldenlasten immer noch weiter. Von einem *Deleveraging* (Schuldenabbau) und einem *Exit* (Ausstieg aus den staatlichen Notprogrammen) ist bislang kaum etwas zu sehen. Im Gegenteil: Mit wenigen Ausnahmen versackt der Westen immer tiefer im Schuldensumpf. Die Europäer müssen beweisen, dass ihre Institutionen handlungsfähig sind, dass Parlamente, Regierungen, Notenbanken und Gemeinschaftsbehörden in der Lage sind, die Lage zu entspannen. Andernfalls droht die Wirtschaftskrise zu einer Krise des politischen Systems zu eskalieren. Das Feld ist bereitet für nationalistische Populisten wie den Ungarn Viktor Orban. Je länger die Krise andauert und je weiter die Schuldenlasten steigen, desto wahrscheinlicher werden rabiate »Lösungen«, wie es sie in vergleichbaren historischen Situationen gegeben hat: Inflation (wie nach dem Ersten Weltkrieg und in vielen Entwicklungsländern seit den 70er Jahren) oder Bankrott (wie in den 30er Jahren, als viele Staaten ihren Schuldendienst einseitig absenkten oder ganz einstellten). Beide Auswege wirken gesellschaftszersetzend: Die Inflation, zumal Hyperinflation, zerstört das Vertrauen zwischen den Bürgern und in die Institutionen; harte, manchmal gewalttätige Verteilungskämpfe brechen aus; die mit der Inflation verbundene Umverteilung von den Gläubigern zu den Schuldnern und die Enteignung der Sparer wird als extrem unfair empfunden. Ein Bankrott, also die einseitige Kürzung der Verbindlichkeiten durch Schuldnernationen, vergiftet wiederum die internationalen Beziehungen.

Schon jetzt sorgt die Krise dafür, dass die Parlamente immer weniger zu sagen haben. Der Bundestag fügt sich in Sachzwänge, weil sonst der Euro und mit ihm die Weltwirtschaft explodieren würden. Die EZB und die nationalen Notenbanken gehen gigantische finanzielle Risiken ein; falls sich diese Risiken materialisieren, müssen die Staatshaushalte einspringen, ohne dass Parlamente zuvor zugestimmt hätten. Auf europäischer Ebene übernahm zwischenzeitlich ein kleines, informelles Exekutivgremium, die »Frankfurt Group«, die faktische Führung; in diesem Rahmen trafen sich die die deutsche Kanzlerin und der französische Staatspräsident mit ihren Finanzministern sowie den Spitzen von EZB, Euro-Gruppe, Europäischem Rat und Europäischer Kommission. Die Vertreter des Volkes blieben außen vor.

Wie also könnte ein demokratischer Ausweg aus der Krise aussehen? Er müsste über die Parlamente führen. Er müsste öffentlich sein. Er müsste eine gute, gemeinsame Zukunft als Ziel formulieren, für das es sich zu arbeiten lohnt. Und er müsste so ausgestaltet sein, dass er als fair empfunden wird. Das heißt: Bürger dürfen nicht willkürlich enteignet oder entschuldet (wie im Falle von Inflation oder Bankrott), sondern gemäß ihrer Leistungsfähigkeit an einer tatsächlichen Lösung der Schuldenkrise beteiligt werden. Wenn einerseits staatliche Leistungen gekürzt werden, müssten andererseits wohl die Steuern für Wohlhabende erhöht werden.

Sparen allein genügt nicht. Dass viele Länder lange Zeit über ihre Verhältnisse gelebt haben und die derzeitige Dauerkrise insofern die »natürliche« Schrumpfung einer »Einkommensblase«

darstellt, wie mir ein prominenter Notenbanker sagte, dürfte jedenfalls den heutigen Verlierern der Krise wenig Trost bieten. Statt immer tiefer in Depression zu versinken, muss Europa die berechtigte Hoffnung auf eine bessere Zukunft eröffnen. Dazu braucht es dreierlei: erstens einen gemeinsamen Tilgungsplan für die Euro-Staaten, der unmittelbar Haushaltsspielräume eröffnen würde; zweitens eine Vision für die Schaffung der Vereinigten Staaten von Europa, ohne die Europa auf Dauer nicht zusammenhalten dürfte (dazu mehr im nächsten Kapitel), und drittens eine langfristige Wachstumsstrategie, die Bildung und Unternehmertum in den Mittelpunkt stellt, um nachhaltig die Marktwirtschaft zu stärken (darum geht es im letzten Kapitel).

4

»Eine nachhaltige Lösung«
Wie sich die Euro-Krise bewältigen ließe

Die Jahre der Krise haben Risse in Europa offenbart und Wunden gerissen, die lange brauchen werden, bis sie vernarbt sind. Euro-Europa hat sich nicht mit großen Gesten zur Solidargemeinschaft entwickelt, sondern in vielen kleinen Schritten und Streitigkeiten fallweise die gerade auftretenden Probleme bearbeitet, ohne dass dahinter eine größere, umfassendere Idee sichtbar geworden wäre. Währenddessen spitzte sich die Lage immer weiter zu. Die heutige Problemlawine hat nicht nur etwas mit Ökonomie zu tun, sondern vor allem mit dem mangelnden Wir-Gefühl in Europa: Die Frage, was Europa im Innersten zusammenhält, kann kaum einer klar und einfach beantworten.

Viel verraten die Feinheiten der Sprache über die kollektiven Befindlichkeiten, die im Unbewussten schlummern. Als beispielsweise die gemeinsame Währung Ende der 90er Jahre endlich einen Namen hatte, begannen viele von »Euro-Land« zu sprechen. Eine sprachliche Hilfskonstruktion: Hier entstand ein Gebilde, das einige, aber nicht alle Merkmale eines gemeinsamen Staatswesens hatte. »Euro-Land« – das war ein sprachlicher Platzhalter, der auf weitere europäische Integration hoffen ließ. Denn genau das war ja das Ziel Helmut Kohls und anderer gewesen: irgendwie die Staaten Europas zu vereinigen – die Politik würde, ja, sie müsste der ökonomischen Integration folgen.

Inzwischen ist von »Euro-Land« kaum noch die Rede. Im EU- und EZB-Sprech wird ohnehin seit je vom neutralen, aber technisch tönenden »Euro-Gebiet« (*Euro area*) gesprochen. Und im allgemeinen Sprachgebrauch bürgert sich mehr und mehr der Begriff »Euro-Zone« ein. Das klingt nicht gut. Eine »Zone« ist kein Land und wird nie zur Heimat. Zumal in westdeutschen Ohren schwingen da ungute Erinnerungen an die »Ostzone«, später an Billionen-Überweisungen und den »Soli« als Obertöne mit – ohne dass die versprochenen »blühenden Landschaften« oder auch nur ein »selbsttragender Aufschwung« realisiert worden wären.

Und in der Tat ist es diese Vorstellung, die die Bundesbürger beunruhigt: dass große Teile des Euro-Landes (!) sich in ein Multi-Billionen-Grab verwandeln, für das wir bis in alle Ewigkeit zahlen müssen. Deutschland in der »Euro-Zone« – wenn davon gesprochen wird, geht es nicht mehr darum, die historischen Gegensätze und Kriege in Europa in gemeinsame Chancen zu verwandeln, wobei die gemeinsame Währung nur das Instrument ist, das weitere Zusammenwachsen zu befördern. Jetzt ist das Thema ein anderes: In weiten Teilen der Öffentlichkeit geht es nur noch um Geld, Schulden und Schuld. »Pleite-Griechen«, schreit der deutsche Boulevard. »Euro-Nazis«, schallt es zurück. Diese Re-nationalisierung wirkt sogar zurück auf das zentrale Organ des Euro-Landes: den Rat der Europäischen Zentralbank. Wegen der andauernden Krise haben dort nationale Gesichtspunkte und Argumente an Gewicht gewonnen. Dabei sollte sich der EZB-Rat, jene 23 Männer, die die gemeinsame Geldpolitik für mehr als 300 Millionen Menschen formulieren, an Durchschnittswerten für den gesamten Währungsraum orientieren.

Es gibt eigentlich nur zwei Wege, um aus der derzeitigen Situation herauszukommen. Entweder Europa schwingt sich zu einem großen New Deal auf, in dessen Zentrum ein weitreichendes, vielleicht auch pathetisch klingendes Versprechen an eine gemeinsame Zukunft steht. Oder die »Euro-Zone« (!) wird auf Dauer nicht zusammenhalten.

Ein New Deal für Europa müsste weit über das hinausgehen, was bislang an Vorhaben realisiert ist: ein verschärfter Stabilitätspakt, ein »Fiskalpakt« als Teil der europäischen Verträge, ein »Euro-Plus-Pakt« für Strukturreformen und mehr Wachstum (als Nachfolger der gescheiterten »Lissabon-Strategie« von 2000), ein

Europäischer Stabilitätsmechanismus (der zu klein ist, um die Märkte davon zu überzeugen, dass die Europäer unbedingt zusammengehören und -bleiben wollen) – all das genügt nicht, um die Währungsunion ökonomisch und politisch auf Dauer zusammenzuschweißen. Im Sommer 2012 haben die Präsidenten der Europäischen Zentralbank, des Europäischen Rates, der Kommission und der Vorsitzende der Euro-Gruppe begonnen, eine Vision für die Entwicklung Europas in den kommenden Jahren zu entwickeln. Nach den Überlegungen soll die Währungsunion um eine Wirtschaftsunion ergänzt werden. Eine Art Europäische Föderation soll entstehen, wobei zum Zeitpunkt des Schreibens zwei fundamentale Punkte völlig unklar sind: erstens wie weit die staatliche Integration gehen soll, zweitens ob Frankreich und andere Länder bereit sind, große Teile ihrer Nationalstaatlichkeit an europäische Institutionen abzugeben. Ein echter New Deal müsste Elemente wie eine gemeinsame Haftung für Teile der Staatsschulden und ein gewisses Maß an automatischer, zentraler Umverteilung (etwa eine gemeinsame Arbeitslosenversicherung) beinhalten. Außerdem müsste ein neuer europäischer Rahmen geschaffen werden, innerhalb dessen die EU-Institutionen gestärkt werden – anstatt, wie beim Krisenfonds ESM, neue zu schaffen, die neben den etablierten Strukturen stehen. Dadurch würde auch mehr demokratische Kontrolle auf europäischer Ebene ermöglicht. Sicher, die Euro-Staaten müssten Teile ihrer nationalen Souveränität an die Gemeinschaftsebene abtreten. Und der Ministerrat müsste Teile seiner neu gewonnenen Macht abgeben, während die Europäische Kommission wieder an Gewicht gewönne.

Das alles ist enorm kompliziert. Man bräuchte eine neue Verfassung. Und war es nicht schon schwierig genug, den letzten EU-Vertrag auszuhandeln und durch den Ratifizierungsprozess zu bringen? Aber vielleicht ist ein solcher institutioneller Sprung gerade im Angesicht der existenzbedrohenden Krise möglich – die ja vor allem eine Krise des Vertrauens in den Willen zum Zusammenhalt der Europäer ist. Mehr eigene Staatlichkeit für »Euro-Land« – darum geht es bei der Option New Deal. Dazu bedarf es gigantischer politischer Anstrengungen – die europäischen Führungsfiguren müssten 180 Grad gegen den Zeitgeist navigieren.

Option Nummer zwei – das Auseinanderbrechen der »Euro-Zone« – ist viel leichter zu bewerkstelligen. Dazu genügt es, die Dinge einfach so weiterlaufen zu lassen. Ein Land nach dem anderen ginge pleite und müsste aus dem Euro aussteigen. Die dann wieder rein nationalen Notenbanken der Pleitestaaten müssten die Staatsdefizite über die Notenpresse finanzieren. Am Ende bliebe ein Rumpfwährungsraum übrig. Der Binnenmarkt würde ruiniert, die Europäische Union wäre nur noch eine leere Hülle. Europa wäre wieder ein geografischer Begriff – für eine Region, deren Völker einfach nicht zusammenfinden wollen.

Die Vereinigten Staaten von Euro-Land

Wie bislang wird es auf Dauer nicht weitergehen können, das ist offensichtlich. Die Jahre der Staatsschuldenkrise im Euro-Raum und ein zögerliches, teils widersprüchliches Krisenmanagement haben das Vertrauen der Bürger in Staat und Finanzwirtschaft unterminiert.

Der Einstieg in eine Fiskalunion würde helfen, die Verspannungen der Euro-Land-internen Ungleichgewichte zu lösen (siehe Kapitel 3). In einem System mit gemeinsamen EU-Steuern käme es zu einer automatischen Umverteilung zwischen prosperierenden und darbenden Regionen. Dadurch werden Fliehkräfte abgemildert, die auf Dauer Binnenmarkt und Währungsunion zu sprengen drohen. Die derzeitige Krise könnte den Weg hin zu einer engeren Union ebnen. Auch die USA machten erst nach den großen Crashs von 1907 und 1929 entscheidende Schritte hin zu einer zentralistischeren Finanzverfassung. Wie damals in Amerika, so sind auch heute in Europa die Widerstände enorm.

Immerhin änderte sich Mitte des Jahres 2011 schon einmal die politische Rhetorik. Arbeitsministerin Ursula von der Leyen und Ex-Kanzler Gerhard Schröder meldeten sich plötzlich in Interviews zu Wort und bemühten wolkig das Schlagwort von den »Vereinigten Staaten von Europa«, Finanzminister Wolfgang Schäuble gab zu Protokoll, er halte zwar nichts von solchen Schlagworten, aber mehr Gemeinsamkeiten in der Finanzpolitik, die seien schon nötig. Wohin aber soll dieser Weg konkret führen? Abseits von einigen eher formalen institutionellen Änderungen bleiben die weiteren Perspektiven ausgeblendet. Bei Gesprächen mit Verantwortlichen in Ministerien und Notenbanken, in Unternehmen und Banken habe ich in den vergangenen Jahren immer wieder eine tiefe Ratlosigkeit erlebt. Große Würfe, die aus der Krise hinausführen könnten, waren denkbar – schienen aber gerade beim deutschen Wahlvolk so unpopulär zu sein, dass sich kaum jemand traute, sie öffentlich zu Ende zu denken. Bemerkenswert, dass es ausgerechnet Notenbanker waren, die sich mit weitreichenden Ideen vorwagten – schließlich fühlen sie sich von den Regierungen beim Krisenmanagement ziemlich allein gelassen. Bereits im Frühjahr 2011 machte sich Jean-Claude Trichet, der damalige Präsident der Europäischen Zentralbank (EZB), weitreichende Gedanken, als er den Karlspreis der Stadt Aachen verliehen bekam und in seiner Dankesrede eine neue institutionelle Struktur Europas skizzierte, inklusive europäischem Finanzminister. Dann schlug auch Bundesbank-Chef Jens Weidmann neue Töne an. Das ist umso erstaunlicher, als Weidmann sich ansonsten gern als Beharrer geriert: keine Schuldenübernahme unter den Euro-Staaten, möglichst keine Vergemeinschaftung der Finanzen, Stabilitätspakt ohne Wenn und Aber, keine Anleihekäufe der Zentralbank zugunsten angeschlagener Staaten – so die klassischen Bundesbankpositionen. Doch dann umriss er in zwei dürren Sätzen, in welche Richtung sich Europa bewegen könnte: »Eine nachhaltige Lösung der Staatschuldenkrise muss (...) über die Behandlung von Krisensymptomen hinausgehen. Eine Option ist, den Schritt zu einer echten Fiskalunion und damit einer Entmachtung der nationalen Finanzpolitik zu machen.« Es war ein Versuchsballon, vorsichtig gestartet – versteckt in einer Rede in der Bundesbank-Hauptverwaltung Hannover. Weidmann hatte auch noch hinzugefügt:

»Will oder kann man diesen Weg aber nicht gehen, so müssen der bislang vertraglich vorgeschriebene Haftungsausschluss und die damit einhergehende Disziplinierung der nationalen Finanzpolitiken über die Kapitalmärkte gestärkt werden, statt sie vollständig zu entkernen.«[43]

Diese Sätze haben es in sich: Sie deuten einen Paradigmenwechsel an, nicht nur bei der Bundesbank, auch bei der Bundesregierung, der Weidmann ja bis April 2011 als Angela Merkels Wirtschaftsberater diente. Einen »Schritt zu einer echten Fiskalunion und damit einer Entmachtung der nationalen Finanzpolitik zu machen« – das ist starker Tobak. Das ist mutig und richtig. Aber es bedarf der Konkretisierung. Fiskalunion bedeutet nichts anderes, als dass die Hoheit über die Finanz- und damit auch die Sozial- und Wirtschaftspolitik (großen)teils nach Brüssel übertragen wird. Wie könnte ein solches Gebilde aussehen?

Entweder bekommen Gemeinschaftsinstitutionen die Möglichkeit, energisch in die nationalen Haushalte hineinzuregieren (wie es Trichet in seiner Karlspreis-Rede vortrug). In einem solchen Interventionsföderalismus hätten die Mitgliedsstaaten so lange die Souveränität über ihre Politik, wie sie sich an die gemeinsamen Regeln halten. Verstoßen sie dagegen – etwa indem sie sich zu hoch verschulden –, übernehmen automatisch EU-Institutionen das Regiment im jeweiligen Mitgliedsland; im Gegenzug können die Länder aber mit Finanzhilfen aus den Gemeinschaftskassen rechnen.

Oder die Mitgliedsstaaten verlagern Staatsaufgaben auf die EU-Ebene, beispielsweise Teile der Sozialversicherungen. Dann gäbe es vielleicht eine gemeinsame Arbeitslosenversicherung, die automatische Transfers zwischen starken und schwachen Regionen organisierte. Womöglich gäbe es eine Rente mit 67 und eine gemeinsame Grundsicherung in allen Euro-Staaten. In einem solchen Transferföderalismus würden große Budgets finanziert durch Steuern und Abgaben, die direkt nach Brüssel flössen und die, logisch, im Rahmen einheitlicher Systeme erhoben würden.

---

43 Weidmann (2011)

Um diesen Transferföderalismus regieren und legitimieren zu können, müssten die gemeinsamen Behörden gestärkt werden – personell und institutionell –, und sie müssten neu zugeschnitten werden: Da nicht alle 27 EU-Staaten mitmachen werden, müssten neue gemeinsame Institutionen her, in denen die Mitglieder der 17 Euro-Staaten unter sich sind, ohne Schweden oder Bulgaren, Briten oder Polen: eine Sub-Kommission als Euro-Regierung, ein Sub-Parlament als Unterhaus oder ein Konvent, bestehend aus den Abgeordneten der Parlamente der 17 Euro-Staaten, ein Sub-Ministerrat (die bereits bestehende Euro-Gruppe) als Oberhaus, vielleicht auch ein Sub-EuGH. Die Zusammensetzung des Parlaments müsste vermutlich angepasst werden, weil große Länder, vor allem Deutschland, dort bislang dramatisch unterrepräsentiert sind. Die »Euro-Zone« würde sich konsequent zum »Euro-Land« weiterentwickeln. Wenn Formeln wie »echte Fiskalunion« oder »Vereinigte Staaten von Europa« irgendeine substanzielle Bedeutung haben sollen, dann muss sich das Euro-Gebiet in Richtung eigener Staatlichkeit entwickeln. Es wäre ein gigantischer Schritt. Einen europäischen Währungsfonds (den ESM) zu installieren, der angeschlagenen Staaten bei der Anpassung hilft, reicht nicht aus. Damit die Euro-Zone sich in die Vereinigten Staaten von Euro-Land verwandeln kann, müssten vier Problemfelder beackert werden:

1. Einhaltung der Regeln: Daran hat es in der Vergangenheit gehapert. Im Zweifel siegt nationale Souveränität über europäische Disziplin. Seit Ausbruch der Krise haben sich die Staaten auf ein Set neuer Regeln und Prozeduren für die Wirtschaftspolitik geeinigt: Der Stabilitätspakt wird verschärft, die Wirtschaftspolitik wird zentral überwacht (»Europäisches Semester«), ein Verfahren zur Vermeidung großer Leistungsbilanzdifferenzen ist eingeführt worden. In Zukunft wird es darum gehen, diese Regeln durchzusetzen. Wie das aussehen kann, hat Trichet in seiner Rede bei der Verleihung des Karlspreises skizziert: Jedes Land kann sich innerhalb der Regeln souverän bewegen, doch sobald es die Regeln bricht, verliert es seine Souveränität an die Gemeinschaft. Existierte ein solcher Interventionsföderalismus bereits, wäre wohl beispielsweise Griechenland längst unter eine Art Zwangsverwaltung gestellt worden.

2. Harmonisierung der Sozial- und Steuersysteme: Damit die Euro-Mitglieder sich auf die Solidarität der Partnerländer verlassen können, wird ein gewisser Grad an Vereinheitlichung notwendig sein. So müsste etwa ein gemeinsames System der Unternehmensbesteuerung geschaffen werden, womöglich sogar mit vereinheitlichten Steuersätzen. Niedrigsteuern von 12,5 Prozent, wie sie das Krisenland Irland bislang bietet, würden dann untersagt. Auch die Höhe von Sozialleistungen oder das Renteneintrittsalter würden angenähert. Ruhestand mit 57 in Italien, während im Zahlerland Deutschland die Rente mit 67 gilt – das würde es künftig nicht mehr geben.

3. Automatische Stabilisatoren: Der Währungsunion fehlt bislang ein Ausgleichsmechanismus, um unterschiedliche Konjunkturverläufe abzufedern. Wenn etwa Spanien in eine Rezession gerät, während Deutschland boomt, kann Madrid nicht mit nationalen Instrumenten – Zinsen und Wechselkurse gelten ja einheitlich für den ganzen Euro-Raum – gegensteuern, zumal wenn der finanzielle Spielraum des Staates gering ist. Und anders als in anderen Föderationen, den USA, der Schweiz und erst recht der Bundesrepublik, gibt es keine zentralen Sozialkassen im Euro-Land. Eine gemeinsame Arbeitslosenversicherung, die automatisch Einkommen von boomenden in darbende Regionen transferiert, könnte die Lücke schließen. Auch die bestehenden Gemeinschaftskassen müssten umgebaut werden. So unterliegen die Strukturfonds dem Prinzip der Kofinanzierung; die Mitgliedsstaaten müssen zu den Projekten die Hälfte beisteuern. In finanziellen Krisenzeiten, wie derzeit, können angeschlagene Staaten ihren eigenen Beitrag nicht aufbringen – mit der widersinnigen Konsequenz, dass weniger Geld aus Brüssel fließt, gerade wenn es am dringendsten gebraucht wird.

4. Zentrale Regulierung: Nach wie vor gibt es in Europa keine schlanke, einheitliche Finanzmarktaufsicht. Nach Meinung von

Politikberatern wie Daniel Gros, Direktor des Brüsseler Think Tanks Centre for European Policy Studies (CEPS), ist das ein großes Versäumnis. Eine zentrale Regulierung von Banken, Börsen, Versicherungen und Hedgefonds durch eine effektive Behörde sowie eine vergemeinschaftete Sicherung der Einlagen bei großen Banken (»Banken-Union«) würde helfen, künftige Krisen zu verhindern. Ein Einstieg in eine solche Banken-Union wurde beim EU-Gipfel im Juni 2012 vereinbart: Die EZB soll künftig die Aufsicht übernehmen, der ESM fungiert als Rückfallfonds für die Rekapitalisierung von Banken.

Brüssel würde also mehr eigene Aufgaben und wohl auch eigene Einnahmen bekommen. Dann wären auch »Euro-Bonds«, also von allen gemeinsam garantierte Anleihen, denkbar. Wenn aber Kernkompetenzen der Länder auf die Gemeinschaftsebene verlagert werden, dann muss das Euro-Land auch demokratisiert werden. Eine Revolution. Nationale Parlamente müssten viele ihrer Kompetenzen an ein Euro-Land-Parlament abtreten, das nur aus Abgeordneten aus den Mitgliedsstaaten bestünde. Große Länder wie Deutschland, die bislang krass unterrepräsentiert sind, müssten mehr Abgeordnete bekommen. Die Kommission müsste eine echte Regierung werden, besetzt mit Topleuten aus den Mitgliedsländern, nicht mit chronisch überforderten, oft national ausrangierten Figuren. Die nationalen Regierungen müssten sich auf eine Rolle als zweite Parlamentskammer, ähnlich dem deutschen Bundesrat, beschränken. Es wäre so ziemlich das Gegenteil dessen, was Berlin und Paris bislang in der Krise getan haben. Denn lange Zeit haben die Regierungen der großen Staaten immer mehr europäische Kompetenzen an sich gezogen. Die europäischen Institutionen hingegen wurden unterminiert und stattdessen die zwischenstaatliche Zusammenarbeit verstärkt. So wurden Herman van Rompuy, der Präsident des Rates, und dessen Generalsekretär, Uwe Corsepius, zu Koordinatoren der intergouvernementalen Zusammenarbeit und sitzen nun in Schlüsselpositionen.

Doch mit einem derartigen Vorgehen kommt Europa nicht aus der Vertrauenskrise – weder auf den Märkten noch bei den Bürgern. Zwar redete Angela Merkel immer wieder von der Option, die europäischen Verträge zu ändern. Aber über den Fiskalpakt ging die inhaltliche Debatte lange Zeit nicht hinaus. Viele Fragen sind immer noch offen: Welche Form Europa konkret annehmen soll, ob Deutsche und Franzosen sich auf eine gemeinsame Vorstellung von den Vereinigten Staaten von Euro-Land einigen können, ob die übrigen Euro-Staaten sich das Projekt zu eigen machen werden, ob Nicht-Euro-Mitgliedsstaaten wie Großbritannien und Tschechien sich ein Voranschreiten der Euro-Partner gefallen lassen. Und vor allem die Kernfrage, ob die Bürger eine Beschneidung ihrer manchmal über Jahrhunderte gewachsenen nationalstaatlichen Demokratien zulassen werden zugunsten einer Pan-Euro-Staatsebene ohne die Wurzeln einer eigenen Identität.

Allerdings wäre auch die Schaffung der Vereinigten Staaten von Euro-Land keine magische Silberkugel, in der sich alle Probleme verflüchtigen.

Ein europäischer Tilgungsplan

Um die Jahreswende 2011/12 mehrten sich die Signale, dass die bisherige Rettungsstrategie nicht aufgehen würde. Die Euro-Zone rutschte in die nächste Rezession – trotz immer größerer Rettungsschirme, trotz quasi unbegrenzter Billiggeldpolitik der EZB. In Italien, Spanien, sogar in den Niederlanden schrumpfte das Sozialprodukt. Ein Finanzminister nach dem anderen musste eingestehen, dass er mehr neue Schulden aufnehmen müsste als geplant

Seit Ausbruch der Staatsschuldenkrise Anfang 2010 haben die Euro-Staaten unter Berliner Führung daran gearbeitet, das zwischenstaatliche Regelwerk zu reformieren und auszubauen: Sie haben den Stabilitätspakt verschärft, einen »Fiskalpakt« geschlossen und ein Regelwerk für die intensivere Koordinierung der Wirtschaftspolitik (»Sixpack«) vereinbart. Maßnahmen, die verhindern sollen, dass sich eine solche Krise wiederholen kann. Für alle Zukunft soll strikte Haushaltsdisziplin in Euro-Land gelten;

Strukturreformen sollen irgendwann in der Zukunft alle Mitglieder so wettbewerbsfähig machen, dass einzelne Volkswirtschaften nicht mehr abgehängt werden können. Ein starkes, solides Währungsgebiet soll entstehen, zusammengesetzt aus souveränen Einzelstaaten, die allesamt einem Vorbild folgen: Deutschland heute. Das war die Idee. Doch die Realität hat mit den Wunschvorstellungen wenig zu tun.

In der wirklich wahren Welt nämlich entfernt sich die Euro-Ökonomie immer weiter von ihren Zielen: Die Schulden steigen, die Wirtschaft schrumpft, immer mehr Menschen verlieren ihre Jobs, die Geduld der Bürger schwindet. Der Befund ist niederschmetternd: Tief und tiefer verstrickt sich die Euro-Zone in hausgemachten Problemen. Alle angepeilten Auswege haben sich bislang als Sackgassen erwiesen: Europas Volkswirtschaften ist es weder gelungen, sich aus der Krise herauszusparen, noch aus den Schulden herauszuwachsen. Inzwischen sind die Verbindlichkeiten so gigantisch, dass sie eine fatale Eigendynamik in Gang setzen: Wegen der hohen Zinslasten haben Staaten, Bürger und Firmen immer weniger Geld zum Investieren und Konsumieren. Die Schulden selbst sind zur Wachstumsbremse geworden. Es ist ein Teufelskreis, wie ihn der US-Ökonom Irving Fisher bereits 1933 beschrieben hat. Die Konsequenz: Erst wenn die Schulden unter Kontrolle sind, lässt sich das zweite große Dilemma des Euro-Verbunds lösen: die auseinanderstrebende Wettbewerbsfähigkeit.

Dass es so nicht weitergeht, das ist klar. Aber was kann der Ausweg sein? Welche Optionen bleiben jetzt eigentlich noch?

Darüber habe ich in den vergangenen Jahren immer wieder intensiv mit Daniel Stelter von der Strategieberatung Boston Consulting Group (BCG) nachgedacht.[44] Mit seinem Team hat er die relevanten wissenschaftlichen Erkenntnisse zusammengetragen und sie zu einem durchgerechneten Plan weiterentwickelt. Die Ergebnisse haben wir mit einer Reihe von Fachleuten diskutiert, darunter dem Berliner Verfassungs- und Europarechtsprofessor

---

44 Müller/Palan (2012),

Markus Heintzen. Das Ergebnis ist ermutigend, einerseits: Eine geordnete Lösung der europäischen Schuldenkrise wäre möglich. Andererseits aber ist der Weg dorthin lang, kurvenreich und voller politischer und rechtlicher Fußangeln. Schon die schiere Größe des Problems gebietet Ehrfurcht: 7,3 Billionen Euro. So hoch taxiert das BCG-Team die »Überschussverschuldung«. Dieser Summe müssten sich die Euro-Volkswirtschaften entledigen, um wieder ein tragfähiges Niveau zu erreichen.

Um dauerhaft auf die sichere Seite zu kommen, dürften die Schulden von Staaten, Unternehmen und privaten Haushalten jeweils nicht höher sein als 60 Prozent des Bruttoinlandsprodukts (BIP). Bei einer daraus resultierenden Gesamtverschuldung von 180 Prozent würde das Wachstum nicht mehr gebremst, die Schulden ließen sich konstant halten, auch in alternden, nahezu stagnierenden Gesellschaften. 180 Prozent Gesamtverschuldung zu erreichen, das ist ein weit gestecktes Ziel. Und ein weit entferntes. Denn in der Euro-Zone insgesamt liegt dieser Wert im Jahr 2012 bei rund 260 Prozent, in einigen Ländern weit darüber.

Um einen Teil der Schulden so weit es geht unschädlich zu machen, greift Stelters Modell einen Vorschlag des Sachverständigenrats zur Begutachtung der gesamtwirtschaftlichen Entwicklung (»Fünf Weise«) auf und entwickelt ihn weiter. Zunächst wird jener Anteil der Staatsschulden, die über 60 Prozent des BIP liegen, in einen Gemeinschaftsfonds überführt: Das sind rund 3,5 Billionen Euro, die nach einem Tilgungsplan zurückgezahlt werden. Danach hätten die Euro-Staaten nur noch Verbindlichkeiten von 60 Prozent des BIP. Der Effekt wäre durchschlagend: Die Zinsen der Hochschuldenländer würden drastisch sinken; neue Haushaltsspielräume würden sich auftun, die einerseits zur Tilgung, andererseits zur Investitionsförderung und zum Ausbau des Bildungssystems genutzt werden sollten.

Doch damit das funktioniert, braucht es den Tilgungsplan. Und der wird teuer: Um die übermäßigen Staatsschulden binnen 20 Jahren abzuzahlen, müssten die Steuern erheblich steigen. In Deutschland etwa um 1,5 Prozent des BIP, im Euro-Durchschnitt um 2 Prozent. Solche Extrasteuern für den Euro über zwei Jahrzehnte durchzuhalten, auch dann noch, wenn die akute Krise abgeflaut ist – was ja das Ziel der Aktion ist –, wäre ein politischer Kraftakt, selbst wenn die zusätzlichen Staatseinnahmen überwiegend von der kleinen Gruppe der Reichen bezahlt würden. Aber das ist nur ein Teil Plans. Denn die überbordenden Staatsschulden sind keineswegs das größte Problem.

Wie man ein paar Billionen Euro beiseiteschafft

Viel kniffliger als der Abbauplan für die öffentlichen Schulden ist die Teilentschuldung der Privatwirtschaft; deshalb haben die Fünf Weisen diesen Aspekt vermutlich auch ausgespart. Aber dies ist ein zentraler Punkt: Neue wirtschaftliche Dynamik kann nur entstehen, wenn es gelingt, die Verbindlichkeiten der Unternehmen und der Privatbürger zu senken. Nur wenn sie wieder investieren und konsumieren, kann sich die Lage entspannen. Aber wie gesagt, die Sache ist heikel.

Ein Rechtsstaat kann schließlich nicht einfach diejenigen entlasten, die in der Vergangenheit hemmungslos auf Pump gewirtschaftet haben, und im Gegenzug die Sparsamen und Soliden höher besteuern. Was er aber tun kann, ist die teilweise Übernahme fauler Kredite. Sobald ein Schuldner zahlungsunfähig wird, schreibt der Gläubiger den Betrag ab. Das wiederum verursacht beim Staat Steuerausfälle. Und wenn Banken in Schieflage geraten, kann der Staat sie mit frischem Kapital versorgen und sie zur Not auch übernehmen. Auf diese Weise wird die Allgemeinheit am Schuldenabbau der Privatwirtschaft beteiligt – private Verbindlichkeiten werden teilsozialisiert.

Bis zu 1,5 Billionen Euro könnten durch Abschreibungen und die daraus resultierenden Stützungsmaßnahmen für Banken bei den Staaten hängen bleiben, kalkuliert das BCG-Team. Dabei ist unterstellt, dass die Schuldenquote der Unternehmen auf 90 Prozent des BIP sinkt. In einigen Ländern, vor allem in Spanien, stehen die Firmen so tief in der Kreide, dass große Summen abzuschreiben sind, um auf ein erträgliches Niveau zu sinken. Diese Gelder würden letztlich ebenfalls vom gemeinsamen Tilgungsfonds – oder vom Rettungsschirm ESM – aufgebracht werden. Statt 3,5 Billionen müssten also letztlich insgesamt 5 Billionen Euro Schulden abgebaut werden, um die Währungsunion wieder flottzumachen. Die Monstrosität dieser Summe zeigt, wie drängend das Problem ist. Zugleich erklärt sie die Scheu der europäischen Regierungen, sich mit einer echten Lösung der Schuldenkrise zu befassen.

Bislang gibt es keinen Plan. Bislang regiert die Methode Durchwursteln. Griechenland, Portugal, Irland, Zypern und Spanien sind unter die Euro-Rettungsschirme geschlüpft. Auch Italien musste immer wieder einen stillen Sturm auf die Banken fürchten: In Erwartung weiterer Zusammenbrüche werden Gelder abgezogen und ins Ausland, etwa nach Deutschland, transferiert. Als Puffer springen die nationalen Notenbanken ein, voran die Deutsche Bundesbank, die den Krisenländern über das Verrechnungssystem Target 2 viele Hundert Milliarden Euro geliehen hat. Risiken, die womöglich die Steuerzahler tragen müssen – ohne dass jemals ein Parlament darüber abgestimmt hätte. Bundesbank-Chef Weidmann ist darüber nicht amüsiert, man merkt ihm das im persönlichen Gespräch an. Stabilisierungsmaßnahmen durch die Notenbank, die in akuten Krisenzeiten notwendig sein mögen, dürften nicht zum Dauerzustand werden. »Wir brauchen eine fiskalische Lösung für ein fiskalisches Problem«, sagte er mir.

Nach dem Modell des Sachverständigenrats haften alle Euro-Staaten gemeinsam für den Schuldenfonds. Jeder Staat verpflichtet sich, seinen eigenen Anteil zu bedienen und zu tilgen. Zusätzlich bräuchten die Problemländer Geldtransfusionen aus den europäischen Gemeinschaftskassen, um zurück auf einen nachhaltigen Entwicklungspfad zu gelangen – und ihre Wettbewerbsfähigkeit zu verbessern. So weit das Entschuldungsmodell.

Es bleiben drei Fragen: Wäre dieses Modell überhaupt politisch durchsetzbar? Ist es rechtlich realisierbar? Und: Was passiert, falls Europa sich nicht zu diesem Kraftakt aufraffen kann?

Was die Akzeptanz der Bürger betrifft, so dürfte es entscheidend darauf ankommen, dass klar wird, wer am Ende die Kosten trägt. Neben Steuererhöhungen sieht das Modell Maßnahmen der »Financial Repression« vor, eine Mischung aus kontrollierter Inflation und künstlich niedrig gehaltenen Zinsen. So sehen das viele: Ökonomen würdigen inzwischen die Rolle der finanziellen Repression bei der Entschuldung in den Jahren nach dem Zweiten Weltkrieg (siehe auch Kapitel 6). Die Schulden werden mithilfe rigider Regulierung allmählich abgebaut. Banken, Versicherungen und Pensionsfonds könnten etwa gezwungen werden, niedrig verzinste Anleihen des Euro-Tilgungsfonds zu halten. Ist das nominale Wirtschaftswachstum (reales Wachstum plus Inflationsrate) höher als der Zinssatz, sinkt die Schuldenquote. Daraus ergibt sich ein politisches Menü, aus dem Regierungen einen politisch genehmen Mix aus Steuererhöhungen und finanzieller Repression auswählen können.

Schwieriger ist die Frage zu beantworten, ob ein Euro-Tilgungsfonds samt Transfermechanismus mit Grundgesetz und Europa-Recht vereinbar ist. Mit den bisherigen Verträgen lasse sich dieses Modell jedenfalls nicht realisieren, urteilt der Berliner Juraprofessor Markus Heintzen. Mindestens bedürfe es einer Neufassung der europäischen Verträge. Die müssten dann auch noch von allen Euro-Staaten ratifiziert werden – ein politisches Megaprojekt. Was Heintzen noch größere Bauchschmerzen bereitet, ist die schiere Höhe der Summen. Wenn Billionenbeträge auf europäischer Ebene verschoben würden, dann stellte das fundamentale Fragen an das demokratische Grundverständnis der Republik: »Da droht das unveräußerliche Haushaltsrecht der Parlamente unter die Räder zu kommen.« Denkbar wäre eine derart weit gehende fiskalische Vergemeinschaftung allenfalls innerhalb eines echten europäischen Föderalstaats mit einem vollwertigen Parlament. Nur so ließe sich obendrein garantieren, dass die neu geschaffenen europäischen Regeln zur solideren Finanzpolitik und zur verbesserten Wettbewerbsfähigkeit nicht abermals von einzelnen Staaten unterlaufen würden.

Die am Beginn dieses Kapitels skizzierte Schaffung der Vereinigten Staaten von Euro-Land wäre somit die Grundvoraussetzung, um einen geordneten Ausstieg aus der Schuldenfalle einzuleiten. Aber selbst unter diesen Bedingungen könnte das Projekt noch am deutschen Verfassungsgericht scheitern, sagt Heintzen. In ihrem Urteil zum Lissabon-Vertrag vom Juni 2009 haben die Karlsruher Richter nämlich bekräftigt, dass sich die europäische Vereinigung »auf der Grundlage einer Vertragsunion souveräner Staaten« vollziehen müsse. Das Gericht sieht die Herrschaft des Volkes gefährdet, solange es kein europäisches Staatsvolk gibt, das gemeinsame politische Debatten führt.

Kein Zweifel: Vor der Realisierung des Entschuldungsplans stehen extrem hohe Hürden. Was passieren würde, falls Europa sie nicht überwinden kann, lässt sich leicht ausmalen: Die Schulden werden weiter steigen, die sozialen und politischen Spannungen werden zunehmen. Die EZB würde noch stärker unter Druck geraten, ihre extrem lockere Geldpolitik immer weiter fortzusetzen – bis die Inflation anspringt und die Schulden mittels Notenpresse abgebaut werden. Die Folgen wären extreme soziale Verwerfungen. So paradox es auf den ersten Blick erscheinen mag: Dies wäre immerhin ein juristisch gangbarer Ausweg. Die EZB und die nationalen Notenbanken im Euro-System dürfen Hunderte Milliarden Euro an Verbindlichkeiten eingehen, ohne dass jemals ein Parlamentarier darüber abgestimmt hätte – schließlich sind sie durch ihre verfassungsrechtlich verbriefte Unabhängigkeit vom demokratischen Prinzip ausgenommen. Falls es nicht gelingt, einen geordneten Plan zur Schuldentilgung aufzulegen, wird die Euro-Zone auf Dauer fast zwangsläufig in ein solches Inflationsszenario rutschen.

Es wäre ein Armutszeugnis für die Europäer, eine Blamage historischen Ausmaßes und mit verheerender globaler Wirkung. Wie viel sind Demokratie und Freiheit eigentlich wert, wenn die europäischen Kulturnationen keinen Ausweg aus der selbst gestellten Schuldenfalle finden? Falls Europa diese Fragen nicht beantworten kann, geht mehr verloren als nur die gemeinsame Währung.

Ein Geheimplan zur Rettung des Euro

Europa Anfang 2012: Der Druck ist wieder mal gewaltig. Die Partner in Europa, die Amerikaner, hinter den Kulissen auch Brasilianer, Russen, Inder ... – sie alle machen Deutschland Dampf. Die Bundesrepublik solle mehr tun, um bedrängten Euro-Staaten beizustehen: die Brandmauer verstärken, mehr Garantien gewähren, die Europäische Zentralbank (EZB) von der Leine lassen, um, falls nötig, unbegrenzt Staatsschulden aufzukaufen.

Während wieder mal das Szenario einer ungeordneten Griechenland-Pleite durch die Lande geisterte, nannte Christine Lagarde, die Chefin des Internationalen Währungsfonds (IWF), die Bundesrepublik den »ökonomischen Dreh- und Angelpunkt des Euro-Gebiets«. Bei einer Rede in Berlin formulierte sie zwar keine expliziten Forderungen an Deutschland. Aber es war klar, wen sie meinte, als sie sagte: Wer jetzt nicht das Nötige tue, der riskiere, dass die Welt in einen »*1930s moment*« abrutsche – eine globale, sich selbst verstärkende Depression.

Wie so häufig in den vergangenen Jahren war eine gewisse Panik zu spüren. Doch das offizielle Deutschland reagierte betont cool. All die Vorhaltungen und Forderungen schienen das heimische Spitzenpersonal nicht besonders zu berühren. Kanzlerin Angela Merkel sprach immer wieder davon, man solle Deutschland nicht überfordern. Und wer mit führenden wirtschaftspolitischen Köpfen sprach, traf eine Menge Leute, die weit von Panikattacken entfernt zu sein schienen. Ob Finanzminister Wolfgang Schäuble oder Bundesbank-Präsident Jens Weidmann – sie strahlten die Gewissheit aus, dass alles schon nicht so schlimm kommen werde. Kein Grund, sich verrückt machen zu lassen, das war stets ihre Botschaft, wir dürfen uns nicht von der Hysterie der Märkte (und der Medien) anstecken lassen.

Nicht wenige Angelsachsen halten die Deutschen schlicht für ignorant, für dumm, zumindest aber für schlecht beraten. Aber das ist zu kurz gegriffen. Immerhin: Der Euro hat ziemlich lange überlebt – obwohl das Projekt immer wieder am Abgrund zu stehen schien.

Ich bin inzwischen davon überzeugt, dass es einen geheimen

Plan gibt. Wer genau hinschaut und -hört, kann die Formel erkennen. Und die sieht so aus: Wenn es wirklich hart auf hart kommt, springen EZB, Deutschland und die anderen wirtschaftlich stärkeren Staaten ein. So wie im Frühjahr 2010, als Deutschland schließlich doch noch den Rettungsschirmen für Griechenland, Irland und Portugal zustimmte. So wie im Sommer 2011, als die Panik um sich griff und die EZB begann, italienische und spanische Staatsanleihen aufzukaufen. Berlin und Frankfurt ließen die anderen nicht hängen, aber sie wollten die Unsicherheit im Spiel halten, weil sie glauben, ohne die Schockwirkung des ökonomischen Fast-Zusammenbruchs werde sich auf Dauer nichts ändern.

Verbal und formal jedenfalls bleiben Notenbanker und Regierende bei ihrer Linie, wonach jedes Euro-Mitglied für sich selbst verantwortlich ist. Sie verweigern eine Vollkaskoversicherung: damit die krisengeschüttelten Länder in ihren Reformanstrengungen nicht nachlassen; damit auch die Akteure an den Finanzmärkten nicht so einfach sichere Gewinne auf Kosten der Steuerzahler einfahren können (falls die EZB die Anleihen später abschreiben muss oder die Garantien für den Rettungsschirm fällig werden). Natürlich hätten Banker und Zocker lieber klare Ansagen der Deutschen und der EZB, weil sonst die Abschreibungen bei ihnen anzufallen drohen. So gesehen geht es im großen Euro-Spiel auch um einen Verteilungskampf. Doch genau das scheint der geheime Plan zu sein: Es gibt eine stillschweigende Beistandsverpflichtung – aber niemand kann sich ihrer sicher sein. Das hält den Druck im Kessel. Deshalb dauert die Krise so quälend lange. Deshalb kommen die Märkte nicht zur Ruhe.

Wohin das alles führt? Wenn es gut läuft, steht Europa in ein paar Jahren substanziell besser da. Die Arbeits- und Gütermärkte werden weiter liberalisiert, die Ansprüche an den Staat gesenkt, die Leistungskräfte der Bürger neu geweckt. So, wie es in Deutschland seit 2005 funktioniert hat. Außerdem werden die exorbitanten Schuldenlasten geschrumpft – durch ordentliches nominales Wachstum (höheres reales Wachstum plus höhere Inflationsraten). Parallel dazu wird der europäische Rahmen fortentwickelt, die Nationalstaaten gehen in der Euro-Union auf mitsamt kollektivem Schulden-tilgungsplan. Schäuble beispielsweise sagt immer wieder, er glaube, das europäische Staatsvolk werde spätestens in zehn Jahren einen Europäischen Präsidenten direkt wählen. Die EU, mindestens aber die Euro-Zone, würde eine Art Föderalstaat. Schäuble sträubt sich aber, pompöse Begriffe wie »Vereinigte Staaten von Europa« zu ver-wenden, die möglicherweise die Bürger bloß zur Unzeit verschre-cken. Besser kein großes Endziel für die europäische Integration ausmalen – besser, man nähert sich diesem Ziel in kleinen, unauf-fälligen Schritten. Auch das, so scheint es, ist Teil des Geheimplans.

Die große Diskrepanz zwischen Worten und Taten ist durchaus rational zu begründen. Vielleicht liegt in einem solchen verdeck-ten Vorgehen die einzige Möglichkeit, überhaupt Fortschritte zu erzielen. Aber es ist auch ein Spiel mit enormen Risiken. Wenn die Bürger sich hinters Licht geführt fühlen, weil ihnen anderes erzählt wird, als die Regierenden tun, wird das ohnehin schwa-che Vertrauen in das politökonomische System und seine Eliten weiter geschwächt. Die größte Gefahr jedoch geht von sozialen Unruhen und politischen Verwerfungen aus. Die aktuellen, auch von Deutschland geforderten, immer schärferen Sparprogramme verschlechtern die Lage in den Krisenländern immer weiter. In Ländern wie Spanien ist fast die Hälfte der jüngeren Generation arbeitslos. Ein unhaltbarer Zustand, der kaum kalkulierbare Eruptionen hervorrufen kann. Springt das Wachstum nicht in absehbarer Zeit an, wird Europa nicht bleiben, was es ist. Wenn nationalistische Populisten an die Regierung kommen, dann hat Europa ein fundamentales Problem. Das wäre dann tatsächlich der von Christine Lagarde beschworene *»1930s moment«.*

Die Deutschen und der Euro – eine zwiespältige Beziehung

Im Zuge der Krise hat sich in Deutschland eine gefährliche Ignoranz breitgemacht. D-Mark-Nostalgie mischte sich mit Auf-schwung-Patriotismus. Wir sind wieder wer: Nach Jahren der Stagnation und des Standort-Blues verkünden Deutsche mit nun allzu prallem Selbstbewusstsein den Partnern in Europa, wie Wirtschaft geht. Die Bundesregierung brüskierte die Nachbarn zeitweise mit Forderungen, Schuldenstaaten zeitweise das Stimmrecht zu entziehen. Der ehemallige BDI-Chef Hans-Olaf Henkel empfahl schon einmal die Spaltung in einen Nord- und einen Süd-Euro – frei nach dem Motto »Währungsunion ja, aber nicht mit denen«. Thilo Sarrazin hält den Euro gleich für verzichtbar. Es ist ein solches Auftrumpfen und Stolzieren, dass es gegen Deutschland zurückzuschlagen droht.

All das ist tragisch, bedenkt man, dass die Währungsunion von Anfang an vor allem ein politisches Projekt war. Es ging darum, ein greifbares Symbol europäischer Gemeinsamkeit zu schaffen: Wir teilen das gleiche Geld, wir reißen die Grenzzäune nieder, wir wollen eine gemeinsame Zukunft, wir sind eine Schicksalsgemeinschaft. »Wir stehen füreinander ein und lassen uns nicht auseinanderdividieren« – ebendiese Haltung stellten die Europäer nicht glaubwürdig dar. So zögerte beispielsweise um die Jahreswende 2009/2010 herum Angela Merkel viel zu lange, Griechenland Garantien zuzusagen – weil es ihr vor der Wahl in Nordrhein-Westfalen nicht opportun erschien. Wer sich als Teil einer Schicksalsgemeinschaft sieht, handelt anders. In der Krise zeigt sich: Europa hat keine tragfähige gemeinsame Identität entwickelt. Daran krankt der Euro – auch ökonomisch. Genau deshalb verlieren Anleger das Vertrauen in die Währungsunion.

Spätestens seit die europäischen Kernländer Frankreich und Niederlande 2005 die EU-Verfassung per Referendum ablehnten, ist offensichtlich, wie mächtig das nationale Moment geworden ist. Nun ziehen sich auch die Deutschen, die jahrzehntelang von den Vereinigten Staaten von Europa träumten, verstärkt auf nationale Bezugspunkte zurück. Das ist ein Dilemma. Denn ohne deutsche Führung wird es kein stabiles Europa geben. Aber Deutschland kann nur durch Überzeugungskraft – und gegebenenfalls durch Selbstlosigkeit – führen. Dieser Kurs mag nicht populär sein, aber es ist der einzig erfolgversprechende – es steht Wichtigeres auf dem Spiel als Geld allein.

… dann stehen die Deutschen am Pranger

Sollte der Euro scheitern, werden wir Deutsche am Ende als Hauptschuldige dastehen. Und zwar zu Recht. Die Bundesrepublik ist in der Krise unversehens in die historischen Position geraten, eine Art europäische Hegemonialmacht zu sein. Als einziger großer Euro-Staat ist sie ökonomisch handlungsfähig, mit wettbewerbsfähiger Wirtschaftsstruktur und relativ niedriger Verschuldung. Deutschland hätte als *benevolent hegemon*, als gütige Vormacht, agieren können – agieren müssen. Ähnlich wie die USA nach dem Zweiten Weltkrieg hätte die Bundesrepublik frühzeitig und großzügig Geld bereitstellen können – gebunden an die Bedingung, neue, mächtige europäische Institutionen zu schaffen, inklusive einer echten politischen Union. Angela Merkel hätte Europa in eine gemeinsame Zukunft führen müssen – und können. Woher sonst sollte die Euro-Vision kommen, wenn nicht aus Deutschland?

Stattdessen verharrt die nationale Politik viel zu lange im Klein-Klein von Landtagswahlkämpfen und populistischer Kein-Geld-für-schlappe-Südeuropäer-Rhetorik. Statt die Grundlinien westdeutscher Politik seit Konrad Adenauer fortzuführen, die darin bestanden hatte, die europäischen Nationen immer enger zu vereinigen, waren wir plötzlich auf dem Weg zurück zu einer Politik der *Balance of Power*; im Vordergrund steht plötzlich nicht mehr das gemeinsame Schicksal der Europäer, sondern der Ausgleich nationaler Interessen.

Oder was man so für seine nationalen Interessen hält. Zum Beispiel 2011, als die Bundesregierung darauf bestand, private Gläubiger Griechenlands mit zur Kasse zu bitten. Das war reine Symbolpolitik. Wie zu erwarten war, hat der vereinbarte Schuldenschnitt Griechenland überhaupt nicht geholfen, sondern die Krise massiv verschärft. Danach wurden auch Spanien und Italien in den Strudel gesogen. Dennoch beharrte die Bundesregierung auf einem Schuldenschnitt: aus prinzipiellen Gründen – vor allem aber, weil es viele im Regierungslager gab, die fanden, man müsse den Finanzmärkten (und den Griechen sowieso) mal zeigen, wo der Bartel den Most holt.

Geholfen hat es keineswegs. Die Unsicherheiten über Griechenlands Verbleib in der Euro-Zone stiegen – und unterminierten letztlich das Vertrauen in den unverbrüchlichen Zusammenhalt der Währungsunion. Griechenland ist ein Präzedenzfall: Wenn ein Land aussteigen oder hinausgedrängt werden kann, dann kann es letztlich jeden treffen. Damit steht die Grundlage der Währungsunion – die immer engere Union der Völker Europas – zur Disposition.

Die Bundesregierung agierte in der Krise lange Zeit, als lebten wir noch in den 90er Jahren: als gäbe es Alternativen zum heutigen Währungsclub, als seien die Finanzsysteme nicht so eng verbunden, dass wir im Zweifelsfall alle miteinander unterzugehen drohen. Tatsächlich gab es bei Licht betrachtet von Anfang an keine Alternative dazu, die Transfers innerhalb des Euro-Gebiets auszubauen. Einen Ausbau der politischen Union inklusive. Aber das war unpopulär. Griechen-Bashing kam besser an. Jetzt kommt die Quittung.

»2011 war das schlimmste Jahr für die deutsche Außenpolitik seit 1939«, sagte mir ein Berliner Insider. Wie bitte? Seit 1939? Ist das nicht reichlich übertrieben? Nein, nein, sagte er, man müsse sich doch bloß mal anschauen, wie verheerend das Echo auf das deutsche Euro-Krisenmanagement sei. Und das war, bevor Unionsfraktionschef Volker Kauder festgestellt hatte, nun werde »in Europa wieder Deutsch gesprochen«. Präpotent nennen die Österreicher solches Auftrumpfen. »Deutschnationale Kraftmeierei« nannte das Altkanzler Helmut Schmidt. Von einem »Diktat aus Berlin« sprachen französische Politiker.

Tatsächlich gibt es hierzulande einen besorgniserregend rechthaberischen Zug in der Wirtschaftspolitik. Da kann leicht der Eindruck entstehen, am deutschen Wesen möge Europa genesen. Wettbewerbsfähigkeit durch Lohnzurückhaltung, Agenda 2010 für alle, Schuldenabbau durch außenwirtschaftliche Überschüsse, Geldpolitik im Stil der Bundesbank zu D-Mark-Zeiten – diese Leitplanken mögen sich in der Vergangenheit unter sehr speziellen Bedingungen für Deutschland bewährt haben. Aber wer sie zur allgemeingültigen Maxime für alle erhebt, weckt Ängste vor deutscher Übermacht. Und Abneigung gegen deutsche Überheblichkeit. Mehr noch: Der deutsche Kurs führt auch ökonomisch in die Irre, insbesondere aus drei Gründen:

Erstens war die wirtschaftliche Gesundung Deutschlands in der ersten Hälfte der 2000er Jahre nur möglich, weil der Rest der Welt boomte und sich hoffnungslos verschuldete.

Zweitens ist es völlig unmöglich, dass alle Länder gleichzeitig außenwirtschaftliche Überschüsse erwirtschaften.

Drittens kann die traditionelle Bundesbank-Linie für die Europäische Zentralbank (EZB) kein Maßstab sein.

Wahr ist: Die deutsche Lohnzurückhaltung verbesserte die Wettbewerbsfähigkeit rasch. Möglich war dies aber nur wegen der üppigen Nachfrage aus dem Ausland. Zunächst zogen die draufloskonsumierenden USA und die südlichen Euro-Staaten Deutschland mit, dann half der Investitionsboom aus den Schwellenländern. Mit bemerkenswerten Erfolgen: Die Bundesrepublik, die nach der Wiedervereinigung praktisch die ganzen 90er Jahre über außenwirtschaftliche Defizite gefahren hatte, verbuchte plötzlich wieder hohe und bis heute anhaltende Leistungsbilanzüberschüsse.

Seit Ausbruch der Krise aber ist die Lage anders: Die Staaten des Westens schnüren Sparpaket um Sparpaket. Das ist verständlich und für die einzelnen Länder unmittelbar unabweisbar, damit sie sich überhaupt weiter an den Finanzmärkten finanzieren können. Aber ist es auch richtig? Es kam, wie es kommen musste: Die konzertierte Sparaktion zog sämtliche krisengeplagten Staaten noch tiefer in die Krise. Sparen um jeden Preis zur obersten Direktive der Politik zu erheben ist gefährlich.

Überhaupt ist eine Strategie, die zuvörderst darauf abzielt, außenwirtschaftliche Überschüsse zu erwirtschaften, im Ansatz zum Scheitern verurteilt. Es widerspricht nämlich der ökonomischen Logik, darauf zu bauen, dass alle Länder gleichzeitig positive Exportsalden ausweisen. Überschüsse für alle sind schlicht ein Ding der Unmöglichkeit. Es muss immer Nettoeinfuhr- und Nettoausfuhrländer geben. Auch aus einzelstaatlicher Perspektive ist der Exportfetischismus zweifelhaft. Denn Handelsüberschüsse haben einen spiegelbildlichen Export von Vermögen zur Folge. Das wiederum schränkt die zukünftigen ökonomischen Möglichkeiten ein. So gesehen werden Deutschlands hohe Überschüsse erkauft durch einen Ressourcentransfer ins Ausland. Deutsche Überschüsse landeten in den 2000er Jahren beispielsweise in den aufgeblähten Immobiliensektoren Spaniens oder Irlands. Ziel der Wirtschaftspolitik sollte deshalb eine strukturell einigermaßen ausgeglichene Leistungsbilanz sein – für jedes einzelne Land und für den Euro-Raum als Ganzes.

Schließlich geht es auch um die Rolle der Zentralbank. Vor allem Deutschland beharrt auf einer möglichst konservativen Geldpolitik für Europa. Begründung: Damit sei die Bundesbank zu D-Mark-Zeiten immer gut gefahren. Stimmt, einerseits. Andererseits war die Bundesbank damals nie in einer Situation wie heute die EZB. Die öffentliche und private Verschuldung war gering, die Finanzmärkte strikt reguliert. Nie war die Bundesbank in der Situation, hin- und hergerissen zu sein zwischen dem längerfristigen Ziel der Geldwertstabilität und dem kurzfristigen Ziel der Finanzstabilität. Aber eben dies ist der Konflikt, in dem die EZB – und die meisten anderen großen Notenbanken der Welt – jetzt steckt. Wer heute die Märkte mit Geld flutet, wird womöglich in Zukunft hohe Inflationsraten ernten – aber wer sich deshalb heute nicht um die Stabilität der Märkte kümmert, erlebt diese Zukunft wahrscheinlich gar nicht.

Kurz: Diese Krise wird sich nicht mit in Deutschland erprobten Rezepten allein lösen lassen. Auch deshalb stünde Deutschland gelegentlich etwas Demut gut zu Gesicht. Aus einer Position der Isolation jedenfalls lassen sich keine Lösungen finden, die für Europa insgesamt tragfähig sind.

Deutschland hat sich in die unmögliche Situation hineinmanövriert, viele Hundert Milliarden Euro an Risiken eingegangen zu sein und trotzdem am Pranger zu stehen. Wir gelten als Euro-Nazis, nicht als gütige Führungsmacht. Dass es so weit kommen konnte, ist nicht gerade ein Ausweis höchster Staatskunst – um es zurückhaltend zu formulieren. Statt unerschütterliche Solidarität zu demonstrieren, blieb die Lage so fragil, dass die Märkte das Szenario eines Euro-Zusammenbruchs testeten. Scheitern aus Erschöpfung – nicht weil man einen besseren Plan B hätte, sondern weil man es einfach nicht mehr hinbekommt.

Falls der Euro zerbricht (trotz des oben erwähnten Geheimplans zu seiner Rettung), dann wird Deutschland am Pranger stehen – als diejenige Nation, die den Euro hätte retten können, es aber aus kurzsichtigem Eigeninteresse nicht getan hat. Der damit verbundene Schaden lässt sich kaum in Geld aufwiegen.

»Gefordert sind gerade die Deutschen«

Die Deutschen, sagte mir der Historiker Harold James, Professor in Princeton, müssten ganz anders agieren als bisher. Sie müssten »eine nördliche Vision« von Europa entwickeln – ein positives Bild. »Mit gegenseitigen Schuldzuweisungen kommt man jedenfalls nicht weiter.«

Wir kennen uns seit Jahren, haben uns immer mal wieder getroffen. Im Sommer 2011 saßen wir eines Abends in der Bar eines Frankfurter Hotels zusammen und sprachen über die großen Linien der Euro-Krise und die historischen Parallelen. James hatte damals gerade ein langes Gespräch mit Jean-Claude Trichet geführt für ein Buchprojekt über die Entstehung der Währungsunion. Er war guter Dinge, dass es den Euro noch geben würde, wenn sein Werk erscheine. Es war ein Hoffnung spendendes Gespräch. Auch wenn er zugeben musste, dass es häufig die irrationalen Momente sind, die die Geschichte prägen: »Natürlich, das gibt es. Ein dramatischer Umschwung in der öffentlichen Stimmung kann Regierungen zu Handlungen treiben, die rational betrachtet nicht im nationalen Interesse liegen. Aber das institutionelle Setting der Währungsunion bringt jedes Land, das den Euro verlässt, in eine derart unangenehme Lage, dass ich den Ausstieg einzelner Länder für äußerst unwahrscheinlich halte.«

Was würde denn dann passieren?, fragte ich ihn.

»Um einen Eindruck davon zu gewinnen, kann man sich Beispiele hoch verschuldeter Länder anschauen, die ihre fixierten Wechselkurse aufgegeben haben.«

Sie meinen Argentinien im Jahr 2002?

»Zum Beispiel. In solchen Situationen kommt es zu einer sehr komplexen Kombination aus Staatspleite und Währungsreform. Die Bilanzen von Unternehmen und Banken geraten in schlimme Schieflagen, weil die Verbindlichkeiten überwiegend in alter Währung, die Forderungen jedoch in schwächerer neuer Währung notiert sind. Man braucht dann spezielle Gesetze, um damit klarzukommen. Es gibt Beschränkungen des Kapitalverkehrs, womöglich auch des Handels. All das hätte unglaublich schwerwiegende Langzeitwirkungen.«

Ich entgegnete, dass manche den Euro-Staaten gerade Argentinien zum Vorbild empfehlen: Das lateinamerikanische Land habe sich ja seit 2002 nicht so schlecht entwickelt.

»Argentinien hat Glück gehabt, dass zu der Zeit der globale Rohstoffboom einsetzte. Aber der Preis des Bankrotts war dennoch hoch: Der Staat hat bis heute keinen Zugang zum globalen Kapitalmarkt, die Inflation liegt über 20 Prozent, die Dollar-Reserven der Rentenversicherungen wurden vom Staat konfisziert. Das ist alles nicht gerade vorbildlich. Und als Mitglied der EU wären die Auswirkungen für Griechenland noch viel schlimmer.«

Inwiefern?

»Weil die qualifizierten Leute das Land verlassen würden. In Argentinien war das nicht so leicht. Aber innerhalb der EU herrscht Freizügigkeit. Aus Griechenland würde ein Exodus einsetzen: Die Qualifizierten würden in die nördliche EU und nach Amerika gehen; in Ansätzen ist das bereits sichtbar. Wenn die Leistungsfähigen weg sind, würde das Land ohne jede Dynamik vor sich hinsiechen. Die Wettbewerbsfähigkeit zu steigern wäre dann unmöglich.«

Genauso wie die Sanierung der Staatsfinanzen?

»Wenn die besten Steuerzahler auswandern, aber die Alten, Kranken und wenig Leistungsfähigen bleiben, wäre es quasi unmöglich, den Staatshaushalt in Ordnung zu bringen. Dieses Szenario ist furchtbar – ich kann mir kaum vorstellen, dass es Wirklichkeit wird.«

Ich erzählte ihm, dass viele Leute in Deutschland sagten, Griechenland müsse pleitegehen, um ein abschreckendes Beispiel zu geben. Damit jeder im Euro-Land wisse: Mit Betrug und unsolider Politik komme man nicht durch.

»Das haben auch viele Leute gesagt, als Lehman Brothers im Herbst 2008 in die Pleite geschickt wurde: Wir lassen eine große Bank bankrottgehen und zeigen damit allen anderen Instituten, dass sie nicht einfach gigantische Risiken eingehen dürfen. Aber die Behörden hatten unterschätzt, wie verflochten Lehman mit Institutionen überall war. Die folgende Krise, die in ihren Folgen unabsehbar war, hat die Einstellung dazu geändert. Bezogen auf Griechenland: Das Land ist vielfach verflochten mit dem Rest Europas; es ist auch deshalb nicht vergleichbar mit Argentinien Anfang der 2000er Jahre. Das wissen die Griechen natürlich genau, weshalb sie die Sparbemühungen zunächst haben schleifen lassen.«

Ich fragte ihn, ob er denn die antigriechische Rhetorik, die in Deutschland gerade im Schwange war, im Kern für zutreffend halte.

»Nein. Das kann furchtbare Konsequenzen für die Zukunft Europas haben. Die Gesellschaften sind heute so polarisiert, wie sie das seit langer Zeit nicht waren. In der Politik, in der Wissenschaft, auch in den Regierungen und in den Medien denken die Eliten heute wieder in nationalen Kategorien. Das ist bedenklich.«

Hatte er denn eine Erklärung dafür? Schließlich wollten doch gerade die Deutschen früher eine postnationale Gesellschaft sein.

»Die Mechanismen des Nationalstaats sind nach wie vor mächtig, vor allem, weil er die Steuern erhebt und die Umverteilung der Einkommen betreibt. Wir sind daran gewöhnt, in nationalen Maßstäben zu denken. Dies ist die Ebene, auf der demokratische Legitimierung stattfindet. Die Europäische Union wird als undemokratisches, bürokratisches Monstrum wahrgenommen.«

Was er denn von den Vereinigten Staaten von Euro-Land halte, fragte ich ihn. Wäre das nicht die ultimative Lösung der Krise? Und die logische Fortführung der Geschichte seit 1945?

»Die Persönlichkeiten, die in den 50er und 60er Jahren die Integration vorantrieben, hätten nie gedacht, dass Europa ein derart halbfertiges Haus bleiben würde. In den 90er Jahren, als die Währungsunion vorbereitet wurde, gab es bereits die Kritik, dass der Euro ohne eine Fiskalunion nicht funktionieren würde.«

Diese Idee gewinnt ja gerade wieder Anhänger. Reichlich spät, oder?

»Vielleicht. Aber der Blick in die Geschichte stimmt auch hoffnungsfroh. Wenn ich es positiv sehen will, dann sage ich: Konzentriert euch nicht so sehr auf die Nationalstaaten, wenn es um Steuern und Umverteilung in der Euro-Zone geht. Dadurch entstehen politische Stimmungen, die das europäische Projekt insgesamt gefährden. Dann denkt man in Deutschland: Warum sollen wir für die faulen Südeuropäer zahlen? Und dort fragt man sich, warum die export- und finanzstarken Deutschen denn nicht helfen. Wenn man in diesen Bahnen denkt, kommt man nicht weiter. So verschärft sich die politische Krise immer weiter. Ich denke, gefordert sind derzeit gerade die Deutschen. Deutschland ist wegen seiner relativ guten Wirtschaftslage und seiner Größe das entscheidende Land in Europa. Es würde helfen, wenn die Deutschen diese Position nutzten und eine positive nördliche Vision von Europa entwickelten. Die Vision einer soliden und wettbewerbsfähigen Euro-Zone, angetrieben von unternehmerischem Wagemut. Mit gegenseitigen Schuldzuweisungen kommt man jedenfalls nicht weiter.«

Vereinigte Staaten von Europa – das klingt nach den USA. Ist eine derart weit gehende staatliche Union nötig?

»Es gibt in den USA ein paar Mechanismen, die hilfreich sind. Zum Beispiel können in Amerika einzelne Bundesstaaten sehr wohl pleitegehen. Das passiert ja auch gelegentlich, nehmen Sie Minnesota oder Kalifornien oder New York in den 70er Jahren. Nur sind diese Staaten nicht so furchtbar betroffen: Die staatlichen Renten werden gezahlt, auch die Gesundheitsprogramme laufen weiter, weil diese Gelder aus den Zentralbudgets in Washington kommen. Wenn man diese Staatsausgaben föderalisiert, dann hat man viele Probleme nicht mehr.«

Aber Harold, die USA haben einen Einigungskrieg – den Bürgerkrieg in den 1860er Jahren – und diverse Krisen gebraucht, bis sie ihre heutige Form gefunden haben. Was heißt das für Europa?

»Das ist eine interessante Parallele. Auch wenn klar ist, dass eine Figur wie Abraham Lincoln, der die USA im Bürgerkrieg zwischen Nord- und Südstaaten zusammenschweißte, in Europa nicht in Sicht ist. Wer sollte das sein – Kommissionspräsident Barroso oder Ratspräsident van Rompuy? Nein, sowohl das Personal als auch die Lage ist anders. Damals ging es um ein großes moralisches Thema: die Sklaverei. Es war für aufgeklärte Menschen klar, auf welcher Seite man stehen musste. Und es entsprach dem Zeitgeist: Zur gleichen Zeit wurde ja auch in Preußen die Leibeigenschaft abgeschafft. Verglichen damit ist unser heutiges Thema – die hohen Schulden – ja etwas vergleichsweise Abstraktes.«

Der Bürgerkrieg war ein großer symbolischer Akt, der die Einheit der Union endgültig besiegelte.

»Das ist wahr«, antwortete James. »In den 1860er Jahren etablierten sich die USA als Nation. Das ist auch linguistisch interessant: Zuvor sprach man von der Union im Plural – ›The United States are…‹. Nach dem Bürgerkrieg redete man im Singular – ›The United States is…‹.«

Aber in Europa ist – glücklicherweise – nichts dem Bürgerkrieg Vergleichbares denkbar. Oder?

»Wenn man so will, dann war der Zweite Weltkrieg der große europäische Einigungskrieg. Danach wollten Leute wie Churchill, Adenauer, Schuman und de Gaspari die nationalen Gegensätze überwinden. Nur leider verblasst die Erinnerung daran.«

Was also lernen die Euro-Ländler aus der Schuldenkrise? Die gemeinsame Währung wird auf Dauer nur funktionieren können, wenn Europa politisch und kulturell enger zusammenrückt. Bislang sind Ökonomie und Politik der Währungsunion kaum miteinander kompatibel. Sollte das so bleiben, wird der Euro tragisch enden.

5

»Alle Schleusen geöffnet«
Die Fehler der Notenbanken

Das Zentralbankwesen war lange Zeit eine ziemlich öde Angelegenheit. Alles ging seinen Gang, die Finanzmärkte waren ruhig, die Inflation schien gebändigt, also konnten die Zinsen niedrig bleiben. Es passierte wenig – keine großen Entscheidungen, keine Kurswechsel, keine Zerwürfnisse. Die Ära der »großen Beruhigung«, der *great moderation*, hatte etwas Einschläferndes. Auch für uns Journalisten: Die monatlichen Pressekonferenzen der Europäischen Zentralbank (EZB) waren zu einem Ritual erstarrt. Im Pressesaal des Frankfurter Euro-Tower wendete sich der damalige Präsident Jean-Claude Trichet an die Öffentlichkeit. Er redete, manchmal ziemlich lange, aber er sagte wenig. So ging das über Jahre. Monat für Monat das fast identische Statement – gleicher Aufbau, gleiche Formulierungen. In technokratischem Ökonomen-Englisch ließ er die versammelte Journaille wissen, dass die EZB die Entwicklungen »aufmerksam verfolgt«, dass die Banker sich an ihr »Mandat« hielten und »glaubwürdig« die »Inflationserwartungen« im Griff hätten, dass die Zinsen so niedrig seien »wie seit 100 Jahren nicht«. Alles längst bekannt, immer wieder gehört. Auf konkrete Fragen antwortete er gern, indem er minutenlang über grundlegende Prinzipien der Geldpolitik redete – um am Ende die konkrete Antwort schuldig zu bleiben. »Pädagogisch« nannten seine Mitarbeiter damals Trichets Stil.

Es war eine Illusion, natürlich. An der Oberfläche mochten die makroökonomischen Daten in Ordnung erscheinen, doch darunter brodelte es bereits: Die Staatsfinanzen wurden zu lax gemanagt, die Wettbewerbsfähigkeit der Euro-Staaten entwickelte sich bereits Mitte des vorigen Jahrzehnts merklich auseinander, die Immobilienpreise in einigen Ländern stiegen reichlich schnell. Aber das schien alles weit weg und wenig relevant. Sicher, Trichet wies immer wieder darauf hin, dass die Regierungen der damals zwölf Euro-Staaten weniger ausgeben und »strukturelle Reformen« angehen müssten. Auch die inneren Ungleichgewichte im Euro-Raum thematisierte die EZB; und die Feststellung, wonach die Immobilienbooms besorgniserregend seien, fand regelmäßig Eingang in die EZB-Monatsberichte. Aber so richtig ernst nahm das damals niemand. Vor allem: Es änderte nichts am geldpolitischen Kurs der EZB. All die Warnungen und Mahnungen – sie verströmten bloß noch eine formelhafte Leere.

Trichets Rolle änderte sich grundlegend, als im Sommer 2007 die Krise am US-Immobilienmarkt und darauf folgend die Geldmarkt-Krise ausbrach. Der einstige französische Elite-Beamte entpuppte sich als fähiger Krisenmanager, der die EZB als erste der großen Notenbanken zum Handeln führte. Es brachte ihm weltweit wohlwollenden Applaus ein, eine Zeit lang wenigstens.

Kurz bevor er sein Amt in Richtung Ruhestand verließ, traf ich ihn noch einmal zu einem längeren Hintergrundgespräch. Im Spätsommer 2011 war das. Vier Jahre Finanz-, davon zwei Jahre Schuldenkrise hatten Trichet sichtlich altern lassen. Grau war er geworden, aber er hielt sich kerzengerade. Er saß in einer Sofaecke, hinter ihm hing eine antike Weltkarte an der Wand. Die Lage, sagte er mir, sei sehr, sehr ernst. Kaum jemand hatte zu diesem Zeitpunkt einen so tiefen Einblick in das wahre Ausmaß der Probleme: An der Spitze der EZB laufen vertrauliche Informationen zusammen aus dem Innern der Banken, aus den Staatshaushalten, aus den anderen Notenbanken der Welt. Jeden Tag neue Katastrophenmeldungen. Das hinterlässt Spuren.

War alles umsonst?

Ein halbes Leben lang hatte Trichet in der europäischen Währungspolitik gearbeitet. Er diente Valéry Giscard d'Estaing, als

der mit Helmut Schmidt das Europäische Währungssystem aus-
heckte. Später, als Banque-de-France-Chef, kämpfte er für den
»Franc fort«, den starken Franken. Doch in der »schwersten Krise
seit dem Zweiten Weltkrieg« (Trichet) musste er Dinge tun, die
Notenbanker eigentlich nicht tun wollen. Als einzig unbeschränkt
handlungsfähige Institution im Euro-Raum sorgte die EZB dafür,
dass die Renditen italienischer oder spanischer Bonds nicht aus dem
Ruder liefen, und kaufte sie notfalls in großem Stil auf. Der Preis
war hoch: Die Trennlinie zwischen Geld- und Fiskalpolitik wurde
unscharf. Italiens damaliger Regierungschef, der unvergleichliche
Silvio Berlusconi, hatte sein Haushaltssanierungsprogramm ver-
wässert, kurz nachdem die EZB ihm zu Hilfe geeilt war – Trichet
war nicht amüsiert. Dies sei der Weg in die Schuldenunion, in die
große Inflation, fürchteten Kritiker in der Politik, in der Wissenschaft und in der Bundesbank. Alle prügelten auf ihn ein, gerade die
Deutschen. Als ich Trichet traf, hatte gerade der damalige Bundespräsident Christian Wulff die EZB verbal geohrfeigt und die Auf-
käufe von Staatsanleihen als falsch bezeichnet. Nach Bundesbank-
Chef Axel Weber hatte soeben auch Chefvolkswirt Jürgen Stark
seinen Rückzug angekündigt – beide gingen, weil sie den Kurs der
fortgesetzten Interventionen an den Staatsanleihe-Märkten nicht
mittragen mochten.

Trichet fühlte sich unfair behandelt. Der einst so kühl wirkende
»Monsieur Euro« konnte seine Gefühle nicht mehr verbergen.
Manchmal schlug er sich beim Reden mit der flachen Hand aufs
Bein. Am Ende seiner achtjährigen Amtszeit glaubte er, sich recht-
fertigten zu müssen. Wir haben geliefert – das war seine Botschaft
in unserem Gespräch. Die Inflation sei seit Beginn der Währungsunion niedrig, der Euro international gefragt. Auftrag erfüllt. Und
hatte er nicht gewarnt, immer wieder gewarnt – vor den hohen
Staatsschulden, vor der Wettbewerbsschwäche der Südeuropäer, vor den Immobilienblasen? Es hatte nichts genützt. Warum
eigentlich nicht? Weil die EZB anders handelte, als sie redete.

Wie die meisten anderen Notenbanken der Welt hielt sie die
Zinsen zu lange zu niedrig – und trägt deshalb Mitschuld an der

späteren krisenhaften Entwicklung. Der EZB-Kurs war völlig im Einklang mit der geldpolitischen Orthodoxie jener Zeit. Die seit den 80er Jahren vorherrschende Schule der Makroökonomie erklärte Geld schlicht und einfach für irrelevant. Das mag abenteuerlich, ja fast unglaublich klingen, aber genauso war es: Geld, der zentrale Maßstab für materielle Werte und sozialen Status, spielte in ihren Modellen nur eine Nebenrolle. Von der »Neutralität des Geldes« war die Rede; wenn die Geldmenge wachse, würden die stets rationalen Menschen erkennen, dass letztlich nur das Preisniveau steige – die reale Wirtschaft bleibe unbeeinflusst. Allenfalls von nicht perfekten Märkten, vor allem dem Arbeitsmarkt, könnten kurzzeitig reale Effekte ausgehen. Ansonsten sei Geld ein »Schleier« – zu vernachlässigen, nicht der Rede wert, überschätzt. Gerade auf den quasi perfekten Finanzmärkten sei es wirkungslos.[45]

Jeder soll glauben, was er will, doch wenn die Orthodoxie die Politik bestimmt, dann hört der Spaß auf.

Die Notenbanken folgten der Neutralitätshypothese. Sie kümmerten sich immer weniger um die Entwicklung der Geldmenge; für sie zählten nur noch die Preise von Gütern und Dienstleistungen. Doch die Inflationsraten waren lange Zeit niedrig und stabil – unter anderem, weil der verschärfte Wettbewerb aus China und anderen Schwellenländern Preise und Löhne drückte.

Stabile Preise signalisierten den Notenbanken, dass sie immer mehr Geld in die Welt pumpen könnten. Selbst die Europäische Zentralbank (EZB), die immerhin formal einen Zielwert für das Wachstum der Geldmenge aufgestellt hatte – die Geldmenge M3 sollte danach um 4,5 Prozent im Jahr zunehmen –, orientierte sich daran immer weniger. Mit der Folge, dass die EZB ihre eigene Vorgabe ein Jahrzehnt lang nahezu jedes Jahr verfehlte; zeitweise wuchs die Euro-Geldmenge mit zweistelligen Raten. Nein, es war nicht nur die amerikanische Federal Reserve, die gravierende, wiederkehrende und immer größere Fehler beging. Auch die EZB, die

---

45 Für eine – zugegeben abgewogenere – Bestandsaufnahme der Rolle der Notenbanken und der Lehren, die sie aus der Krise ziehen sollten, vgl. insbesondere Blanchard et al. (2010) und Mishin (2011).

Bank of England und die Geldinstitutionen der großen Schwellenländer kreierten zu viel Geld. Warum auch nicht – wenn es doch,
angeblich, neutral ist?

So entstand eine »globale Überschussliquidität« im Großmaßstab (siehe Abbildung 5) – flüssige Mittel, die nicht für Transaktionszwecke (den Erwerb von Gütern und Dienstleistungen)
gebraucht wurden und stattdessen Kapitalmärkte befeuerten.
Die Zinsen sanken immer weiter, die Kurse für Anleihen und
Aktien, für Rohstoffe und Immobilien gingen im Trend nach
oben. Spiegelbildlich dazu stieg dank niedriger Zinsen die Verschuldung auf historische Höchststände, während die Bürger
in vielen westlichen Ländern immer weniger sparten. Bubbles,
Booms und Crashs waren unausweichlich. Doch der Palmström-
Doktrin folgend und den eigenen Tod ignorierend – »weil, so
schließt er messerscharf, nicht sein kann, was nicht sein darf«,
heißt es in Christian Morgensterns Gedicht –, reagierten die Notenbanken nicht.

Sicher, auch die lasche Regulierung der Finanzmärkte und die
notorische Schuldenmacherei der Staaten trugen bei zu diesem
Desaster. Aber erst die viel zu üppige Geldversorgung bildete den
Nährboden, auf dem die Übertreibungen wuchern konnten.

Wie sagte noch William White, der langjährige BIZ-Chefökono-
nom: »Wir haben's versaut, in ganz großem Stil.« Man könnte
auch sagen: Staatsversagen auf breiter Front. Denn für White
steht »außer Frage, dass der Prozess der Kreditschöpfung stets
aus dem Ruder zu laufen droht. Das ist dem kapitalistischen System inhärent. Aufgabe des Staates ist es, diese ständige Tendenz
zur übermäßigen Verschuldung einzudämmen – durch Regulierung, vor allem aber durch eine straffe Geldpolitik der Notenbanken.« Die Geldbehörden treffe also »zumindest« ein gewisses
Maß an »Mitschuld«, meint White. »Sie haben bei jeder Krise
große Mengen Liquidität ins System gekippt, aber im Boom nicht
gegengesteuert. Das war der große Fehler. Dadurch wähnte sich
der Finanzsektor in Sicherheit und ging immer größere Risiken
ein.«

Abb.: 5: Jede Menge Geld: Entwicklung der globalen Überschussliquidität[1]

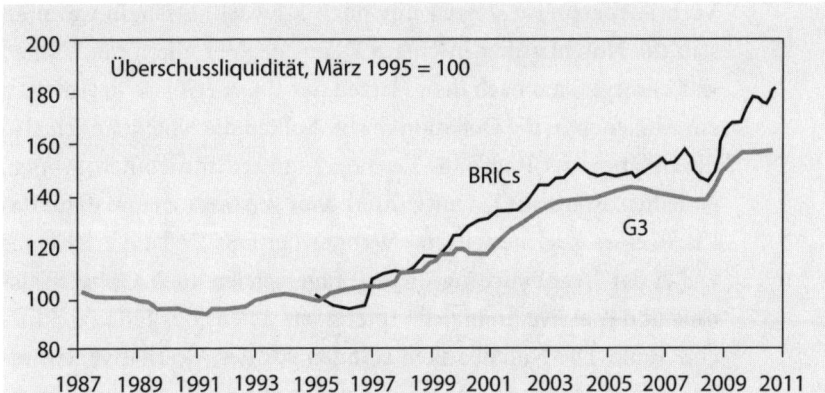

1 Überschussliquidität = Geldmenge M1/nominales BIP
   G3: USA, Euro-Zone, Japan; BRICs: Brasilien, Russland, Indien, China
Quelle: Morgan Stanley Global Monetary Analyst

Die übertriebene Angst vor der Deflation

Unter den Notenbankern löste die Krise einiges Erschrecken über die Folgen ihres Handelns aus, aber auch eine gewisse Ratlosigkeit. Was hätten sie denn tun sollen? Die Inflation – gemessen als Anstieg der Verbraucherpreise – war ja über die 2000er Jahre niedrig gewesen. Wären die Leitzinsen deutlich höher und Geld folglich spürbar knapper gewesen, hätten sie womöglich eine Deflation ausgelöst, einen permanenten Rückgang des Preisniveaus.[46] Deflation ist ein hässliches Szenario. Hat diese Abwärtsdynamik erst eingesetzt, kann man sich womöglich nur schwerlich wieder daraus befreien. Ganze Volkswirtschaften können über ausgedehnte Zeiträume im Würgegriff der Deflation bleiben. Mit schlimmen Folgen: hohe Arbeitslosigkeit, Bankenkrisen, ruinierte Staatsfinanzen. In Japan kann man das seit den 90er Jahren beobachten. Und die Erinnerung an die Deflation der 30er Jahre, die vor allem in Deutschland und den USA wütete, ist noch präsent. Gerade in der ersten Hälfte der

---

46 Eine Diskussion des Rückgangs der Inflation findet sich zum Beispiel bei White (2008).

2000er Jahre ging die Angst vor einer erneuten Deflation um. Die Verbraucherpreise stiegen nur noch schwach. Deshalb wähnten sich die Notenbanker in einem Dilemma: Vor allem die US-Fed war besorgt, dass nach dem Platzen der Internet-Blase in Amerika ein Abgleiten in die Deflation drohe. Sollten die Notenbanken also die Inflation der Preise für Vermögensgüter (Immobilien, Aktien, Anleihen, Rohstoffe ...) mit Zinserhöhungen brechen und dafür das Risiko eines Abgleitens in eine Verbraucherpreis-Deflation riskieren?

Bei der Beantwortung dieser Frage spielen auch Opportunismus und massive finanzielle Interessen seitens des Finanzsektors eine Rolle. Die Notenbanken standen vor der Alternative, entweder mittelfristig einen Boom zu befeuern und dafür allseits Huldigungen für ihr weises, antideflationäres Handeln zu ernten. Oder aber sich durch eine Verknappung des Geldes herbe Kritik einzufangen. Welch eine Alternative! Natürlich wählten sie die erste Option.

Es sieht so aus, als hätten sie die Gefahren einer hässlichen Deflation grob überschätzt. Es gibt nämlich verschiedene Arten von Deflation. Die »Schulden-Deflation« (*debt deflation*), wie sie in den 30er Jahren der US-Ökonom Irving Fisher genannt hatte,[47] resultiert aus hohen Verbindlichkeiten. Der Schuldendienst entzieht der Wirtschaft immer mehr Kaufkraft. Die schwindende Nachfrage lässt die Preise sinken. Die Arbeitslosigkeit steigt, so dass auch die Löhne sinken. Die Schulden aber bleiben konstant, sie sind ja nominal festgeschrieben. Zugleich steigen die realen Zinsen (nominaler Zins zuzüglich Deflationsrate). Die Banken können Forderungen nicht mehr einbringen. Entsprechend ungern vergeben sie neue Kredite. Es kommt zur Kreditklemme (*credit crunch*). Ohne Finanzierungsmöglichkeiten aber springt die Wirtschaft erst recht nicht an. So wird die ökonomische Dynamik immer weiter erdrosselt.

In den 30er Jahren steckten die USA – nach dem rapiden Schuldenanstieg der 20er Jahre und dem Schwarzen Freitag von

---

47 Fisher (1933)

1929 – in einer solchen Abwärtsspirale. Sie wurde erst durchbrochen durch die rasch steigenden Staatsausgaben, die seit Ausbruch des Zweiten Weltkriegs 1939 (also noch vor dem Kriegseintritt der USA 1941) für einen gigantischen Nachfrageschub sorgten. Japan hingegen hat in den vergangenen zwei Jahrzehnten – nach dem Platzen der Aktien- und Immobilien-Blase der späten 80er Jahre – eine mildere Variante der Deflation erlebt.

Die deflationären Tendenzen der 2000er Jahre hingegen hatten eine andere Ursache: Sie waren eine Folge der Globalisierung und der Liberalisierung. Schwellenländer wie China belieferten den Weltmarkt mit billigen Gütern, was weltweit die Preise für Industrieprodukte senkte. Die Arbeitsmärkte waren im Westen seit den 80er Jahren liberalisiert worden: Der intensivierte Wettbewerb hielt die Spielräume für Lohnsteigerungen in Grenzen, zumal in Ländern mit hoher Arbeitslosigkeit wie der Bundesrepublik. Wer im globalen Wettbewerb trotz höherer Kosten mithalten wollte, musste die Produktivität steigern. Wer höhere Gewinne machen wollte, musste investieren und Neues ersinnen. Hinzu kam die immer effektivere Nutzung von Computern, die via Internet nun im globalen Austausch standen.

So gesehen waren die Deflations- oder zumindest Desinflationstendenzen der ersten Hälfte der 2000er Jahre eine positive Entwicklung. Sie waren Ausdruck einer Weltwirtschaft, die rasch ihre Produktivität steigerte – die Kosten der Produktion sanken für viele Güter immer weiter, weil sie von Menschen erstellt wurden, die sich neu in die Weltwirtschaft integrierten, oder von Menschen, die in den etablierten Ländern immer neue innovative Potenziale hoben. Etwas Ähnliches hatte sich schon einmal im späten 19. Jahrhundert abgespielt, aber daran erinnerte sich kaum noch jemand. Diese strukturellen Veränderungen der Weltwirtschaft wurden jahrelang beharrlich ignoriert. Dass die Globalisierung selbst die Inflation strukturell drückte, war mithin eine Facette der *great moderation*, die gern unterschlagen wurde. Notenbanker verkündeten stattdessen, das makroökonomische Umfeld habe sich so stark beruhigt und die Aktienmärkte hätten sich über so lange Zeit so positiv entwickelt, weil die Notenbanken eine so weise und berechenbare Geldpolitik gemacht hätten – weil die Inflationserwartungen gut verankert gewesen seien aufgrund der großen Glaubwürdigkeit der Geldbehörden.[48]

Vor einigen Jahren unterhielt ich mich über die Rolle der Notenbanken mit Kenneth Rogoff, dem heutigen Starökonomen und Co-Autor des wegweisenden Buches *This Time Is Different*. Rogoff ist ein Mann, der nicht eben zimperlich ist in seinen Wortbeiträgen und gern durch starke Meinungen auffällt. Ein spannender Gesprächspartner. Ich traf ihn in Washington, wo er gerade zu einem Forschungsaufenthalt bei der Brookings Institution war. Es war der Herbst 2006, der US-Immobilienmarkt hatte soeben seinen Höhepunkt überschritten, Fed-Chef Alan Greenspan trat gerade in den Ruhestand. »Es ist schon verrückt, wie stark der Einfluss der Notenbanken heute überschätzt wird«, sagte Rogoff und lachte ein sarkastisches Lachen. »In der Ära Greenspan haben sich die amerikanische Öffentlichkeit und die Investoren auf der ganzen Welt angewöhnt zu glauben, die Fed sei verantwortlich für die fantastische Entwicklung der Wirtschaft. Das ist natürlich Nonsens. Und außerdem nicht gerade ungefährlich.« Wer sich zu sehr auf die unendliche Weisheit und Potenz der Notenbanken verlasse, der lebe gefährlich, fand Rogoff. Die Wahrheit sei nämlich: Greenspan habe einfach »viel Glück gehabt: Er war Fed-Chairman in einer sehr günstigen Phase: Die Verbreitung der Informations- und Kommunikationstechnologien, die Globalisierung, der Aufstieg Chinas – all das hat das weltweite Wachstum und die Produktivität beflügelt und die Inflation gedämpft. Aber hat Alan Greenspan den Computerchip erfunden? Hat er China zur Marktöffnung überredet? Keine Notenbank hat Kontrolle über langfristige Wachstumstrends. Die Bürger verstehen das aber nicht. Sie sehen nur: Greenspan war Fed-Chef und das Leben war gut.« Rogoff meinte, Notenbanker müssten allzu heftigen Lobpreisungen

---

öffentlich und beharrlich widersprechen. Ansonsten liefen sie Gefahr, »später verantwortlich gemacht zu werden, wenn die Dinge mal nicht so gut laufen. Als Notenbanker muss man da sehr, sehr vorsichtig sein«.[49]

Aber so war das in der Ära der *great moderation*: Die Notenbanker waren Helden, zumal Greenspan, der »Maestro« (wie ihn Bob Woodward in seinem gleichnamigen Buch nannte)[50]. Sie wurden verehrt, weil die Börsen durch die Decke gingen und die Wirtschaft – scheinbar verspannungsfrei – wuchs.

»Aus der Geschichte lernen«

Tatsächlich trugen die Notenbanker entscheidend dazu bei, die Weltwirtschaft in ihre heutigen Probleme hineinzusteuern. Die Inflationsraten waren niedrig, also ließen sie die Zügel schleifen. Dass sie nebenbei eine Vermögenspreis-Inflation – vulgo: Bubble – produzierten, begleitet von einem dramatischen Anstieg der privaten und später auch öffentlichen Verschuldung (siehe Kapitel 2), erkannten zumindest einige von ihnen. Sie erklärten sich aber für nicht zuständig. Vermögenspreise bilden sich schließlich an den (auf magische Weise effizienten) Kapitalmärkten und würden schon irgendwie rational zu rechtfertigen sein.

Auch die Bundesbank identifiziert inzwischen Fehler der Vergangenheit. Kurz vor seinem Abgang aus Protest ließ der damalige Präsident Axel Weber seine Experten noch mal aufschreiben, welche Lehren die EZB aus der Krise ziehen sollte: Die Geldpolitik, schrieben sie im März 2011, müsse künftig »stärker als in der Vergangenheit symmetrisch über den Finanzzyklus ausgerichtet sein«. Will heißen: In guten Zeiten müssen die Zügel straffer gezogen werden. Wenn Geld relativ knapp sei, sichere die Notenbank die »Preisstabilität und unterstützt gleichzeitig den Erhalt der Finanzstabilität«. In der Vergangenheit sei die Geldversorgung zu

---

49 Rogoff (2006)
50 Woodward (2000)

kurzfristig ausgerichtet gewesen. Insbesondere müsse die Notenbank stärker auf die Entwicklung der Geldmenge und der Kreditvergabe durch die Banken achten, um »Fehlentwicklungen auf den
Finanzmärkten« frühzeitig zu orten.[51] Man kann das als nachträg-
liche Ohrfeige für die EZB verstehen – zu lax, zu langsam.

Die Notenbanken haben sich in eine paradoxe Situation hineinmanövriert: Weil sie die eigentlich »gute« Produktivitäts-Deflation,
die mit der Globalisierung kam, falsch einschätzten, haben sie die
Bedingungen für eine »schlechte« Schulden-Deflation geschaffen.
Jetzt sind sie in einer sehr unkomfortablen Situation. Sie müssen ihre
alten Glaubenssätze und Prinzipien über den Haufen werfen und
alles daransetzen, einen Kollaps zu vermeiden, zu dessen Ursachen
(der Kreditblase zuvor) sie selbst beigetragen haben.

   Geld ist nicht neutral, es ist das mächtigste Instrument im
Arsenal der Wirtschaftspolitik – das ist die vielleicht wichtigste
Lehre aus der Krise. Doch Notenbanken sollten in normalen Zeiten einen neutralen Kurs steuern. Ganz grob gesprochen sollte die
Geldmenge etwa so schnell wachsen wie das trendmäßige Wirtschaftswachstum plus die angepeilte Inflationsrate. So kam auch
die EZB auf ihren M3-Zielwert von 4,5 Prozent – 2 Prozent reales Wirtschaftswachstum plus 2 Prozent angestrebte Inflationsrate plus einem Zuschlag für die Veränderung der Geldumlauf-
geschwindigkeit. Liegt der Wert lange Zeit darüber und der Zins
entsprechend niedrig, steigen die Preise für Vermögenswerte.
Doch die gehen nicht in die üblichen Inflationsindikatoren ein.

   Die Notenbanken erklärten sich jahrelang prinzipiell für nichts
anderes zuständig als für die Güterpreise in ihrem jeweiligen Land:
Nach der Lehre der »Inflationssteuerung« war das einzige Ziel der
Notenbank, den Anstieg der Güterpreise auf einen Wert um die 2
Prozent zu begrenzen. Die alte Doktrin der »Geldmengensteuerung«, an der sich die Bundesbank lange Zeit orientierte, galt als
veraltet und empirisch nicht handhabbar. Tatsächlich war die Ab-

---

51 Deutsche Bundesbank (2011a), S. 71 f.

kehr von der Geldmengensteuerung eine treffliche Einladung, die Zügel schleifen zu lassen. Wenn Geld sowieso neutral war, dann war es ja auch egal. Die Zinsen blieben niedrig, die Häuserpreise stiegen. Und das sei auch gut so, lautete der globale Konsens viele Jahre lang. In den 2000er Jahren sank der reale Weltleitzins – der Durchschnittswert der Sätze der wichtigsten Notenbanken auf der Welt nach Abzug der Inflation – immer weiter, bis er in negativem Territorium versank.

Nun steckt die Welt in einer selbst gestellten Falle – und findet nicht heraus. Die Schulden nehmen den westlichen Gesellschaften den Bewegungsspielraum und halten die Volkswirtschaften am Boden. Bei den Notenbankern gewinnt – keinen Moment zu früh – die alte Erkenntnis, wonach die Geldmenge prinzipiell nicht schneller wachsen sollte als die Wirtschaft, wieder Anhänger. So wies eine Studie der Bundesbank[52] nach, dass es einen eindeutigen Zusammenhang zwischen der Geldversorgung einer Volkswirtschaft und der Wertentwicklung der Immobilien gibt. Danach stiegen im Euro-Raum die Häuserpreise in jenen Ländern am stärksten, in denen die Geldmenge besonders stark zugelegt hatte, in Irland, in Spanien, in Griechenland. Leichtes Geld, teure Häuser – auch für die USA wiesen die Bundesbanker diesen Zusammenhang nach. Aber die Studie erschien erst im Sommer 2007. Reichlich spät. Der Häuserboom hatte seinen Höhepunkt schon überschritten, die Blase war geplatzt und das Verhängnis hatte längst seinen Lauf genommen.

Ende 2008, als sich gerade andeutete, dass die amerikanische Subprime- und Lehman-Brothers-Krise sich zu einer Euro-Krise auswachsen würde, besuchte ich Jürgen Stark, den damaligen Chefvolkswirt der Europäischen Zentralbank. Stark ist der Prototyp des deutschen Spitzenbeamten. Stets korrekt in Haltung und Aussehen, perfekt gescheitelt, sorgfältig gestutzter Oberlippenbart. Und offenbar nahezu unbegrenzt belastbar: Ich habe ihn

---

52 Deutsche Bundesbank (2007)

diverse Male getroffen und bei öffentlichen Auftritten erlebt. Auch in Phasen großen Drucks habe ich nie Anzeichen von Ermüdung oder Schwäche an ihm festgestellt – er war die Verkörperung der Disziplin. Stark ist ein kantiger Charakter, einer, der nicht so leicht klein beigibt, der für seine Prinzipien einsteht, dem es nicht unbedingt leichtfällt, Kompromisse zu machen, wie Vertraute von ihm erzählen. In den 90er Jahren hatte er den Stabilitätspakt in der EU durchgesetzt; damals war er Staatssekretär im Bundesfinanzministerium. Ein halbes Berufsleben hatte er daran mitgewirkt, eine stabile europäische Währungsunion zu etablieren. Nun, Ende 2008, war absehbar, dass das Projekt schwierigen Zeiten entgegengehen würde. Die Angst vor Staatsbankrotten kursierte in den Märkten: Einige Euro-Länder wie Griechenland und Italien mussten bereits deutlich höhere Zinsen für ihre Staatsanleihen zahlen. Wir sprachen lange über die Finanzpolitik, über die Versäumnisse der Regierungen in den vorangegangenen guten Jahren und die Frage, ob der Stabilitätspakt künftig noch stabil bleiben könne. Und was jetzt?, fragte ich ihn. »Die Politiker«, sagte Stark, »müssen aus der Geschichte lernen. Das Vertrauen der Bürger in mittelfristig solide Staatsfinanzen darf nicht leiden.« In dem Interview schlug Stark übrigens erstmals vor, den Internationalen Währungsfonds mit ins Boot zu holen.

Doch dann machte er von sich aus einen Schwenk zur Geldpolitik, was zeigte, wie sehr ihn der Kurs der Notenbanken beschäftigte: »Im Moment sind alle Schleusen geöffnet. Das gilt für beide Bereiche makroökonomischer Politik – für die Finanz- und für die Geldpolitik. Dieser Kurs erscheint uns derzeit richtig, um in dieser Krise das Schlimmste zu vermeiden. Aber klar ist auch: Wenn man eine solche Politik betreibt, dann braucht man eine Exit-Strategie. Man muss bereit sein, den jetzigen expansiven Kurs schrittweise zurückzunehmen. Die Frage ist: Legt man in dem Versuch, die jetzige Krise abzumildern, die Grundlage für neue Übertreibungen?«

Ich fragte nach, was er damit konkret meine.

»Rund um den Globus wurde die Geldpolitik zum Teil massiv gelockert. Die Regierungen haben Ausgabenprogramme aufgelegt, die alles bisher Dagewesene in den Schatten stellen. Wir müssen sehr aufpassen, dass eine solche Politik nicht mittelfristig zu erneuten Übertreibungen und zu steigender Inflation führt.«

Was er damit sagen wolle? Dass die Zinsen schon in nicht allzu ferner Zukunft wieder steigen würden?

»Sobald die akute Krise vorbei ist, müssen Regierungen und Notenbanken auf einen restriktiveren Kurs umschwenken. Die Zeit des sehr billigen Geldes kann und darf nicht ewig dauern.«[53]

Stark konnte sich bekanntlich mit seiner Position nicht durchsetzen. Die Notenbanken, auch die EZB, blieben im Krisenmodus. Zwischenzeitliche Versuche, einen Ausstieg aus der gigantischen Liquidität einzuleiten, mussten zurückgenommen werden. Immer wieder drohte die Krise sich aufs Neue zuzuspitzen. Statt einen Exit anzugehen, unterstützten die Notenbanken nun die Regierungen angeschlagener Staaten bei der Staatsfinanzierung. Auch die EZB kaufte ab 2010 große Mengen Staatsanleihen vom Markt. Stark mochte diesen Kurs nicht mehr mittragen und trat 2011 zurück. Seinen Job übernahm der Berliner Finanzstaatssekretär Jörg Asmussen. In gewisser Weise personifiziert er den gleichen Typus des deutschen Spitzenbeamten, nur eben eine Generation jünger. Auch er wirkt fast unendlich belastbar und diszipliniert. Aber anders als Stark, der Vizepräsident der Bundesbank war, bevor er zur EZB wechselte, steht Asmussen nicht in dieser Tradition. Er ist dem über viele Jahre sehr erfolgreichen Dogma der Bundesbank nicht mehr verpflichtet, sondern eher ein selbst erklärter Pragmatiker.

Die große Frage ist, ob die Notenbanken eigentlich auf absehbare Zeit aus den Liquiditätsmaßnahmen aussteigen und eine Normalisierung einleiten können, selbst wenn sie es wollen. Ich fürchte, die Antwort lautet schlicht und einfach: Nein. Sie sind gefangen in der Logik der hohen Schulden und der Gefahr einer *debt deflation*, eine Entwicklung, die sie, wie gesagt, durch ihre zu lange zu niedrigen Zinsen begünstigt haben.

---

53 Stark (2008)

Prekär, wie die Lage ist, müssen sie auf absehbare Zeit noch mehr Liquidität in die Märkte kippen, um das System irgendwie am Laufen zu halten. Sie müssen die Banken mit flüssigen Mitteln versorgen, weil die sich gegenseitig nicht trauen und ihr Kapital zu schrumpfen droht. Die Not ist so groß, dass sie sogar bei der Finanzierung klammer Staaten – und davon gibt es viele – helfen müssen. Das alles schafft keine nachhaltige Entwicklung, sondern ist die Basis künftiger Probleme. Und es betrifft nicht nur die EZB, es betrifft quasi alle Notenbanken der Welt. Aber sie kommen nicht aus dem Niedrigstzins-Szenario heraus. Wie die BIZ kalkulierte, hätte der neutrale globale Leitzins (»Taylor-Zins«), je nach Berechnungsmethode, 2011 zwischen 3 und 5 Prozent liegen müssen. Tatsächlich lag er bei zweieinhalb Prozent.[54] Die Geldschwemme geht weiter.

Wohin das alles führt? »Historisch betrachtet«, so der Historiker Harold James (siehe Kapitel 4), »kommt es in regelmäßigen Abständen zu Zusammenbrüchen der Geldordnung.« Ist es mal wieder so weit?

Kein ruhiger Job – die neuen Rollen der Notenbanken

Im Sommer 2011 hatte die Schuldenkrise sich abermals dramatisch zugespitzt. Auf einem EU-Sondergipfel zur Euro-Krise hatten die Regierungschefs unter anderem beschlossen, Griechenland einen teilweisen Schuldenschnitt zu verpassen. Kurz danach stufte die Rating-Agentur Standard & Poor's die USA herab – erstmals verlor Amerika sein AAA-Rating. Daraufhin eskalierte binnen weniger Tage die Lage in Europa: Plötzlich stand Italien im Feuer, einer der größten Anleihemärkte der Welt – ein Land mit 1,9 Billionen Euro ausstehenden Anleihen, zu groß und zu hoch verschuldet, als dass es durch irgendeinen Rettungsschirm hätte gerettet werden können. Panik lag in der Luft. Übers Wochenende telefonierten sich die Finanzminister und Notenbankchefs zusammen und beschlossen,

---

54 Bank für Internationalen Zahlungsausgleich (2011a), S. 61 ff.

die Notenbanken müssten einspringen und Anleihen vom Markt kaufen, um die Stimmung zu beruhigen. Ich schrieb einen schnellen Kommentar auf *manager magazin online* über die veränderte Rolle der Zentralbanken[55], der mir zwei interessante, weil völlig gegensätzliche Reaktionen einbrachte: eine aus der Europäischen Zentralbank und eine aus der Bundesbank.

Aber zunächst der Kommentar vom August 2011 im Original:

Schuldenkrise
Die Notenbanken stehen mit dem Rücken zur Wand

Bislang waren die Deutschen das monetäre Gewissen Europas. Nun räumt die Krise klassische Bundesbank-Vorstellungen von guter Geldpolitik ab: Kurzfristige Markstabilisierung scheint wichtiger als glaubwürdige Inflationsbekämpfung. Der langfristige Schaden dürfte beträchtlich sein.

Eine Lösung! Es muss doch endlich eine Lösung für die europäische Schuldenkrise her! Die Forderung ertönt immer lauter, angesichts der fortschreitenden Vertrauenskrise.

Eine Lösung?

Geben wir uns keinen Illusionen hin: Anderthalb Jahre Staatsschuldenkrise sollten klargemacht haben, dass es eine saubere Lösung der Probleme – den planmäßigen, ordentlichen Abbau der Schulden durch Rückzahlung – nicht geben kann. Alles Sparen und alles Retten hat die Lage immer nur kurzfristig entspannt. Danach nahm die Krise stets wieder ihren Lauf und erreichte bald die nächste Eskalationsstufe: Aus der Geldmarkt- wurde die Banken- wurde die Schulden- wird womöglich noch eine Staatskrise.

Immer mehr Volkswirtschaften stecken in einem schmutzigen Kampf gegen ihre exorbitanten Verbindlichkeiten. Das ist der Kern der Probleme: Noch nie in der Geschichte waren die öffentlichen und die privaten Schulden zusammen genommen so hoch wie derzeit. Und von allein werden sie nicht verschwinden.

---

55 Müller (2011d)

Die ökonomische Zuspitzung der Lage droht die Institutionen der westlichen Gesellschaften zu diskreditieren. Zu den institutionellen Opfern der Krise zählen auch die Notenbanken. Nicht nur die US-Fed sieht sich gezwungen, ihre umstrittene Niedrigstzinspolitik mindestens bis 2013 fortzusetzen. Gerade die Bundesbank hat derzeit einen schweren Stand.

Traditionell ist die deutsche Notenbank der Hort der geldpolitischen Orthodoxie in Europa, wenn nicht in der Weltwirtschaft. Die deutsche Notenbank, inzwischen Teil des europäischen Systems der Notenbanken mit der Europäischen Zentralbank (EZB) im Mittelpunkt, ist das monetäre Gewissen Europas, wenn nicht der westlichen Welt. Ihr Credo: Notenbanken sollen die Inflation bekämpfen, die Wirtschaft mit Bargeld versorgen – und sonst möglichst nichts tun. Unabhängig und halsstarrig soll die Notenbank sein, hart und unbeugsam.

Das Problem ist nur: Angesichts der akuten Krise kommen die klassischen Bundesbank-Positionen unter die Räder.

Ihr neuer Präsident Jens Weidmann, dessen Wirken *manager magazin* in seiner aktuellen Ausgabe in einem umfangreichen Report ausleuchtet, sieht sich in der Bundesbank-Tradition. Seit seinem Amtsantritt Anfang Mai hat er immer wieder deutlich gemacht, dass er es ablehnt, die Euro-Notenbank immer tiefer in die Krisenbekämpfung hineinziehen zu lassen. Anleihen bankrotter Staaten solle die EZB auf keinen Fall als Sicherheiten akzeptieren, auch solle sie keine Bonds angeschlagener Staaten zur Marktstützung kaufen.

Als der Euro-Krisengipfel Ende Juli eine Erweiterung der Rettungsschirme beschloss, kritisierte Weidmann öffentlich die Beschlüsse: Die »Vergemeinschaftung von Risiken im Falle unsolider Staatsfinanzen und gesamtwirtschaftlicher Fehlentwicklungen« schwäche die »Grundlagen der auf fiskalischer Eigenverantwortung bauenden Währungsunion«. Künftig werde es »noch schwieriger, die Anreize für solide Finanzpolitiken aufrechtzuerhalten«. Es müsse sichergestellt werden, »dass keine zusätzlichen Risiken« auf die Notenbanken »übertragen werden und die Trennlinie zwischen Geld- und Finanzpolitik nicht weiter aufgeweicht wird«.

Noch vorige Woche stemmte sich Weidmann anscheinend im Rat der Europäischen Zentralbank dagegen, das EZB-Programm zum Ankauf von Staatsanleihen – diesmal zugunsten Italiens und Spaniens – wiederaufleben zu lassen. »Wir waren nicht einstimmig in unserer Entscheidung bezüglich der Anleihe-Käufe«, musste EZB-Präsident Jean-Claude Trichet in der anschließenden Pressekonferenz einräumen. Unter den Abweichlern war offenbar auch Weidmann. Darin setzt er den Kurs seines Vorgängers Axel Weber fort, der ebenfalls ein Gegner der Bond-Käufe war und deshalb zurücktrat.

Die Bundesbank-Haltung ist zweifellos ordnungspolitisch richtig – aber angesichts des Vertrauensschwunds an den Märkten ist sie nicht zu halten. Panik räumt Prinzipien ab.

Das zeigte sich vorige Woche binnen weniger Tage. Die EZB-Ratssitzung – das war Donnerstagvormittag. Am Sonntagabend musste der Bundesbank-Präsident bereits die Erklärung der Finanzminister und Notenbankchefs der G7-Staaten mittragen. Darin heißt es, man werde »alle notwendigen Maßnahmen ergreifen, um Finanzstabilität und Wachstum zu unterstützen« – inklusive Käufen von Staatsanleihen durch die Notenbanken.

So kurzlebig sind Überzeugungen in Zeiten der Krise.

Jahrzehntealte Bundesbank-Positionen werden angesichts der lawinenartig größer werdenden Probleme über den Haufen geworfen. Die Geldwertstabilität zu sichern tritt als Ziel der Notenbanken vollkommen in den Hintergrund. Es geht nur noch darum, eine finanzielle Kernschmelze zu vermeiden, deren Folge aller Wahrscheinlichkeit nach ein Komplettzusammenbruch der Weltwirtschaft wäre – schlimmer, als es die Lehman-Pleite von 2008 gezeigt hat.

Die Märkte zu stabilisieren wird für die Notenbanken in dieser Situation zur obersten Priorität. Dafür gehen sie das Risiko ein, künftig die Inflation nicht mehr kontrollieren zu können. Aber im Moment scheint das reichlich egal zu sein. Hauptsache, der Systemabsturz wird verhindert. Nur die Notenbanken, nicht die Rettungsschirme oder der Internationale Währungsfonds verfügen über jene unbegrenzten Mittel, die nötig sind, um große, hoch verschuldete Volkswirtschaften wie Italien zu stabilisieren.

Das kurzfristig Notwendige ist wichtiger als das langfristig Richtige.

Wie gesagt: Angesichts der gigantischen Schuldenberge gibt es keine sauberen Lösungen mehr – nur noch schmutzige.

Das Schöne an einer Veröffentlichung im Internet ist die Unmittelbarkeit der Reaktionen. Das hat seinen eigenen Reiz. In diesem Fall schrieb mir kurz nach Erscheinen des Textes ein Insider aus der EZB eine knappe, säuerliche E-Mail: »… Wie wäre denn der Schaden eines Zusammenbruchs des drittgrößten Anleihemarkts der Welt [Italiens, Anm. d. V.] innerhalb des Euro-Gebiets? Grüße, …«

Wenig später meldete sich auch ein Bundesbank-Offizieller bei mir, diesmal per Telefon: Dass die Bundesbank ihre Prinzipien durch die Krise abräumen lasse und dem Konsens unter den G7 opfere, das könne man so nicht stehen lassen; Präsident Weidmann lege Wert darauf, dass er zu seinen Positionen stehe und auch international dafür kämpfe.

Die gegensätzlichen Reaktionen europäischer Notenbanker machen deutlich, wie schwierig das Geschäft der Zentralbanker geworden ist. Es gibt kein klares Modell, an dem sie sich orientieren könnten. Es gibt nicht mal einen klaren gesetzlichen Auftrag. Denn wozu sie per Gesetz verpflichtet sind, ist offensichtlich nicht mehr der wesentliche Teil ihres Tuns.

Im Kern geht es um die künftige Rolle der Notenbanken: Sollen sie Institutionen sein, deren primäre Aufgabe es ist, den Geldwert stabil zu halten? Oder sollen sie in einem weiteren Sinne auch die Finanzmärkte – und das heißt: Banken, Börsen und Staaten – stabilisieren? Solche institutionellen Fragen mögen eher technisch anmuten, aber sie sind von grundsätzlichem Gewicht: Es geht um die Bedeutung der Geldwertstabilität für die Wirtschaftspolitik. Es geht um die demokratische Aufgabenverteilung zwischen den staatlichen Gewalten. Und es geht um die Frage, ob die europäischen Regierungen tatsächlich der Unterstützung der Notenbank bedürfen – oder ob sie die Notenbanken schlicht erpressen.

Die deutsche Sicht stellt die Inflationsbekämpfung eindeutig in den Vordergrund. Die historische Erfahrung zweier Währungszusammenbrüche im 20. Jahrhundert – 1923 und 1948 – hat die Stabilität des Geldwerts zur Grundkonstante der deutschen wirtschaftspolitischen Doktrin gemacht. Die Inflationsrate soll niedrig sein und möglichst wenig schwanken – egal, wie ansonsten das wirtschaftliche Umfeld aussieht.

Nach bundesdeutscher Tradition soll der stabile Geldwert die Basis sein, die für alle anderen wirtschaftspolitischen Bereiche ein Datum bildet. Das hieß auch: Niemand sollte Hilfe von der Bundesbank erwarten können – nicht die Regierung, nicht die Tarifparteien. Das war das Selbstverständnis deutscher Währungshüter (auch wenn sie nicht immer hundertprozentig lupenrein handelten). Entsprechend war die Bundesbank institutionell ausgestattet: Unabhängig von der Politik sollte sie keine Kompromisse eingehen müssen.

Mit Beginn der Euro-Ära sollte die deutsche geldpolitische Philosophie auf die Währungsunion und die Europäische Zentralbank übertragen werden. Lange Zeit schien das zu funktionieren: 1,97 Prozent durchschnittliche Inflation in den ersten zwölf Jahren der Währungsunion – EZB-Präsident Jean-Claude Trichet wurde nicht müde, diesen Erfolg zu verkünden.

Aber das ist Vergangenheit. Die Finanzkrise hat die Situation der Notenbanken enorm verkompliziert. Während ganze Volkswirtschaften im Schuldensumpf versinken, scheint Inflation kurzfristig keine Gefahr darzustellen. Entsprechend verschieben sich die Prioritäten. Sollen wir den drittgrößten Anleihemarkt der Welt zusammenbrechen lassen?, fragt die EZB. Kann eine Notenbank tatsächlich tatenlos zuschauen, wenn große Volkswirtschaften zusammenzubrechen drohen? Die EZB beantwortet diese Frage letztlich mit Nein, wie alle übrigen wichtigen Notenbanken auch. Der Unterschied ist nur: Die Euro-Bank hat sich lange Zeit dagegen gesperrt, direkt in die Staatsfinanzierung einzusteigen – die Euro-Zone hat keinen bedingungslosen Retter der letzten Zuflucht (*lender of last resort*).

Die Euro-Banker stecken in einem Dilemma: Einerseits müssen sie handeln, wenn ganze Volkswirtschaften zusammenbrechen. Andererseits sind sie durch ihre Bereitschaft, den Retter zu geben, erpressbar geworden – die Regierungen können darauf spekulieren, dass die EZB für sie schon die Kohlen aus dem Feuer holen wird. In eine solche Lage wollte die Bundesbank nie kommen. Deshalb stand sie der Deregulierung der Finanzmärkte stets skeptisch gegenüber; damit komme ein Potenzial an Instabilität in die Welt, das für die Notenbanken gefährlich sein könnte, so die Frankfurter Haltung.

Tatsächlich, mit ihrem Eingreifen schwächen die Notenbanken die Disziplinierung der Staaten durch die Märkte: Statt zu sparen, um durch vertrauensbildende Maßnahmen in den Genuss niedrigerer Zinsen zu kommen, kann eine Regierung nun darauf hoffen, dass die Zentralbank ihr zu Hilfe eilt. Regierungen und Parlamente können darauf bauen, dass die Notenbank im Zweifelsfall schon einen Teil der Drecksarbeit übernimmt. Die EZB hat zwischen Dezember 2011 und März 2012 mit ihrem langfristigen Refinanzierungsprogramm LTRO die sagenhafte Summe von rund einer Billion Euro in die Finanzmärkte gepumpt. Damit hat sie zwar eine vorübergehende Stabilisierung der Banken- und der Anleihemärkte bewerkstelligt. Aber sie hat auch Regierungen wie die spanische, die längst die Restrukturierung und Schrumpfung ihres Bankensektors hätten angehen müssen, zur Untätigkeit verleitet. Kein Zweifel: Die Rettungsmaßnahmen schwächen die Notenbanken langfristig. Und: Es stellt sich die ganz prinzipielle Frage nach der demokratischen Legitimation. Die Staatshaushalte sind Sache der Parlamente – in der Demokratie entscheiden die Volksvertreter über die Finanzen, nicht Beamte. Wenn die Notenbanken ins Rettungsgeschäft einsteigen, stellen sie demokratische Grundprinzipien infrage. Bundesbank-Chef Jens Weidmann hat zu Recht immer wieder darauf hingewiesen.

Aber wenn Angst und Panik regieren, können Notenbanken, die das einzige Instrument in der Hand halten, dagegen anzugehen, kaum tatenlos zusehen. Das Risiko eines Systemzusammenbruchs ist so angsteinflößend, dass sie das Feuer lieber frühzeitig austreten, als einen Flächenbrand entstehen zu lassen. In der Praxis des täglichen Krisenmanagements relativieren sich Glaubensfragen. Ohne Interventionen der EZB, der Fed, der Bank of England und so weiter wäre das globale Geldsystem längst zusammengebrochen.

Natürlich kann die Sache schiefgehen. Möglich, dass sich die Notenbanken immer tiefer in Schuldenmanagement, in Bankenaufsicht und -stabilisierung verstricken. Falls sich die Lage nicht beruhigt, wären sie gezwungen, immer größere Teile der Staatsschulden aufzukaufen – weil die Anleger das Vertrauen verlieren und immer weniger Staatsanleihen halten wollen. Im Extremfall müssten sie vom Markt kaufen, was angeboten wird. Sterilisieren – also an anderer Stelle abschöpfen – ließen sich diese sehr großen Liquiditätsinfusionen dann wohl nicht mehr. Die Folge wäre eine massive Ausweitung der Geldmenge, die irgendwann in eine kaum noch steuerbare Inflationsdynamik führen dürfte – es handelt sich um das Szenario von 1923.

Viele Fachleute glauben inzwischen, dass die Bundesbank-Position nicht mehr haltbar ist. So sagte mir Daniel Gros vom Centre for European Policy Research, im EZB-Rat werde »sich immer eine Mehrheit für die Fortsetzung der Interventionen finden«. Die Bundesbank und andere ähnlich gestrickte Notenbanker würden schlicht überstimmt.»Und das ist auch richtig: In der Krise muss die EZB ihre Prioritäten ändern – sie kann sich nicht mehr allein um die Inflation kümmern, sie muss helfen, die Finanzmärkte vor einem Komplettzusammenbruch zu bewahren. Das ist nicht die reine Lehre des Central Banking, aber unumgänglich.«[56]

Es sieht also ganz danach aus, als ob deutsche Vorstellungen von solider Geldpolitik derzeit wenig Chancen haben.

»Die Essenz des Central Banking«

Die Krise stellt bisherige Gewissheiten infrage. Es wäre verwunderlich, wenn nicht auch kritische Fragen an die Notenbanken gestellt würden. Das ist insofern nichts Neues, als die nationalen Geldbehörden phasenweise immer wieder mit Argwohn betrachtet werden. Die Vorstellung, die Notenbank könnte knappe Ressourcen

---

56 Gros (2011)

mehr oder weniger heimlich dem Privatsektor entziehen und an den
Staat umleiten, machte die Geldbehörden nicht immer und überall
populär. In den USA wurden Vorläufer der Fed wieder abgeschafft;
das System des *free banking* hatte lange Zeit viele Anhänger.

Derzeit sind Wirtschaftshistoriker aufgefordert, grundsätzliche
Fragen zu beantworten: Welche Funktionen haben die nationalen
Geldbehörden eigentlich in früheren Epochen erfüllt? Und was
kann man daraus für die Gegenwart und die Zukunft ableiten?
Die ersten Zentralbanken wurden zuvorderst gegründet, damit
sie sich um die Kreditfinanzierung des Staates kümmern: Die
schwedische Riksbank und die Bank of England waren vor allem
fürs Schuldenmanagement der Regierung zuständig. Erst in einer
zweiten Welle von Zentralbankgründungen ab Mitte des 19. Jahrhunderts stand dann die zuverlässige Versorgung der Wirtschaft
mit Kredit im Vordergrund. Es ging darum, die fragilen Ban-
ken- und Zahlungssysteme der Goldstandard-Ära zu stabilisieren;
deshalb wurden die Deutsche Reichsbank (1875) und später das
Federal Reserve System (1914) in den USA gegründet. Erst als die
Edelmetallwährungen verschwanden und den Papierwährungen
wichen, begannen sich die Notenbanken mit dem Problem der
Preisstabilität zu befassen.[57] Und es dauerte einige Zeit, bis die Erkenntnis allgemeine Anerkennung fand, dass eine zu üppige Geldversorgung durch die Zentralbank zu steigender Inflation führt.

So glaubte Rudolf Havenstein, Chef der Deutschen Reichsbank
in den frühen Jahren der Weimarer Republik, die Notenbank hätten keine preisniveausteuernde Funktion. Seine primäre Aufgabe
sah er folglich darin, die Nachfrage des Marktes nach Geld zu be-
friedigen. Unter Hochdruck kümmerte er sich darum, möglichst
viel Geld zu drucken, und war durchaus stolz auf diese Mammut-
aufgabe. Noch im August 1923, als sich die Hyperinflation längst
zu einer monetären Apokalypse gesteigert hatte, verkündete er,
man sei nun in der Lage, 20 000 Milliarden Mark täglich zu drucken, davon 5000 Milliarden in großen Scheinen. In der darauf-

---

57 James (2010)

folgenden Woche werde man die Leistung derart gesteigert haben, dass 46 000 Milliarden Mark täglich produziert werden könnten, 18 000 Milliarden davon in großen Scheinen.[58]

Die spätere Reform der Reichsbank und die Stabilisierung der Kaufkraft legte die Basis für die noch heute in Deutschland fest verwurzelte Vorliebe für Preisstabilität.

In Großbritannien herrschen andere Traditionen. Der britische Ökonom Charles Goodhart, ehemals selbst Mitglied im geldpolitischen Rat der Bank of England, hat die Geschichte der Notenbanken untersucht und ist zu dem Ergebnis gekommen, dass es »die Essenz des Central Banking«[59] sei, dafür zu sorgen, dass die Finanzmärkte und ihre Institutionen stabil bleiben. Alles andere sei letztlich nachrangig. »Die Idee der Notenbank als unabhängige Institution wird sich erübrigen.« Er zieht Vergleiche zur Situation in den 30er Jahren. Die Große Depression und der Kollaps des Goldstandards hätten für die Zentralbanken ein »riesiges Scheitern« bedeutet. Ihre Ziele, ihre Modelle und ihr intellektueller Rahmen seien dadurch zerstört worden. Ohnehin hatte das privatwirtschaftliche Konzept einer freien kapitalistischen Wirtschaft durch die Große Depression tiefe Kratzer bekommen. In der Folge der Krise – und des Kriegsausbruchs – übernahmen die Regierungen die Geldpolitik. Dahinter habe keine große Theorie gestanden, so Goodhart, es sei einfach pragmatisch gewesen: Angesichts der fortgesetzten Wirtschaftskrise hätten die Regierungen Druck aufgebaut, die Zinsen möglichst niedrig zu halten und die Währungen abzuwerten. Als dann nach Kriegsausbruch 1939 die üppige Geldversorgung auf ein verknapptes Warenangebot gestoßen sei, wurden erst recht Marktmechanismen außer Kraft gesetzt: Rationierung und staatlich kontrollierte Preise ersetzten den freien Ausgleich von Angebot und Nachfrage.

Auch nach dem Krieg blieb die Geldpolitik in der Hand der Regierungen, mit drei Ausnahmen: Westdeutschland, die Schweiz und die USA, wo die Notenbanken größere Autonomie genossen.

---

58 Zitiert nach Fergusson (1975), S. 171
59 Goodhart (2010)

In nahezu allen übrigen Ländern jedoch waren die Notenbanker zu dienenden Funktionen degradiert, sie wurden betrachtet und behandelt als Berater von großer Expertise, ähnlich den Experten in den Finanzministerien. Wobei allerdings Letztere näher am letztlich entscheidenden Minister saßen. So durfte die Bank of England nicht mal eine eigene Wirtschaftsprognose veröffentlichen, und die Experten im Ministerium redigierten stark in die Vierteljahresberichte der Notenbanker hinein. Die Zinsen blieben niedrig, auch um die Staatsschulden, die durch den Krieg stark gestiegen waren, leichter bedienen zu können. In den 50er und 60er Jahren kümmerten sich die Notenbanker in England vorrangig darum, die Wechselkurse im Rahmen des Bretton-Woods-Systems stabil zu halten und zu versuchen, das Kreditwachstum der Banken im Zaum zu halten, vorrangig durch quantitative Maßnahmen, mit denen die Kreditvergabe gebremst werden sollte. Es war die Ära des strikt regulierten Bankings und der international stark begrenzten Kapitalströme. Größer als in England war der Einfluss der Notenbank in Italien, wo sie zwar auch nicht politisch unabhängig war, immerhin aber einen institutionellen *spirit* hoher Professionalität entwickelte – die römischen Notenbanker kannten sich in Gelddingen einfach viel besser aus als die Ministerialen.

Die Aufgaben der Notenbanken beschränkten sich damals auf drei Felder: Politikberatung, Administration des umfassenden Kontrollapparats für die Banken sowie das Management der Märkte. Die größten Abteilungen in vielen Zentralbanken in den 50er und 60er Jahren waren diejenigen, die die Einhaltung all der Kontrollen überwachten. Es sei jedoch die dritte Rolle – das Management des Markts für Staatsanleihen, des Devisenmarkts und des Geldmarkts – gewesen, in der die Notenbanker jener Ära am meisten zu sagen gehabt hätten, so Goodhart: Schuldenmanagement, Liquiditätsmanagement und Devisenmarktoperationen seien die »zentralen und wichtigsten Bereiche« gewesen.

Auf den ersten Blick ist dieses altertümliche Bild des Notenbanking so weit von den heutigen offenen und hoch entwickelten Finanzmärkten entfernt wie der Euro von der Sesterzen-Währung des Römischen Reichs. Aber das scheint nur so. Im Zuge der Krise sind alle von Goodhart genannten Märkte wieder verstärkter staatlicher Kontrolle unterstellt worden: Die Geldmärkte werden seit 2007 praktisch von den Notenbanken ersetzt, weil die Banken einander nicht mehr über den Weg trauen und sich deshalb praktisch kein Geld mehr leihen. Die Märkte für Staatsanleihen werden verstärkt von den Notenbanken gemanagt, die – um niedrige langfristige Zinsen zu gewährleisten – in großem Stil Anleihen aufgekauft haben (*quantitative easing*). Und was die Devisenmärkte betrifft, so sind inzwischen viele Länder dabei, die Wechselkurse zu manipulieren – entweder direkt über Interventionen an den Währungsmärkten oder durch eine quantitative Lockerung mit dem Ziel, die heimische Währung gegenüber wichtigen Wettbewerbern zu schwächen (*competitive easing*) –, so dass durchaus Erinnerungen an die 50er und 60er Jahre wach werden.

Das geschieht ganz pragmatisch, ohne dass ein Modell dahinterstünde oder irgendwelche tief gehenden Überzeugungen. Aber das macht es nicht ungefährlicher.

Das neue Gesicht der Inflation

Dass Notenbanken in den vergangenen Jahrzehnten in die Unabhängigkeit entlassen wurden, war keine Entwicklung, der eine wüste, weit hergeholte Ideologie zugrunde gelegen hätte, sondern es hatte einen konkreten Grund: Die Regierungen und die von ihnen abhängigen Notenbanken hatten beim Geldmanagement versagt, und zwar vollkommen unzweideutig. Sie produzierten die »Große Inflation«. Nachdem der lange Nachkriegsaufschwung zu Ende war, lief in der Folge der Ölkrise 1973 die Geldentwertung aus dem Ruder. Es war eine Episode, die, je nach Land, ein bis zwei Jahrzehnte lang anhielt und vielerorts Inflationsraten zwischen 10 und 20 Prozent brachte. Sie endete mit einer institutionellen Innovation: Die unabhängige Notenbank wurde zum globalen Standard, und das Vorbild, dem andere nacheiferten, war zunächst die Deutsche Bundesbank. Die deutsche Notenbank hatte es immerhin geschafft, die Bundesrepublik teilweise vom globalen Inflationsschub abzukoppeln.[60]

Notenbanken sollten nunmehr nur einem Ziel verpflichtet sein: der Geldwertstabilität. Sie sollten keine Kompromisse machen müssen. Das wurde zwar nicht überall lupenrein umgesetzt – die amerikanische Fed zum Beispiel ist per Gesetz auch dem Ziel einer hohen Beschäftigung verpflichtet. Aber die Bank of England oder die neuseeländische Notenbank, die entschlossen auf die Inflationssteuerung setzten, waren unzweideutig verpflichtet, ein (teils gesetzlich vorgegebenes) Inflationsziel zu erreichen.

Die große Schuldenkrise hat all das abgeräumt. Notenbanken sind mitten im politischen Geschäft: Sie retten Banken, fusionieren oder schließen sie. Sie retten Märkte, indem sie Liquidität im Großmaßstab zur Verfügung stellen. Sie retten Staaten oder lassen sie am langen Arm verhungern. Sie haben ihre Bilanzen brutal aufgebläht: Seit September 2008, als die Lehman-Pleite die Welt schockte, haben die US-Fed und die Bank of England ihre Bilanzsummen verdreifacht, die EZB hat ihre etwa verdoppelt (siehe Abbildung 6), ohne dass ein nachhaltiger Ausstieg gelingen würde.

Viele Notenbanker und auch der Internationale Währungsfonds sind der Meinung, dass diese Aufblähung der Bilanzen kein großes Problem darstelle. Die Begründung ist immer die gleiche: Erstens sei für die absehbare Zukunft kein massiver Inflationsschub zu erwarten, weil die Produktionskapazitäten in vielen Ländern immer noch nicht ausgelastet seien und keine Preissteigerungen durch enge Märkte zu erwarten seien. Zweitens seien die Steigerungsraten der Konsumentenpreis-Indizes doch niedrig. Kurz: An der Preisfront herrsche Ruhe, die Notenbanken könnten sich anderen, akuteren Fragen zuwenden. Beide Argumente stimmen nur bedingt.

Zum ersten Argument: Gerade in einer Situation wie der derzeitigen ist schwer zu sagen, wie groß die »Produktionslücke« (*out-*

---

60 Beyer et al. (2009)

Abb. 6: Alle Gaspedale durchgedrückt: Bilanzsummen der Notenbanken der USA, der Euro-Zone, Großbritanniens und Japans (in Prozent des gemeinsamen BIP)

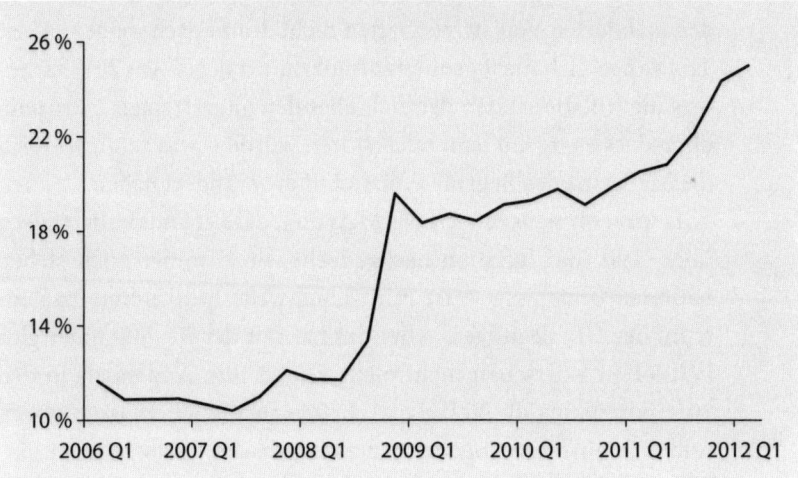

Quelle: Morgan Stanley Global Monetary Analyst

put gap) tatsächlich ist. Sicher, wenn die Arbeitslosigkeit hoch ist wie in den USA oder Spanien, dann gibt es offenbar brachliegende Kapazitäten. Aber es ist fraglich, ob diese Arbeitslosen nach einiger Zeit ohne Job so einfach wieder einzugliedern sind. Möglich, dass durch die Krise selbst sich die Anforderungsprofile an die Beschäftigten verschoben haben. So gibt es beispielsweise in Ländern, die Immobilienbooms erlebt haben, große Überkapazitäten im Bausektor: brachliegende Maschinen und Anlagen, Arbeiter ohne Job, die aber in anderen Sektoren nicht unterkommen, selbst wenn dort Leute benötigt werden. Einige vermeintlich freie Kapazitäten stehen also womöglich der Wertschöpfung gar nicht mehr zur Verfügung. Vieles spricht dafür, dass die offiziellen *output gaps* überschätzt werden. So war es schon in den 70er Jahren, als die Fed, wie sich später herausstellte, die Lage nach dem Ölschock von 1973 völlig falsch eingeschätzt hatte und deshalb viel zu spät die Zinsen anhob.[61]

---

61 Orphanides (2003)

Zum zweiten Argument, wonach die Inflation kein Problem darstelle: Es mag ja sein, dass die Indizes der Verbraucherpreise in den etablierten Volkswirtschaften nicht dramatisch steigen. Aber: Trotz angeblich nicht genutzter Kapazitäten liegen seit 2010 vielerorts die Inflationsraten deutlich über den angestrebten 2 Prozent, ohne dass es irgend jemanden stören würde – was zeigt, wie sich die Maßstäbe des Begriffs Preisstabilität verändert haben.

Darüber hinaus bin ich der Meinung, dass grundsätzlich falsch über Geld und Inflation nachgedacht wird. Immer noch stehen nationale beziehungsweise Euro-Land-weite Indikatoren im Zentrum der Überlegungen. Aber das hat mit der Realität einer globalisierten Wirtschaft nicht mehr viel zu tun: Anders als in den 70er Jahren, als die Volkswirtschaften relativ geschlossen waren und sich einzelne Volkswirtschaften wie die deutsche vom globalen Inflationstrend abkoppeln konnten, gelingt das heute nicht mehr. Heute schlägt sich die global inflationäre Entwicklung bei weltweit gehandelten Gütern nieder, zunächst bei Rohstoffen. Wer will, der kann sie schon lange sehen, die Vorboten der Inflation. Parallel zur expansiven Geldpolitik des vergangenen Jahrzehnts haben sich Rohöl, die meisten sonstigen Rohstoffe, erst recht Edelmetalle wie Gold, Silber und Platin erheblich verteuert. Die Immobilienpreise zogen mitten in der Krise in einigen Ländern wieder an, darunter in deutschen Metropolen. Zeitweise stiegen sogar in Großbritannien und in Frankreich wieder die Preise für Häuser, obwohl sie dort immer noch als überbewertet galten. Das alles sind Warnsignale. Auch wenn die Statistiker keine dramatische reguläre Inflation messen mögen, so gibt es doch eine breite Preisdynamik.

Doch gerade für die Rohstoffpreisinflation werden häufig andere Gründe angeführt. Überflutungen in Australien, Dürre in Russland, Unruhen in arabischen Ländern, natürlich auch Spekulanten und Ausfuhrbeschränkungen einiger Exportländer – deshalb sollen Weizen, Öl oder seltene Erden immer teurer werden. Aber all diese Erklärungsversuche greifen reichlich kurz. So lässt sich jedenfalls nicht erklären, warum die Rohstoffmärkte schon

Abb.: 7: Inflation, anders gesehen: Rohstoffpreise und Notenbankzinsen

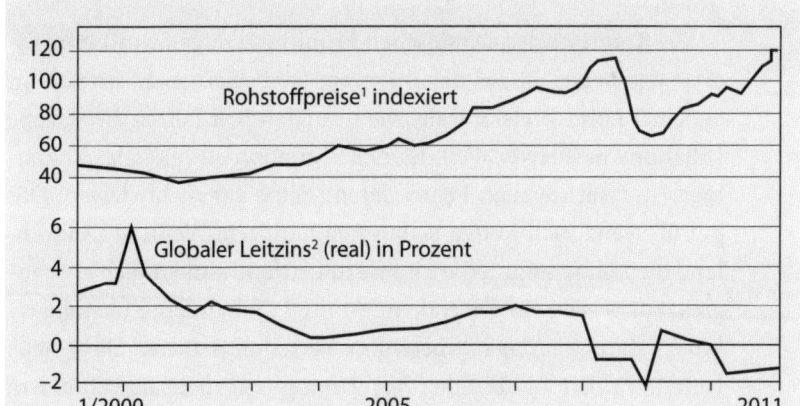

1 HWWI-Index ohne Energie, auf Dollar-Basis; Jahresmittelwert 2010 = 100;
2 Gewichteter durchschnittlicher Zeitzins der weltweiten Notenbanken abzüglich der globalen
   Inflationsraten
Quelle: HWWI, IWF, Morgan Stanley

seit Langem einem Aufwärtstrend folgen (siehe Abbildung 7, obere Kurve).

In Wahrheit sind die seit Jahren immer wieder zu beobachtenden Preissprünge ein Symptom für tiefer gehende Verspannungen. Die Weltwirtschaft wächst schneller als die Produktionsmöglichkeiten bei den natürlichen Ressourcen. Die Menschheit stößt an Kapazitätsgrenzen – vor allem, weil die Notenbanken seit Jahren einen viel zu expansiven Kurs steuern. Die Leitzinsen sind im globalen Durchschnitt immer weiter gesunken; real sind sie inzwischen sogar negativ. Die Folgen dieser Geldschwemme sind wenig überraschend: Inflation – zuerst bei Aktien, Anleihen und Immobilien, dann bei Rohstoffen, inzwischen auch bei verarbeiteten Nahrungsmitteln, was in ärmeren Ländern für Not und Unmut sorgt, künftig vermutlich auch bei Industrieprodukten und Dienstleistungen. Die Aufstände in Tunesien, Ägypten, Jordanien und anderswo, die 2011 den »Arabischen Frühling« einleiteten und bei denen mancherorts Demonstranten mit Baguettes in der Hand auf die Straße zogen, lassen sich als Verteilungskämpfe interpretieren, wie sie in Phasen der Inflation typischerweise auftreten.

Die Konflikte des »Arabischen Frühlings« zeigen eine herbe Facette des neuen Bildes der Inflation: Sie basiert nicht unbedingt auf einer Lohn-Preis-Spirale, wie sie in den 70er Jahren die »Große Inflation« befeuerte. Weil die neue Inflation ein globales Phänomen ist, trifft sie auch Leute, deren Löhne gar nicht steigen. Das gilt übrigens auch in den etablierten Ländern: Wenn in Deutschland die Löhne stagnieren und sie in Lettland sinken, sich aber zugleich die Preise für Öl, Nahrungsmittel und andere Rohstoffe erhöhen, dann hat das schmerzhafte Verteilungseffekte. Diese neue Inflation führt zu absoluter Verarmung und nicht nur zu einem phasenweisen Zurückbleiben des Einkommens, wie das bei der Lohn-Preis-Spirale der 70er und 80er Jahre der Fall war.

Gibt es irgendeine Chance, aus diesem Teufelskreis auszubrechen? Solange die Schuldenlasten nicht leichter geworden sind, wird es kaum Spielraum für eine straffere Geldpolitik geben. Ein beliebtes Argument lautet: Solange Banken ihre Bilanzen schrumpfen müssen wegen der strikteren Kapitalanforderungen (siehe Kapitel 6), gebe es gar keine »Transmission« von billigem Zentralbankgeld in billige Kredite der Geschäftsbanken; und ohne Ausweitung der Kreditvergabe könne ein inflationärer Prozess gar nicht in Gang kommen. Deflation sei deshalb wahrscheinlicher als Inflation. Mich überzeugt das nicht. Denn die Notenbanken stemmen sich ja mit aller Macht gegen diese deflationären Tendenzen. Politisch sind höhere Inflationsraten übrigens durchaus reizvoll: Vielen Regierungen und Finanzaufsehern dürfte es ganz recht sein, wenn sich dadurch die Chance eröffnet, die Schulden schneller abzubauen.

Aber Inflation als Weg zur Entschuldung ist extrem risikoreich. Es kann nämlich in einem solchen Szenario zu einem völligen Vertrauensverlust kommen, bei dem am Ende die Notenbank – ja, der Staat insgesamt – auf verlorenem Posten steht. Nehmen wir an, eine große Notenbank kaufe immer mehr Staatsanleihen auf, weite ihre Bilanz aus und helfe damit dem Staat, sich leichter finanzieren zu können. Plötzlich kommt es zu einer inflationären Dynamik; die Gründe dafür können vielfältig sein: eine plötzliche Belebung der Auslandsnachfrage, nach oben springende Rohstoffpreise, was auch immer. Dann kann es zu einer plötzlichen Flucht aus Staatsanleihen kommen, die plötzlich nicht mehr als halbwegs sichere Geldanlage gelten und denen das Vertrauen entzogen wird. Kommt eine solche Entwicklung erst einmal ins Rollen, dürfte sie eine dramatische Eigendynamik gewinnen: Investoren fliehen aus Anleihen, die Notenbank ist gezwungen, eine noch größere Finanzlücke zu füllen. Zunächst dosierte Markteingriffe würden eskalieren – die Zutaten für einen Hyperinflationsschock wären beisammen.

Lässt sich der Ausbruch der Inflation noch aufhalten? Vor einiger Zeit stellte ich Paul Volcker, dem legendäre Chairman der Federal Reserve, diese Frage bei einem Mittagessen im kleinen Kreis in Berlin. Volcker ist ein bulliger Mann, selbstsicher, kahlköpfig, fast zwei Meter groß – auch mit über achtzig noch immer eine beeindruckende Persönlichkeit. Er überlegte einen Moment. Nun, brummte er in tiefem Bass, rein technisch sollte das kein Problem darstellen. »Die Leute bei der Fed sind ja nicht dumm.« Aber wie stark wird der Druck aus der Politik sein? Ja, das sei die letztlich entscheidende Frage. Was Druck aus der Politik und aus der Öffentlichkeit bedeutet, das hatte Volcker in seiner Amtszeit selbst erlebt. Als er 1979 an die Spitze der Fed rückte, lag die Preissteigerung in Amerika bei 11 Prozent. Die »Große Inflation«, die nach dem Ölschock von 1973 in Gang gekommen war, steuerte ihrem Höhepunkt entgegen. Mit harter Hand und extrem hohen Zinsen – bis zu 19 Prozent – führte Volcker Amerika Anfang der 80er Jahre zurück zur Preisstabilität. Keine leichte Mission: Die Arbeitslosenzahlen stiegen, Politiker und Gewerkschafter waren auf den Barrikaden – wer die Inflation eindämmen will, macht sich keine Freunde. Aber Volcker hielt Kurs. Seine Unnachgiebigkeit hat ihn in der internationalen Geldszene zu einer geradezu mythischen Figur gemacht, die bis heute verehrt wird.

Seine Nachfolger haben es noch viel schwerer: Sie sitzen auf der größten Geldbombe der Geschichte.

6

»Im Trüben lässt sich's leichter fischen«
Die Rolle der Banker

In früheren Zeiten arbeiteten Bankmanager nach der »3–6–3-Regel«. Die besagte: Leih dir das Geld morgens zu 3 Prozent, verleih es mittags zu 6 Prozent, und sieh zu, dass du nachmittags um 3 Uhr auf dem Golfplatz bist.[62] Es war eine ruhige, vergleichsweise sichere Welt, in der sie sich bewegten. Sie hatte wenig gemein mit dem hektischen Geschäft, das betrieben wird von all den flinken, smarten Jungs, die heute die Londoner City, die Wall Street und die Innenstädte von Frankfurt oder Zürich prägen. Damals agierten Banker eher wie Beamte – sie sagten Ja oder Nein zu den Antragstellern, den Kreditkunden. Und im Zweifel sagten sie eher Nein, denn die Kreditvergabe wurde am kurzen Zügel geführt. Sie bauten keine komplexen Finanzprodukte. Sie wollten keine Weltmärkte erobern. Sie versuchten sich nicht zu jenen *Masters of the Universe* aufzuschwingen, von denen Tom Wolfe in seinem Roman *Fegefeuer der Eitelkeiten* schrieb.

Der britische Ökonom Charles Goodhart[63] hat daran erinnert, dass das britische Finanzwesen bis in die 70er Jahre eine ziemlich geschlossene Gesellschaft war. Den Banken waren enge Grenzen gesetzt: Die Aufseher kontrollierten die Institute strikt. Viele Geschäfte waren per se verboten, die Spielräume für die Kreditvergabe begrenzt; sogar Kreditvolumina und Zinssätze wurden vorgeschrieben. Der Zugang zu den internationalen Kapitalmärkten war beschränkt. Die Finanzwelt war höchst restriktiv reguliert. Eine der Lektionen, die aus dem Finanzkollaps der Jahre 1929 bis

---

62 Goodhart (2010)
63 Goodhart (2010)

1933 gelernt worden sei, so Goodhart, lautete, dass zu viel Wettbewerb im Finanzsystem schlecht sei, weil dadurch die Stabilität unterminiert werde: Konkurrenz drücke die Renditen und verleite die Banken bloß dazu, immer risikoreichere Geschäfte zu machen und Kapitalpolster abzuschmelzen. Auch »Finanzinnovationen« brauchte man in einem restriktiven System ohne Margendruck nicht.

Diese kleine, beschränkte Welt funktionierte gar nicht so übel: Über Jahrzehnte gab es trotz raschen Wachstums in den OECD-Ländern praktisch keine Bankenkrisen. Und zwar nicht, weil die Finanzaufsicht so genial gewesen wäre, sondern weil das System einfach inhärent stabil war. »Es war sicher, aber langweilig«, so Goodhart. Entsprechend war das Leben der Banker nicht sonderlich stressig; es herrschte eine behagliche Gemütlichkeit. Man verdiente keine Reichtümer, aber man ließ es sich gut gehen: »Die Mittagessen waren lang und alkoholreich«, erzählt Goodhart, und um drei Uhr fand man sich ja, wie gesagt, auch schon wieder auf dem Golfplatz ein.

Lang, lang ist's her. Ab den 70er Jahren versuchten sich die Banken und die Regierungen von den Fesseln einer allzu restriktiven Geldwirtschaft zu befreien. Es war ein rasanter Aufstieg – vom Bankwesen zum *Banking*.

In Großbritannien, wo die Bilanzsumme des gesamten Bankensektors über ein Jahrhundert lang stets bei rund der Hälfte des Bruttoinlandsprodukts gelegen hatte, stieg das Gewicht des Finanzsektors bereits seit den 70er Jahren merklich an;[64] damals wurden die Devisenmärkte freigegeben, nachdem das System fester Wechselkurse von Bretton Woods gescheitert war. Es entstanden Geldmärkte – ein Großhandel für Geld, bei dem die Banken gerade nicht benötigte Liquidität tauschten. Statt ihre flüssigen Mittel aus den Einlagen ihrer Kunden zu generieren, liehen sich Banken nun auf den Geldmärkten untereinander Geld, um sich billiger mit Liquidität versorgen zu können. Das

---

64 Bini Smaghi (2010)

taten sie auch. Und um die Kosten zu drücken, verschuldeten sie sich immer kurzfristiger. Das schien kein Problem darzustellen, denn der Geldmarkt schien quasi unbegrenzt und jederzeit flüssig zu sein (ein Glaubenssatz, der 2007 widerlegt wurde, als die Geldmärkte im Zuge der Subprime-Krise plötzlich austrockneten).

Ein Urknall und seine Folgen

Dann kam im Jahr 1986 der *big bang*: die plötzliche Liberalisierung des Finanzplatzes London. Und andere Länder folgten. Die alten Regeln wurden abgeschafft. Plötzlich gab es viel Geld zu verdienen, sehr viel Geld. Neue Finanzkonstruktionen wurden entwickelt, ein ganzes Panoptikum neuer Spieler wie Hedgefonds und Private-Equity-Gesellschaften drängte auf das neue, immer größere Spielfeld. Die Finanzmärkte wurden nach und nach international geöffnet. Was folgte, war ein stürmisches Wachstum der Geldbranche: Ab 1990 explodierte die Bilanzsumme der britischen Kreditinstitute geradezu, im Jahr 2000 erreichte sie den Wert von 300 Prozent des BIP, bis zum Höhepunkt des Booms im Jahr 2007 gar unfassbare 550 Prozent des BIP – das 10-Fache jenes Mittelwerts, der ein Jahrhundert lang als Norm gegolten hatte (siehe Abbildung 8).

Anderswo verlief die Entwicklung ähnlich. In den USA stieg der Anteil des Finanzsektors an der gesamten Wertschöpfung von 2 Prozent Ende der 40er Jahre auf 4 Prozent um 1980 und auf 8 Prozent Ende der 2000er Jahre. In der EU insgesamt erreichte der Finanzsektor immerhin 6 Prozent der Wertschöpfung (siehe Abbildung 9).[65] Das Geschäft der Banken wurde immer internationaler, gerade in Europa. Deutsche, britische und französische Institute vergaben Ende der 2000er Jahre gut ein Drittel ihrer Kredite im jeweiligen Ausland.[66]

---

65 Bank für Internationalen Zahlungsausgleich (2010)
66 Bank für Internationalen Zahlungsausgleich (2010) S. 77 f.

Abb. 8: Jenseits von Maß und Mitte: Bilanzsumme des britischen Bankensektors in Prozent des BIP

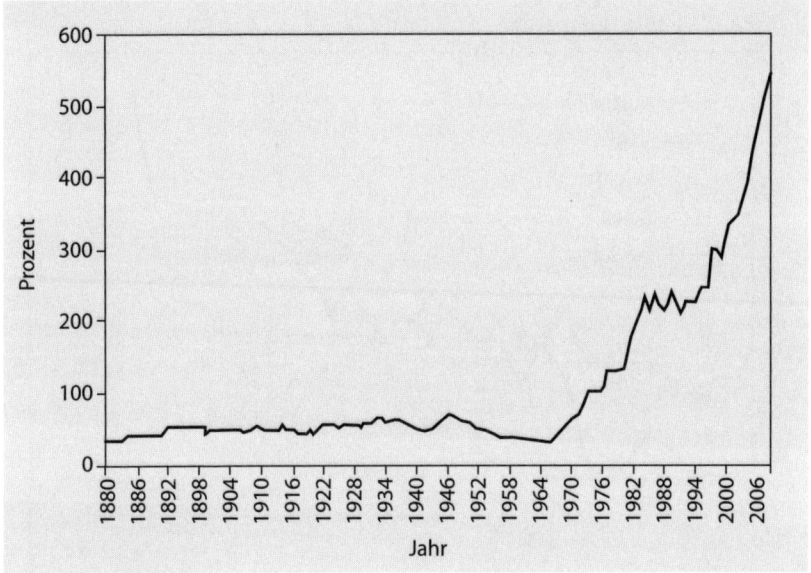

Quelle: Bini Smaghi (2010)

Einstmals große Banken wurden nun sehr groß: Ende 2007 überstiegen die Verbindlichkeiten von Barclays das britische BIP, die Deutsche Bank kam auf 80 Prozent des deutschen BIP, Fortis hatte Schulden, die um ein Vielfaches größer waren als Belgiens Wirtschaftsleistung.[67] Eine Menge Banken sind auf derart gigantische Dimensionen gewachsen, dass ihr Scheitern nicht nur ein Systemversagen bedeutet hätte (»*too big to fail*«), sondern dass sie von einem Staat allein kaum hätten gerettet werden können (»*too big to save*«).

Ganze Volkswirtschaften wurden immer finanzlastiger. Ein immer größerer Teil der gesamtwirtschaftlichen Gehaltssumme floss in den Geldsektor. Und während die Zahl der Beschäftigten bei Banken und Versicherungen stagnierte und in einigen Ländern sogar schrumpfte, konzentrierten sich die Einkommen auf immer weni-

---

67 Bini Smaghi 2010

Abb. 9: Siegeszug des Banking: Wertschöpfung des Bankensektors in Prozent der gesamten Wertschöpfung

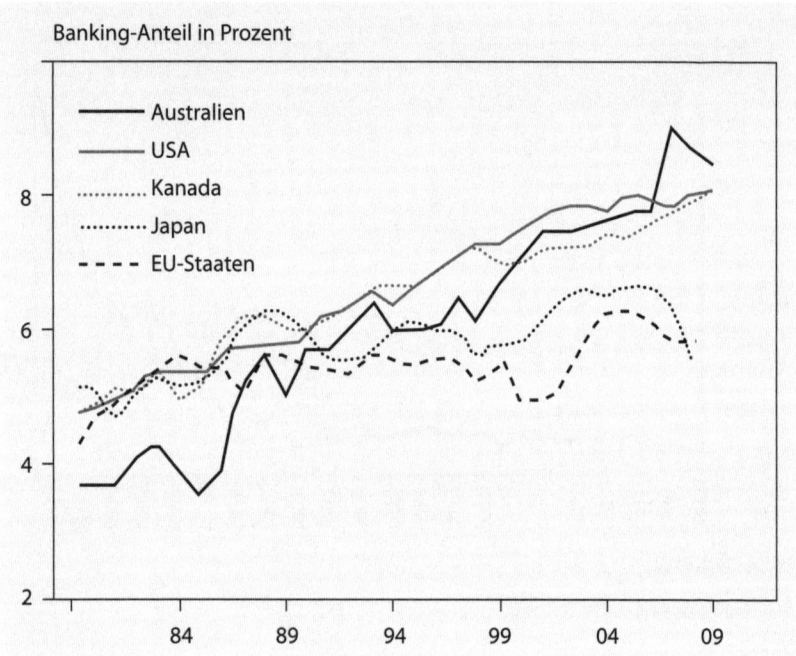

Quelle: Bank für Internationalen Zahlungsausgleich (2011)

ger Köpfe. Lag 1980 in den USA der Anteil des Finanzsektors bei 4 Prozent der gesamten Lohnsumme, waren es Ende der 2000er Jahre bei konstanter Beschäftigung 8 Prozent. Die Gehaltsunterschiede zur übrigen Wirtschaft wurden immer größer: In den 2000er Jahren lagen die Gehälter im Finanzgewerbe im Schnitt um 40 Prozent über denen anderer Branchen. Doch es waren nicht die normalen Banker und Versicherungsleute, die diese Extragelder einstrichen, sondern die Beschäftigten bei Investmentbanken, Hedgefonds und anderen »non-traditional« Finanzaktivitäten.[68] Ähnlich hohe Gehaltsaufschläge waren zuvor nur einmal gezahlt worden: kurz vor dem großen Crash von 1929. Ganz offensichtlich gehen hohe Gehälter mit steigender Risikoneigung der Gehaltsbezieher einher.

---

68 Bini Smaghi (2010)

Parallel zum Wachstum wurde der Finanzsektor immer profitabler. Nicht nur in absoluten Größen, sondern auch relativ zum eingesetzten Kapital: Seit den frühen 90er Jahren machten die US-Banken in Relation zum Eigenkapital (*return on equity*) einen Gewinn (nach Steuern) von 14 Prozent; in den 80er Jahren lag diese Kennzahl im Schnitt noch bei 9 Prozent. In der EU war die Entwicklung noch deutlicher: Anfang der 90er Jahre lag die Eigenkapitalrendite bei gerade mal 7 Prozent, während des Kreditbooms der 2000er Jahre schnellte sie auf 19 Prozent empor.[69] Es war die Zeit, als der damalige Chef der Deutschen Bank Josef Ackermann das Ziel ausgab, sein Institut solle 25 Prozent Eigenkapitalrendite einfahren, so wie die bestverdienenden Konkurrenten. An den Aktienmärkten spielten Finanzkonzerne dementsprechend eine immer wichtigere Rolle; in Deutschland und Großbritannien machten sie in den 2000er Jahren rund ein Viertel der gesamten Börsenkapitalisierung aus, in den USA rund ein Fünftel.[70]

Es war wie im Märchen, was da im Finanzsektor vor sich ging. Das Resultat war ein fabelhafter Boom – der bekanntlich im Desaster endete.

Ohne eifrige Mitwirkung der Banker und Schattenbanker, die immer neue Möglichkeiten erfanden, um noch mehr Kredite vergeben zu können, wäre die Schuldenkrise epochalen Ausmaßes nicht möglich gewesen. Denn es waren ja zunächst die privaten Schulden von Bürgern und Unternehmen, die über alle vernünftigen Größenordnungen hinaus wuchsen und von denen die Welt nun nicht mehr herunterkommt (siehe Kapitel 2). Doch gerade auch die Finanzsektoren selbst haben sich in einer Größenordnung verschuldet, die sie zum letalen Risiko für ihre jeweiligen Länder werden lassen (siehe Abbildung 10). Wenn die Schulden des irischen oder des britischen Finanzsektors das Fünf- beziehungsweise Siebenfache des jeweiligen Sozialprodukts ausmachen, dann ist das eine groteske Schieflage.

Wie konnte es eigentlich so weit kommen?

69 Bini Smaghi (2010)
70 Bank für Internationalen Zahlungsausgleich (2010)

Abb. 10: Tiefrote Zahlen: Verbindlichkeiten der Finanzsektoren in Prozent des BIP

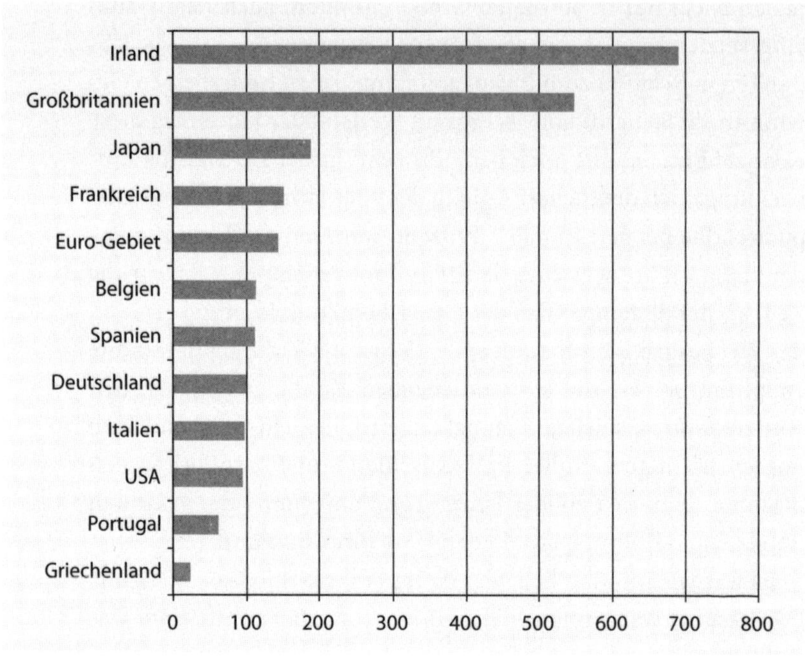

Quelle: IWF (2011a)

Wie man aus nichts Geld macht

Die Website vox.eu hat eine spannende Debatte angestoßen: »Why
do we need a financial sector?« fragten Ende 2011 die Macher dieser
Seite, auf der Ökonomen und Politologen aktuelle Fragen diskutie-
ren. Warum brauchen wir eigentlich einen Finanzsektor? Zweierlei
ist daran interessant: Erstens, dass auf einer seriösen, quasi-wissen-
schaftlichen Website überhaupt eine so radikale Frage gestellt wird –
was darauf hinweist, wie tief das Ansehen des Finanzsektors auch in
akademischen Kreisen gesunken ist. Und zweitens, dass nicht von
Banken die Rede ist, sondern vom Finanzsektor – was zeigt, dass die
traditionellen Kreditinstitute inzwischen nur noch ein Teil der gesamten Geldbranche sind und die Schattenbanken (Hedgefonds, Private-Equity-Gesellschaften et cetera) umso wichtiger geworden sind.

Ich muss zugeben, dass ich bis zum Ausbruch der Finanzkrise ziemlich unbedarft war, was das Treiben im Finanzsektor anging. Aber diese Naivität war weit verbreitet: Nicht mal die Finanzaufsicht und die Notenbanken hatten bis Mitte der 2000er Jahre erkannt, was sich da zusammengebraut hatte. Anne Krueger, von 2001 bis 2006 Chefvolkswirtin des Internationalen Währungsfonds, beharrte ihren jüngeren, empirisch ausgerichteten Kollegen gegenüber gern darauf, es finde sich doch alles längst in der wissenschaftlichen Literatur: *It's all in the literature*. Es sei doch alles bekannt. Logisch, wenn man an ökonomische »Gesetze« mit Ewigkeitsanspruch glaubt. Zum Beispiel an das Dogma, wonach all die »Innovationen« im Finanzsektor die Wirtschaft insgesamt effizienter machen und den Wohlstand erhöhen.

Mehr ist besser. Das war die verbreitete Doktrin der vergangenen Jahrzehnte. Mehr Geld, mehr Kredit, mehr Banken, größere Finanzmärkte, höhere Gewinne der Finanzindustrie. Mehr Geld würde auf geradezu magische Weise der realen Wirtschaft dienen, es würde die Lebensstandards und das Wachstum befördern und die Welt insgesamt zu einem besseren, lebenswerteren Ort machen. Also ließen die Regierungen das Geld von der Kette.

Vieles fand im Verborgenen statt. Viele Geschäfte wurden und werden bis heute nicht registriert. Wie groß die Hedgefonds sind und welche Geschäfte sie machen, was genau die strukturierten Hypothekenpapiere (*Mortgage Backed Securities*) beinhalten, wer eigentlich die *Credit Default Swaps* hält und welche Ausfallrisiken sie versichern, welche Risiken die Banken ausgelagert hatten in Schatten-Geisterfonds (*Special Investment Vehicles*) – all das war den Aufsichtsbehörden, die die Finanzmärkte kontrollieren sollten, weitgehend unbekannt. Und manches ist es bis heute.

Dass es in den USA einen »Subprime«-Markt gab, der Menschen den Kauf von Häusern erlaubt hatte, die nie zuvor welche besessen hatten und ihrer schmalen Einkommen wegen auch nie hätten besitzen dürfen, wurde mir erst im Frühjahr 2007 klar, als ein amerikanischer Bankökonom darüber bei einer Konferenz referierte. Kaum jemand im Publikum hatte zuvor davon gehört, auch die

Bankenaufseher nicht. Kein Wunder, es waren keine Daten erhoben worden. Aber plötzlich, wie aus dem Nichts, war da dieser neue Viele-Hundert-Milliarden-Dollar-Markt Wirklichkeit, der darniederlag und von dem nun ein weltweites Beben ausging.

Wie groß die Risiken sind, die Investmentbanken eingehen, davon erhielt ich eine Ahnung, als ich Anfang 2008 bei einem Hintergrundgespräch mit einem Topinvestmentbanker saß, der immer wieder sagte: »Ich fürchte, wir könnten als Nächste dran sein; es kann sich jederzeit zeigen, dass auch wir die falsche Wette eingehen und dann der ganze Laden zusammenbricht.« Eine große, alte Bank, die so hoch wettet, dass sie dabei in die ewigen Jagdgründe des Kapitalismus eingehen kann? Heute wundert das niemanden mehr. Aber damals war ich schockiert.

Der monetäre Overkill – diese Entwicklung nahm ihren Ausgangspunkt in der langen Niedrigzinsphase. »Wir sind doch alle nur Pantoffeltierchen, die auf der Nährlösung gedeihen, die uns die Liquidität der Notenbanken zur Verfügung stellt«, sagte mir der Chef einer großen deutschen Fondsgesellschaft Anfang der 2000er Jahre. So begann die große Bonanza – mit dem ungläubigen Staunen der Geldprofis, welche fantastischen Möglichkeiten ihnen die Notenbanken und die lässigen, vertrauensseligen Regulierer da einräumten. Rasch wich das anfängliche Erstaunen einer großen Portion skrupelloser Gier aufseiten der Finanzprofis selbst.

Erprobte Prinzipien wurden aufgeweicht, damit die Banken ein immer größeres Rad drehen konnten – bis zum Achsbruch. Es fing schon mit der Frage an, zu welchem Wert eine Forderung in der Bankbilanz auftauchen sollte. Früher galt, nach dem deutschen Handelsgesetzbuch, das »Niederstwertprinzip«: Ein Gegenstand oder ein Wertpapier durfte höchstens mit dem Preis in der Bilanz auftauchen, zu dem es angeschafft war. Fiel sein Wert unter diesen Betrag, musste abgeschrieben werden; stieg sein Wert über die Anschaffungskosten, durfte der höhere Betrag nicht in die Bilanz übernommen werden. Es galt das Prinzip der vorsichtigen Rechnungslegung. Lieber bildete man versteckte Werte (»stille

Reserven«) und vermied eine übermäßige Ausschüttung an die Aktionäre, als die Vermögenslage übertrieben positiv darzustellen. Banken ebenso wie andere Unternehmen bildeten dicke Sicherheitspolster, die von außen kaum zu sehen waren – die Unternehmen waren also viel mehr wert, als ihre Bilanzen auswiesen. All das änderte sich mit den neuen Regeln des *Fair Value Accounting*, die aus den USA herüberschwappten. Das heißt: Bewertet wird zum Zeitwert. Steigt der Wert eines Papiers oder eines Gutes über den Anschaffungspreis hinaus, findet eine *Zuschreibung* statt – der höhere Marktwert wird in der Gewinn-und-Verlust-Rechnung ausgewiesen. Der erhöhte Gewinn steht entsprechend zur Ausschüttung an die Aktionäre zur Verfügung – oder in Form von Boni an das Management.

Das *Fair Value Accounting* entwickelte sich zum Treibstoff einer gigantischen Gewinnmaschine für die Banken, jedenfalls, solange es aufwärts ging an den Immobilienmärkten. Das Spiel ging so: Die Häuserpreise stiegen, die Banken bewerteten höher, der Wert ihrer Sicherheiten stieg, dadurch konnten sie mehr ausleihen, dadurch wurde die Nachfrage nach Häusern weiter angekurbelt, dadurch stiegen die Immobilienpreise, dadurch stiegen die Bewertungen ... Es war wie bei einem Kettenbrief: Solange es nach oben geht, werden einige auf wundersame Weise reich. Doch irgendwann bricht die ganze Konstruktion zusammen – dann heißt *Fair Value* prompte Abschreibung auf den nun niedrigeren Zeitwert. Bereis Ende des 19. Jahrhunderts hatte es Crashs gegeben, die von der Zeitwertbewertung mitverursacht worden waren. Aber daran erinnerte sich Anfang des dritten Jahrtausends kaum noch jemand. Und falls doch, dann wurden solche Hinweise nicht ernst genommen und in den Wind geschlagen.

Zusätzlichen Antrieb erhielt die Geldmaschine vom sogenannten *Originate-and-distribute*-Modell: Immobilienfinanzierer, die Kredite vergaben (*originate*), behielten sie nicht in der Bilanz, sondern reichten sie sofort an die Investmentbanken weiter, die sie zu Paketen schnürten, weiterverkauften und so die Ausfallrisiken der Kredite international verteilten (*distribute*). Dieses Geschäftsmodell führt zu perversen Anreizen: Weil der primäre Kreditgeber das Kreditrisiko nicht in seinen Büchern behält, ist er nicht unbedingt daran interessiert, sich intensiver mit der Qualität des Schuldners zu befassen. Nur deshalb konnte der »Subprime«-Markt überhaupt entstehen: In den USA wurden Hypotheken ohne Prüfung der Bonität vergeben – verantwortungsvolles Geschäftsgebaren sieht anders aus. Die *Mortgage Backed Securities* – hypothekenbesicherte Wertpapiere – wurden dann, versehen mit einem AAA-Rating, international weiterverkauft. Gern an deutsche Institute mit notorisch schwachen Margen und geringer Expertise im Verbriefungsgeschäft wie die Landesbanken oder die IKB, die dann auf den Verbindlichkeiten sitzen blieben und vom Steuerzahler gerettet wurden. Die Folge war der größte globale Immobilienboom aller Zeiten, bei dem sich viele Banker ihre Bilanzen vergoldeten. Bis Ende der 80er Jahre hatte es diesen Verbriefungsmarkt überhaupt noch nicht gegeben – 20 Jahre später hatte er ein Volumen von unglaublichen 700 Milliarden Dollar erreicht.[71]

Als auch dieses Geschäft allmählich ausgeschöpft war, begannen die großen Banken immer mehr Wertpapiere auf eigene Rechnung zu handeln und dabei immer größere Risiken einzugehen. Selbst die einstmals so konservative Deutsche Bank sei doch letztlich nichts anderes als ein großer Hedgefonds, schrieb die Zeitschrift *The Economist*. Darin unterschied sie sich nicht wesentlich von anderen Großbanken. Sie alle arbeiteten mit immer längeren Hebeln. Das heißt: Sie nutzten ihr Eigenkapital als Sicherheit für immer größere Geschäfte. Im Jahr 2011 betrug in den etablierten Volkswirtschaften die *Leverage Ratio* – das Verhältnis der Forderungen der Banken zu ihrem Eigenkapital – zwischen dem 12- und dem 32-Fachen, so der IWF. Sie konnten somit ihre Forderungen nur zwischen 3 und 8 Prozent durch ihr Eigenkapital decken. Entsprechend anfällig sind sie, wenn Forderungen ausfallen. Am konservativsten gerierten sich in dieser Hinsicht übrigens die US-

---

71 Bini Smaghi (2010)

Banken – am risikofreudigsten die deutschen, französischen und belgischen Institute.[72]

Die Nutznießer der Banking-Booms

Wer hat eigentlich etwas von solchen finanziellen Drahtseilakten? Vor allem die Top-Beschäftigten der Institute selbst. Ihre Aktionäre hingegen profitieren, langfristig gesehen, nicht groß von den hohen Renditen. Zu diesem Urteil kommt die Bank für Internationalen Zahlungsausgleich. Deren Experten haben untersucht, wie sich die Kurse von Finanzaktien in Relation zu den Aktien anderer Branchen entwickelt haben. Ergebnis: Wenn die Märkte unter Stress standen, entwickelten sich Finanzaktien noch schlechter als andere. Bei haussierenden Märkten waren Bankaktien zwar höher bewertet als der Rest des Markts. Doch diese Gewinne seien nicht hoch genug gewesen, um die Anleger für ihre Verluste während der Baissen zu entschädigen.[73] Das risikoreiche Geschäftsmodell der hochgradig gehebelten Bank sei letztlich für die Aktionäre kein gutes Geschäft.

Auch die Volkswirtschaften insgesamt hätten in guten Zeiten reichlich wenig vom stark wachsenden Finanzsektor profitiert, meint Andrew Haldane, Executive Director für Finanzstabilität bei der Bank of England. Wenn ein Sektor nur deswegen immer produktiver zu werden scheine, weil er immer größere Risiken eingehe, dann sei das nichts anderes als eine statistische Täuschung. Und kein echter Wohlstandszuwachs. Sein Fazit: Das angebliche »Produktivitätswunder« im Banking der vergangenen Jahrzehnte habe so nicht stattgefunden. Vielmehr habe es eine kollektive »Risikoillusion« gegeben: »Die jüngere Geschichte des Banking« sei mindestens zum Teil ein »Trugbild« gewesen.[74]

---

72 Internationaler Währungsfonds (2011a)
73 Bank für Internationalen Zahlungsausgleich (2010)
74 Haldane (2010)

Die Finanzindustrie trieb die Welt in eine immer höhere Verschuldung – schließlich wurden sogar armen Leuten, von denen einige nicht mal ein Bankkonto besaßen, Hypotheken aufgeschwatzt. Dann wurden die Risiken immer weiter verteilt, bis am Ende niemand mehr wusste, wer eigentlich auf welchen Forderungen saß. Aber immerhin: Das waren noch Deals, die auf realen Geschäften beruhten – Geschäfte, die auf einer wirklich existenten Forderung fußten. Als auch dieser Markt ausgereizt war, ersannen Banker Instrumente, die mit der Wirklichkeit nur noch am Rande zu tun hatten und die zudem auch noch praktisch unbegrenzt ausgeweitet werden konnten: Kreditausfallversicherungen (*Credit Default Swaps*). Das sind Instrumente, die sich zwar auf eine tatsächliche Forderung beziehen, etwa eine Staatsanleihe, doch diese Forderung braucht man nicht zu besitzen, um ein CDS-Papier besitzen zu können. Der CDS-Besitzer kann also auf den Ausfall einer Forderung wetten, ohne mit dieser Forderung irgendetwas zu tun zu haben. Mit anderen Worten: Eine Bank, die dieses Gut nicht hat und auch gar nicht haben will, verkauft eine Versicherung an jemanden, der es ebenfalls nicht hat und auch nicht haben will. Es gehört schon viel Fantasie dazu, um in einem solchen Geschäft – außer für die unmittelbar Beteiligten natürlich – einen wohlstandssteigernden Effekt zu sehen. Denn während der CDS-Emittent und der CDS-Käufer eine wechselseitige Wette eingehen, beeinflusst der Handel mit den CDS wiederum die Preise der zugrunde liegenden Produkte: Steigen die Preise für Kreditausfallversicherungen, sinken die Kurse der entsprechenden Anleihen, weil deren Besitzer sich auch nur noch zu höheren Kosten gegen einen Ausfall absichern können. Damit alles schön intransparent bleibt, werden diese Papiere gern »über die Theke« (*over the counter*) zwischen emittierender Bank und ihrem Käufer, zum Beispiel einem Hedgefonds, gehandelt, nicht als standardisierte Produkte an Börsen. Ein transparenter Markt sieht anders aus. »Im Trüben lässt sich's leichter fischen«, sagte mir ein Berliner Insider. Anfang der 2000er Jahre gab es praktisch keine CDS – binnen weniger Jahre erreichten sie ein Volumen von mehr als 60 Billionen Dollar.[75] Niemand weiß genau, wer wie viele und wie ausgestaltete CDS auf welche Forderung hält. Die Aufseher haben nur eine eher vage Ahnung. Dabei gibt es ein massives öffentliches Interesse an diesen Informationen: Wird ein CDS fällig, weil die dahinterstehende Forderung ausfällt – zum Beispiel im Fall einer Staatspleite –, dann tauchen womöglich Verwerfungen irgendwo im System auf, an nicht vorher absehbaren Stellen. Die Unsicherheit über die Größe und Struktur des CDS-Marktes spielte beispielsweise eine Rolle, als es um einen Schuldenschnitt für Griechenland ging. Weil niemand wusste, wo überall Ausfallversicherungen auf griechische Anleihen hochpoppen und womöglich eine Kaskade von Finanzpleiten hervorrufen würden, zögerte die Politik lange, den Banken einen Beitrag bei der Hellas-Sanierung abzufordern.

Zocken mit Vollkasko-Versicherung

Früher waren Banken Institute, die die Einlagen der Sparer nahmen und gegen einen Aufschlag weiterverliehen. Banken hatte eine dienende Funktion: Sie ermöglichten den Unternehmen, dem Staat und den Bürgern, zukünftige Einkommensströme in die Gegenwart vorzuziehen. Ihre Dienstleistung bestand in der »Fristentransformation«: Kurzfristige Einlagen der Sparer wurden in langfristige Kredite umgewandelt. Deshalb ist Banking ein strukturell risikoreiches Geschäft: Ein Institut finanziert langfristige Forderungen (die Kredite, die es vergibt) mit kurzfristig fälligen Verbindlichkeiten (den Guthaben, die auf seinen Konten lagern). Wenn die Sparer ihre Gelder abräumen, weil sie befürchten, die Bank gehe pleite, dann geht die Bank tatsächlich pleite. Nach dem Motto »Den Letzten beißen die Hunde« kommt es zu einem *bank run*, einem Ansturm auf die Bank. Die Kunden stehen Schlange, um ihre Guthaben abzuräumen. Und zwar in bar, denn Bargeld wird von der staatlichen

---

75 Bini Smaghi 2010

Notenbank garantiert. Inzwischen finden *bank runs* nur noch selten statt. Der Sturm auf den Immobilienfinanzierer Northern Rock war der erste seit mehr als 100 Jahren in Großbritannien. Er markierte im September 2007 den sichtbaren Beginn der ansonsten gespenstisch unsichtbaren Finanzkrise.

Dass es inzwischen so selten zu *bank runs* kommt, liegt auch an den vielen kollektiven Garantien, die es inzwischen für den Finanzsektor gibt. Zuerst wurden Einlagensicherungsfonds geschaffen, eine Art Versicherung auf Gegenseitigkeit, in die alle Banken verpflichtet wurden einzuzahlen. Doch deren Volumina reichen beim besten Willen nicht mehr aus – die Banken und die Finanzsektoren insgesamt sind inzwischen schlicht zu groß geworden. In der Finanzkrise von 2008/2009 garantierten die Staatshaushalte die Existenz ganzer Banken, nicht nur die Sicherung der Einlagen. Die Aktionäre erlitten einen Vermögensverlust, nicht aber die Besitzer ihrer Schuldverschreibungen. Und auch viele Banker selbst wurden gerettet; sie behielten ihre Jobs und genehmigten sich ab 2010 wieder stolze Boni. Die Notenbanken helfen, wo sie nur können: Sie haben den Geldmarkt – den Markt, auf dem sich die Banken kurzfristig gegenseitig Geld leihen – ersetzt, indem nun der Staat unbegrenzt die kurzfristige Cash-Zufuhr zu Niedrigstzinsen sicherstellt.

Sicher, es gibt Banken, sogar ganze Bankensektoren einzelner Euro-Staaten, die zeitweise völlig vom Geldmarkt abgeschnitten sind. So wie Ende 2011, als Geld aus Italien und Spanien abgezogen wurde, weil die Angst vor dem Zerbrechen der Euro-Zone zu groß wurde. Man kann das als stillen *bank run* bezeichnen, weil die fraglichen Institute kein Geld mehr von anderen Banken bekommen, die wiederum ihre Assets abziehen. Doch die Notenbanken gleichen solche Engpässe mit flüssigen Mitteln aus.

Weil jetzt die Gemeinschaft der Steuerzahler für die Banken haftet, hat sich das Wesen des Banking fundamental verändert. Früher war es ein Geschäft, das auf Vertrauen fußte; weil die Banker wussten, dass ihnen jederzeit das Vertrauen entzogen werden konnte, mussten sie sich extrem seriös geben und auch so handeln. In einer Welt jedoch, in der die Banken so vielfältig und undurch-

schaubar verwoben sind, gilt praktisch jedes Institut als systemrelevant. Selbst die IKB, jene mittelgroße Düsseldorfer Bank, die als
eines der ersten Institute im Sommer 2007 in den Strudel der Subprime-Krise geraten war, wurde vom deutschen Staat gerettet. Die
IKB-Manager, des margenschwachen Geschäfts mit dem deutschen Mittelstand überdrüssig, hatten in großem Stil verbriefte
Forderungen auf amerikanische Schrottimmobilien (*Mortgage
Backed Securities*) gekauft. Doch im Zweifel, sagte der damalige
Finanzminister Peer Steinbrück, müsse man eben ein Institut retten – auch wenn es schwerfiel. Wie gesagt: Praktisch jede Bank gilt
jetzt als systemrelevant.

Die US-Regierung hingegen statuierte dann ein gutes Jahr später
ein Exempel und schickte Lehman Brothers in die Pleite. Mit bekannt desaströsen Folgen: Die Administration hatte unterschätzt,
wie verflochten diese gar nicht mal so große Investmentbank mit
dem Rest der Welt war. Nach den Erfahrungen des Lehmanbank-
rotts haben die Regierungen der großen Staaten deutlich gemacht,
dass sie keine Bank mehr pleitegehen lassen wollen. Banken arbeiten heute mit einer quasi-expliziten Staatsgarantie.

Genau genommen besteht das staatliche Beistandsversprechen
für den Finanzsektor insgesamt schon seit 1998. Damals war der
Hedgefonds LTCM in Schieflage gekommen. Fed-Chef Alan
Greenspan schloss daraufhin mit den großen Wall-Street-Ban-
ken, die den Fondsmanagern Geld geliehen hatten, ein Stillhal-
teabkommen. Zugleich flutete die Fed die Märkte mit Geld, um
alle Unsicherheiten wegzuspülen. Der *Greenspan put* wurde fester Bestandteil des großen Geld-Spiels: Wann immer die Märkte
sich verzockt hatten, konnten sie darauf vertrauen, dass ihnen
die Fed – und dann auch andere Notenbanken – zu Hilfe eilen
würden. Diese Kombination aus eher laxer Regulierung durch
die Aufseher und freigebiger Geldpolitik der Zentralbanken gilt
mittlerweile als gescheitert, weil sie das risikoreiche Verhalten
der Banken geradezu subventionierte. Wenn die Banken nicht
selbst für die Risiken, die sie eingehen, haften müssen, dann
haben Zockertum und Gier alle Möglichkeiten, sich auszuleben.

Nun müssen sie sich drakonische Regulierungen gefallen lassen. Allerdings dauert es erstaunlich lange, bis die strikteren Regeln eingeführt werden. Die Lobbyisten der Finanzbranche sind da wohl hochgradig aktiv. Vor allem aber weicht das Geschäft zunehmend auf den nach wie vor unregulierten Sektor der Schattenbanken aus, die von den Banken die risikoreicheren Teile des Geschäfts übernehmen – und sie dort, in der unregulierten Sphäre der Finanzwelt, weiterführen.[76]

Auch dafür gibt es historische Vorbilder: Nach dem großen Crash von 1929 dauerte es Jahre, bis die Regierungen die Finanzsektoren an die Kette legten, damit sich eine Geldkatastrophe solchen Ausmaßes nicht so schnell wiederholen würde. Doch die heutige Schuldenkrise ist, egal, welchen Maßstab man anlegt, schlimmer als die damalige: Die Verschuldungsgrade, die sie hinterlassen hat, sind höher; die Finanzsektoren sind noch größer; und die globale Dimension der Krise übersteigt das damals Denkbare.

In den 30er Jahren reagierten die Regierungen, indem sie die Finanzmärkte abschotteten, den internationalen Kapitalverkehr einschränkten, Universalbanken verboten (in den USA und in Großbritannien). Ganze Bankenmärkte wurden verstaatlicht (in Frankreich). Diese Regulierungen wurden teils erst in den 90er Jahren wieder aufgehoben.. Die 30er Jahre machen deutlich, welche regulatorische Eigendynamik eine tiefe Krise entfalten kann. Auch diesmal gilt als sicher, dass das Spielfeld für die Geldinstitute enger wird. Weil sie künftig weniger Risiken eingehen dürfen, werden ihre Ertragsaussichten empfindlich schrumpfen.

Paul Volcker, der legendäre Chairman der Fed, von dem schon im vorigen Kapitel die Rede war, sieht die ganze Regulierungsdebatte jedenfalls ziemlich gelassen. Schön, dass die Banken in den vergangenen Jahren »viel Geld verdient und Spaß gehabt« hätten, sagte er. Aber ihr Spiel sei leider zu gefährlich, als dass man es ihnen noch in bisherigem Umfang erlauben könne.

---

76 Bank für Internationalen Zahlungsausgleich (2012), S. 67 f., sowie Katzensteiner/Papendick (2011)

Auf der Suche nach der optimalen Bank

Ganz offensichtlich ist der Finanzsektor, wie er in den vergangenen Jahrzehnten entstanden ist, viel zu groß. Darüber herrscht Konsens. Im Prinzip jedenfalls. Viele sind allerdings der Meinung, ein Finanzsektor von den Dimensionen der 50er und 60er Jahre wäre viel zu klein. Auch der eingangs zitierte Charles Goodhart warnt davor, die restriktive alte Zeit zu verklären: »Die nostalgische heutige Sicht auf die kontrollierten Bedingungen der Nachkriegsära ist fehl am Platz.«[77] Womöglich gibt es eine optimale Größe der Finanzbranche, die irgendwo dazwischen liegt. Darüber wird seit einigen Jahren eine lebhafte akademische Debatte geführt: Welche Aktivitäten braucht man? Auf welche kann man verzichten?

Ganz generell gesprochen, sollte ein Finanzsektor so groß sein, dass seine langfristigen Vorzüge die langfristigen Kosten eines möglichen Zusammenbruchs übersteigen. Was also sind die Vorteile eines großen Finanzsektors?

Die wichtigste Funktion von Banken, Börsen und Fonds ist es, Unternehmen zu finanzieren. Und zwar insbesondere junge Firmen, die großes Potenzial haben. Innovative Entrepreneure mit großartigen Ideen, aber wenig Geld brauchen eine Außenfinanzierung, gerade in der Anschubphase. Dadurch entsteht neues Wissen, das eine Volkswirtschaft insgesamt auf höhere Wohlstandsniveaus heben kann. So dachte sich das schon der große Ökonom Joseph Alois Schumpeter, der nicht müde wurde, das Hohelied auf den heroischen Unternehmer zu singen, dem auch Banken und Börsen zuvorderst dienen sollten – und nicht etwa den Aktionären oder den Managern von Banken, Konzernen und Fonds. Für eine solide Ausstattung der Realwirtschaft mit Investitionskapital zu sorgen ist demnach die wichtigste Aufgabe des Finanzsektors.[78] Wenn dadurch das Produktionspotenzial steigt, zeitigt das wohlstandssteigernde Effekte, die letztlich der Allgemeinheit zugute kommen.

77 Goodhart (2010), S. 3
78 Bickenbach et al. (2009)

Lorenzo Bini Smaghi, bis Ende 2011 Direktoriumsmitglied der EZB, inzwischen Professor in Harvard, spricht denn auch mit spürbarer Bewunderung von all den »innovativen Konzerngiganten«, die in den USA in den vergangenen Jahrzehnten entstanden sind: Microsoft, Cisco, Google und wie sie alle heißen. Dass von den 500 größten Unternehmen der Welt 26 US-Konzerne seien, die nach 1975 gegründet wurden, aber nur drei europäische, hat ihn tief beeindruckt.[79] Die Basis für diese amerikanische Dynamik liefert eine lebendige Risikokapital-Szene in den USA.

Dass der Finanzsektor vor allem den innovativen Unternehmen dienen soll, meint auch der US-Ökonom Thomas Philippon.[80] Seiner Analyse zufolge hängt die optimale Größe des Finanzsektors vor allem davon ab, wie viele erfolgversprechende Firmen es in einer bestimmten Phase gerade in der Realwirtschaft gibt. In Zeiten technologischer Durchbrüche, die ja typischerweise in Wellen auftreten, sei die optimale Größe des Finanzsektors größer als in Phasen mit schwächerer Innovationsdynamik. Der Forscher hat dafür einen *efficiency index* konstruiert, mit dem sich zwei bemerkenswerte Aussagen treffen lassen: In den 30er Jahren – den Jahren der Großen Depression – ging der Index stark zurück, entsprechend fiel die Nachfrage nach Unternehmensfinanzierung, woraufhin die relative Größe des Finanzsektors schrumpfte. In den 90er Jahren – der New-Economy-Ära – stieg der Index wieder stark an, entsprechend wuchs auch der Finanzsektor und seine Bedeutung. Und auch das zeigt Philippons Modell: In den 2000er Jahren wuchs der Finanzsektor weit über den Bedarf des Unternehmenssektors hinaus. Eine letztlich sinnlose, ja gefährliche Überdehnung.

Ein zu großer Finanzsektor richtet mehr Schaden an, als er nützt. Warum? Weil er mit seinem übermäßigen Angebot an Kredit die Wirtschaftsstrukturen verzerrt. Die Investitionsströme werden zu unproduktiven Aktivitäten hin umgeleitet, etwa in den Bau von Häusern, für die es gar keine Bewohner gibt. Aus gesamt-

---

79 Bini Smaghi (2010)
80 Philippon (2008)

wirtschaftlicher Sicht sind Investitionen sinnvoll, wenn sie zusätzliche Kapazitäten schaffen – Maschinen, Anlagen, Wissen, Patente, neue Verfahren, geistiges Eigentum. Genau davon entstand aber in den Jahren, als sich die große Kreditblase aufpumpte, zu wenig. Weil Investitionen in Zeiten der *bubble economy* den Finanzmanagern entweder zu lange dauerten oder zu risikoreich erschienen, steckten sie lieber Geld in bereits bestehende Vermögensgüter: Auf einem blühenden Markt für M&A (*Mergers & Acquisitions*) handelten sie lieber mit existierenden Firmen und Konzernteilen, als aussichtsreiche Gründer zu finanzieren. Dadurch werden aber, volkswirtschaftlich gesehen, keine zusätzlichen Kapazitäten geschaffen. Es ist ein bloßer Tausch von Beständen, die lediglich neu sortiert werden – und deren Preise dabei in die Höhe gejazzt werden.

Geld floss auch in Rohstoffe, die einem schier unaufhaltsamen Preistrend zu folgen schienen. Zwischen Januar 2002 und Juli 2008 stieg der Ölpreis von 20 Dollar pro Fass auf 134 Dollar. Übrigens und nur am Rande: Edle Weine legten eine ähnliche Wertentwicklung hin – der Liv-ex Fine Wine Investable Index stieg im gleichen Zeitraum um 243 Prozent.[81]

Die Erfahrung des zurückliegenden Booms zeigt: Ein zu reichliches Kreditangebot schadet einer Gesellschaft, weil Mittel in kurzfristig spekulative Verwendungen (Rohstoffe, Immobilien, …) fließen, so dass nachhaltig wohlstandssteigernde Investitionen vernachlässigt werden. So betrachtet spricht vieles dafür, dass ein restriktiveres Kreditangebot der Wirtschaft eher nützt als ein zu reichliches.

Hinzu kommt ein weiterer Effekt: Ein hohe Gewinne versprechender, weil hoch riskanter Finanzsektor zieht junge, gut ausgebildete Menschen von anderen, produktiveren Tätigkeiten ab. Wenn Ingenieure, Mathematiker oder Physiker bei Investmentbanken anheuern, wenn die Besten und Klügsten gar nicht mehr selbst Dinge schaffen, sondern lieber im Geschäft der virtuellen

---

81 Cevik/Sedik (2011)

Geldvermehrung reich werden wollen, dann läuft etwas schief in einer Gesellschaft. Dann gibt es einen Fehler im Wertesystem. Dann werden die wichtigsten Ressourcen, über die eine Volkswirtschaft verfügt – die jungen Talente –, vergeudet, ja womöglich sogar destruktiv eingesetzt.

Zurück in die Zukunft!

Seit Ausbruch der Finanzkrise und dem Beginn eines *rollback* der Regulierung warnen Lobbyisten und viele Ökonomen unisono vor zu viel Regulierung. Das Finanzsystem müsse im Prinzip so bleiben, wie es ist. Allenfalls sollten die Banken verpflichtet werden, mehr Eigenkapital vorzuhalten. Bestimmte Geschäfte, insbesondere der Handel mit Papieren auf eigene Rechnung, sollten ihnen erschwert werden. Sie dürften – wenn es denn sein muss – etwas höher besteuert werden. Aber sonst? Business as usual.

Ich bin da anderer Meinung. Ich erwarte, dass der Finanzsektor deutlich schrumpfen wird. Ich halte das sogar für unausweichlich in den vor uns liegenden langen Jahren des Schuldenabbaus. Ich vermute übrigens auch, dass die Finanzmärkte nicht international offen bleiben werden. Kurz: Die Finanzwelt wird sich ein gutes Stück zurückentwickeln – zurück Richtung 60er Jahre.

Das Grundprinzip ist klar: Die Größe des Finanzsektors sollte sich an der Größe der volkswirtschaftlichen Ersparnisse und Investitionsmöglichkeiten orientieren. Denn das Kapitalangebot wird durch Banken und Börsen umgeleitet in Investitionen, also in eine Akkumulation von Kapital, die den Wachstumsprozess vorantreibt. Eine Nation mit hoher Ersparnis – also Einkommen, das nicht für private oder staatliche Konsumzwecke verwendet wird – und schwach entwickelten Kapitalmärkten muss demzufolge Kapital exportieren, weil es ihr nicht gelingt, die Einkommensüberschüsse komplett in produktive Verwendungen zu überführen. So war das im vergangenen Jahrzehnt in China und bei den Ölexporteuren. Hingegen können Nationen mit weit geringeren Sparquoten, wie die USA oder Spanien in den 2000er Jahren, durch hoch entwickelte Kapitalmärkte ausländische Überschussersparnis anziehen und dadurch die eigenen Investitions- oder Konsummöglichkeiten ausweiten.

Stellt man sich eine Volkswirtschaft in einer komfortablen Reisegeschwindigkeit vor – alle Größen wachsen mit der gleichen, langfristigen Rate, so dass keine Ungleichgewichte entstehen –, dann sollte die Menge an Kredit etwa so schnell wachsen wie die reale Wirtschaft. Deren langfristiges Wachstum wiederum wird maßgeblich bestimmt durch das Wachstum der Bevölkerung und deren Sparneigung, die wiederum die langfristigen Investitionsmöglichkeiten determiniert, und durch das Wissen, dass die Bevölkerung akkumuliert hat, was sich wiederum im Produktivitätswachstum niederschlägt. Abweichungen von diesem Gleichgewichtszustand sind nicht nur möglich, sie sind sogar die Regel. Eine Volkswirtschaft kann sich eine Zeit lang höher verschulden, etwa weil sie gegen einen Konjunktureinbruch Investitionsprogramme auflegt. Oder weil sie einen großen Zustrom an Zuwanderern erfährt (wie Australien heute). Oder die Vereinigung mit einem schwächer entwickelten Staat bewältigen muss (wie Deutschland in den 90er Jahren). Oder weil sie in neue Technologien investiert, die in der Zukunft hohe Erträge versprechen (wie die USA in den späten 90er Jahren). Aber diese Phasen steigender Verschuldung können nicht ewig andauern – *what goes up must come down.* Irgendwann müssen die Verbindlichkeiten zurückgezahlt werden. Dauert der kreditfinanzierte Boom zu lange, kommt es zum Absturz.

Wer also glaubt, es könne jetzt im Prinzip alles so weitergehen wie in den vergangenen Jahrzehnten, verkennt die Logik der Schulden. Angesichts der exorbitanten öffentlichen und privaten Verbindlichkeiten stehen wir am Beginn einer vermutlich Jahrzehnte dauernden Phase des Schuldenabtrags. Und das heißt nichts anderes, als dass wir für lange Zeit von dem eben skizzierten Gleichgewichtszustand entfernt sein werden. Kurz: Das Kreditwachstum muss geringer sein als das Wachstum der Einkommen, anders werden die Schulden nicht gesenkt werden können.

Auf welche Weise der Schuldenabbau auch immer vonstatten geht – durch Sparen, Steuererhöhungen, Schuldenschnitte oder Inflation –, weitere Schulden aufzutürmen ist für die absehbare Zukunft keine seriöse Option. Sicher, wir können versuchen, den Zeitpunkt des Deleveraging noch weiter hinauszuzögern, wie das in dem desaströsen Wer-spart-ist-der-Dumme-Szenario der Fall wäre, das ich am Ende von Kapitel 2 entworfen habe. Aber ein Kreditwachstum wie in der Vergangenheit wird es so schnell nicht mehr geben können. Übrigens wird es nach einem allgemeinen Bankrott oder einer Hyperinflation um einiges schwieriger, sich Geld zu leihen.

Ich will eine Vorhersage wagen: Regierungen und Notenbanken werden versuchen, die hohen Schulden zu managen, wie sie das in der Vergangenheit auch schon getan haben – durch »finanzielle Repression« (*financial repression*). Dabei handelt es sich um eine »mildere Form der Schuldenrestrukturierung«, wie Carmen Reinhart und Kenneth Rogoff feststellen.[82] Insbesondere geht es darum, heimische Institutionen zum Kauf von Staatsschulden zu zwingen; Pensionsfonds oder Versicherungsgesellschaften werden genötigt, unattraktiv niedrig rentierende Papiere aufzukaufen. Immer mit dem Ziel, die Zinsen niedrig zu halten und am besten sogar negative Realzinsen zu generieren: durch die Instrumentalisierung der Notenbank und durch die Festsetzung der Zinsen der Geschäftsbanken. Das heißt: Die Schuldenzinsen dürfen nicht viel höher liegen als die Inflationsrate, besser sogar niedriger. Somit bewirkt die finanzielle Repression bei den Eignern der Schulden schleichende Vermögensverluste – entweder relativ zu anderen Anlagemöglichkeiten oder sogar absolut durch erzwungene negative Realzinsen. Da dies eine Geldflucht ins Ausland zur Folge haben wird, werden die Regierungen versuchen, die grenzüberschreitenden Kapitalströme zu beschränken. Beispielsweise werden Versicherungsgesellschaften und Banken verpflichtet, vorzugsweise heimische Schulden, vor allem Staatsanleihen, zu halten. Andererseits wird

---

82 Reinhart/Rogoff (2011), Reinhart/Sbrancia (2011)

ihnen verboten, ausländische Aktiva zu kaufen. Denkbar ist auch die Nationalisierung von Pensionsfonds, wie das in Argentinien nach dem Staatsbankrott 2001 der Fall war. Gläubiger werden als Geiseln genommen, darauf läuft das Regime der finanziellen Repression hinaus. Sie dürfen mit ihrem Geld nicht nach Belieben ins Ausland ausweichen. »Die Begrenzung der Investitionsmöglichkeiten« habe schon von den 40ern bis in die 80er Jahre eine »schärfere Schuldenreduzierung« ermöglicht, als es andernfalls möglich gewesen wäre, schreiben Reinhart und Rogoff. Und es ist kaum vorstellbar, dass es diesmal anders kommen wird. Denn die Alternativen – Bankrott oder Hyperinflation – sind noch härter und vor allem in einer Welt permanenter Ansteckungsgefahren sehr risikoreich.

Wie also wird ein Finanzsystem aussehen, das dem Ziel der Schuldenreduzierung dient? Es wird niedrige Zinsen verlangen und gleichzeitig restriktiv bei der Kreditvergabe sein. Die Notenbanken werden die Zinsen möglichst niedrig halten und versuchen, das Kreditwachstum durch mengenmäßige Beschränkungen der Kreditvergabe im Zaum zu halten. Und sie werden zugleich durch zusätzliche Instrumente, die sie an die Hand bekommen werden, die Banken daran hindern, sich in neue Kreditvergabeorgien hineinzusteigern. Für diese Methoden gibt es jetzt schon einen neuen, schicken Namen – »*Macroprudential Regulation*« heißt diese Form der Regulierung, die erst im Entstehen begriffen ist und die Eigendynamik des Finanzsystems bremsen soll, indem sie in guten Zeiten die Banken anhält, Kapitalpuffer aufzubauen, die in schlechten Zeiten abgeschmolzen werden können[83] –, aber im Kern ähneln manche der neuen Instrumente der Regulierung in der strikten, alten Zeit.

Ausländische Geschäfte werden in Phasen der finanziellen Repression systematisch diskriminiert. Grenzüberschreitende Risi-

---

83 Überblicke über dieses Instrumentarium vgl. z. B. in: Deutsche Bundesbank (2011b) und Crowe et al. (2011). Zur Debatte, ob und mit welchen Instrumenten sich Notenbanken bei haussierenden Finanzmärkten »gegen den Wind lehnen« sollten, siehe White (2009).

ken dieser Größenordnung würden die Staaten künftig unterbinden, sagte mir der Londoner Finanzprofessor Avinash Persaud im Gespräch. »Solange die nationalen Steuerzahler für die Banken geradestehen, werden die Regulierer versuchen, internationale Geschäfte zurückzuschrauben.« Das sei zwar keine »gute, aber eine zwangsläufige Folge« der Krise, sagte Persaud. Die Institute dürften eben nicht »*too big to save*« werden – zu groß, als dass sie von ihrem Heimatstaat gerettet werden könnten. Die Banken der Zukunft dürften folglich mehr und mehr den deutschen Sparkassen und Volksbanken ähneln. Viele sehen die Zukunft im *utility banking*, einem System, das die Versorgung mit Geld- und Kreditgeschäften zum Grundbestandteil der Daseinsvorsorge erklärt, analog zu den Versorgungsunternehmen (*utilities*). Auch große Banken sind dabei, die ganz klassisch die Einlagen in Kredite transformieren, strikt reguliert und unter geringem Wettbewerbsdruck. Investmentbanking werde es nach wie vor geben. Aber es dürfte wieder zum Dienstleistungsgeschäft für große Unternehmen schrumpfen, wie es das früher schon einmal war. Denkbar ist eine faktische Wiedereinführung des Glass-Steagall-Acts von 1932/33, einem US-Gesetz, das Geschäftsbanken das risikoreiche Handelsgeschäft verbot und das endgültig erst 1999 aufgehoben wurde. Große Universalbanken wie die Citigroup oder J. P. Morgan Chase müssten dann ihr Investmentbanking aufgeben. Weil sie diese Entwicklung voraussehen, haben bereits viele frühere Starhändler der großen Banken ihre einstigen Arbeitgeber verlassen, um eigene Hedgefonds zu gründen. Dass eine derartige Umgehung von Regulierungen auch in Zukunft geduldet wird, darf bezweifelt werden.

Nach der Neuregulierung dürfte ein auf seine Basis zurückgestutzter Finanzsektor existieren. Eine überschaubare Geldwelt, nicht sexy, aber solider: Institute, die außer der Versorgung der Wirtschaft mit Geld und Kredit nicht viel zu melden haben; Investmenthäuser, die ihren Geschäften nur noch in engen Grenzen und unter der scharfen Aufsicht allmächtiger Kontrolleure nachgehen dürfen; Behörden, die miteinander darum wetteifern, wer die strengsten Regeln setzt.

Banker behaupten gern, striktere Kontrollen bei der Kreditvergabe seien mit einem hohen volkswirtschaftlichen Preis verbunden, weil Kredite dann teurer würden. Doch ist das so nicht haltbar. Eine Studie der Bank of England zeigt, dass in den USA und in Großbritannien das Wirtschaftswachstum in Phasen restriktiven Bankings »nicht erkennbar wesentlich schlechter« gewesen sei und dass auch die Kreditkosten »nicht erkennbar höher« gewesen seien; die Differenz zwischen den Leitzinsen und den Kreditzinsen sei über einen sehr langen Zeitraum praktisch immer gleich geblieben.[84] Die Experten plädieren deshalb dafür, dass Banken künftig noch viel mehr Kapital vorhalten müssen als bisher. In einer Untersuchung, die 200 Jahre umfasst, kommen sie zu dem Ergebnis, dass die »optimale Kapitalquote« zwischen 16 und 20 Prozent der risikogewichteten Forderungen liegen müsse. Das ist etwa doppelt so viel, wie die neuen Eigenkapitalregeln (»Basel III«) vorsehen.[85] Nur dann sei hinreichend sichergestellt, dass bei der nächsten großen Krise die Banken nicht wieder umfallen wie die Randfichten. Übrigens: Wenn die Institute mehr Eigenkapital statt Fremdkapital vorhalten müssen, bedeutet das auch, dass sie künftig mehr Steuern zahlen müssen (Schuldenzinsen sind von der Steuer absetzbar, Dividenden nicht). Aber das, schreiben die Autoren der Bank-of-England-Studie, sei ja auch gar nicht schlimm: Die zusätzlichen Steuereinnahmen seien schließlich für die Volkswirtschaft »nicht verloren« – die Regierung kann die »Extra-Einnahmen« gut gebrauchen, zum Beispiel, um Schulden zurückzuzahlen.

All das wird nicht von heute auf morgen so kommen. Und der Widerstand des Finanzsektors gegen diese drastische Schrumpfkur ist verständlicherweise groß. Doch je mehr die ganze Dimension der großen Krise seit 2007 ins Bewusstsein der Bevölkerung rückt, desto größer wird der politische Druck werden.

---

84 Miles et al. (2011)
85 Miles et al. (2011), S. 36. Für einen Überblick über die Basel-III-Regeln vgl. z. B. Walter (2011).

7

»Wir entwerten unsere Papierwährungen«
Das globale Geldchaos

Wie die Kulisse eines »Raumschiff Enterprise«-Films wirkt das Labyrinth aus langen Gängen. Man kann sich leicht darin verlaufen. Gleichförmige, kahle Wände, diffuses, kaltes Licht, bevölkert von Personen aller Hautfarben und Nationalitäten, die vor allem eines ausstrahlen: Nüchternheit. Es würde einen nicht weiter wundern, wenn gleich ein Mann mit spitzen Ohren um die Ecke käme und einem wünschte: »*Live long and prosper!*« Die Zentrale des Internationalen Währungsfonds (IWF) ist eine eigene Welt, etwas entrückt, strikt rational, erschaffen für Ökonomen. Rund tausend Volkswirte, die Hälfte der IWF-Beschäftigten, arbeiten in den beiden Gebäuden an Washingtons 19. Straße. Fonds-Ökonomen glauben daran, die Welt empirisch fassen zu können. Für sie zählen Zahlen und analytische Schärfe – insbesondere aber gehe es darum, dass der Fonds eine widerspruchsfreie ökonomische Weltsicht vertrete, erzählten mir Mitarbeiter hinter vorgehaltener Hand. Im Zweifel gehe Konsistenz vor Wahrheit.

Der IWF ist eine Wirtschaftspolitikmaschine, wie es keine zweite gibt auf der Welt. Nicht nur, was die Größe angeht – der Fonds hat 187 Mitgliedsstaaten. Auch, was die Größenordnung der Probleme angeht, die hier bearbeitet werden: Staatsfinanzen und Währungskrisen, Schuldenprobleme, Marktpanik und Strukturanpassungen. Der Fonds summt in einem permanenten Diskurs über Methoden und Theorien, über Instrumente, Zahlen und Programme. Die IWFler nähern sich diesen Problemen strikt behörden-rational: Sie schreiben Papers. Das ist ihre Arbeitsweise. Taucht ein Problem auf, werden Papiere verfasst und auf dem Weg durch die Hierarchiestufen glatt geschliffen, bis sie in der Führungsetage landen. Dass die Fonds-Ökonomen in der Vergangenheit in vielen Fällen danebenlagen – weder sagten sie die Asien-Krise in den 90er Jahren vorher, noch verordneten sie den betroffenen Ländern die adäquate Therapie, noch erkannten sie frühzeitig die derzeitige Krise –, ficht sie nicht an. Zu derlei Selbstreflexion fehlt ihnen wohl auch schlicht die Zeit: Zur Jahreswende 2011/12 war der IWF in 88 Ländern mit finanziellen Beistandsprogrammen aktiv – mit einem so großen Volumen wie nie zuvor –, und dabei sind die potenziellen neuen Kunden in Europa noch gar nicht berücksichtigt. Die wichtigen Entscheidungen, vor allem jene, bei denen es um Geld geht, fällt jedoch nicht die operative Führung um die Generaldirektorin Christine Lagarde, sondern die 24 Vertreter der Mitgliedsstaaten im Exekutivkomitee, darunter eine Amerikanerin, ein Kanadier, acht Europäer (auch ein Deutscher), ein Chinese, ein Russe, ein Inder, ein Brasilianer, auch sie überwiegend Volkswirte.

Im Herbst 2011 besuchte ich den IWF und führte eine Menge Interviews für einen Artikel im *manager magazin*.[86] Denn das ist offensichtlich: In der Schuldenkrise steigt die Bedeutung des Fonds als ordnende, globale Instanz abermals. Bei jedem Euro-Krisentreffen ist Lagarde dabei; die Mittel werden immer weiter aufgestockt. In Zeiten panischer Märkte kann der IWF offenbar gar nicht groß genug sein. Das war schon mal anders. Bis 2007 die Finanzkrise ausbrach, war gar nicht klar, ob der Fonds überhaupt noch gebraucht würde. Über Jahre hinweg gab es kaum noch Staaten, die seinen finanziellen Beistand nötig gehabt hätten. Der IWF war nahezu arbeitslos.

John Lipsky, bis November 2011 Lagardes Stellvertreter, erzählte mir, wie schräg er angeschaut worden sei, als er Anfang der 70er Jahre zum Fonds ging. Was willst du denn bei dieser sterbenden Institution?, hatten ihn seine Bekannten gefragt. Das Wechselkurs-

---

86 Müller (2011c)

system von Bretton Woods war gerade auseinandergebrochen, der IWF, 1945 gegründet, um dieses System zu managen, war eigentlich ohne Aufgabe. Doch dann kamen in den 70er Jahren die Ölkrise und die »Große Inflation» und die Zahlungsbilanzprobleme vieler Länder – und der Fonds war zurück im Geschäft. Lipsky verließ dann den IWF und machte Karriere als Investmentbanker. 2006 kehrte er zurück, dieses Mal als Vize von Dominique Strauss-Kahn. Am Schluss, als Strauss-Kahn wegen Vergewaltigungsvorwürfen in New York unter Hausarrest stand, stieg Lipsky sogar noch für einige Monate zum Acting Managing Director auf, bis die frühere französische Finanzministerin Lagarde zur Nachfolgerin gekürt wurde. Lipsky ist ein fast scheu wirkender, groß gewachsener Amerikaner mit buschigem Schnauzbart. Im Gespräch merkt man ihm den Stolz auf diese letzte, unverhoffte Beförderung an.

Wieder einmal stellte sich Mitte der 2000er die Frage, wozu der Fonds eigentlich da war. Sicher, er überprüfte regelmäßig die Wirtschaftspolitik der Mitgliedsstaaten. Aber der Rat der Washingtoner Experten galt nicht mehr viel. Sein finanzpolitischer Rigorismus, der insbesondere während der Asien-Krise viel Kritik provoziert hatte, schien aus der Zeit gefallen zu sein. Es war die Ära der *great moderation*, der großen Beruhigung der Weltwirtschaft. Private Gelder flossen reichlich und zuverlässig in fast alle Ecken der Welt. Die Schwellen- und Entwicklungsländer mochten sich diesem, so sahen sie den Fonds, Instrument des Westens nicht mehr unterwerfen. Liberale Ökonomen, zumal in den USA, hielten den Fonds für ein bürokratisches Monster, das in Zeiten der Globalisierung nicht mehr gebraucht würde. Und der Deutsche Horst Köhler wollte damals lieber (machtloser) deutscher Bundespräsident werden, als weiter dem (machtlosen) IWF vorzustehen. Das ist Geschichte. Die Krise und die damit einhergehenden Verschiebungen der globalen Gewichte – der Niedergang des Westens, der Aufstieg der Schwellenländer – haben den Fonds in die erste Reihe des globalen Krisenmanagements gerückt. Dass nun auch die Schwellenländer sich in den Fonds einreihen und ihn stützen, macht ein bisher ungeahntes Maß an globaler Zusammenarbeit möglich. Wer hätte noch 2008 gedacht, dass ärmere Nationen nun reicheren Nationen helfen – dass Chinesen, Russen oder Inder beitragen, die Euro-Länder zu stützen?

Aber auch so viel ist klar: Eine der fundamentalen Fehlentwicklungen, die in die Schuldenkrise geführt haben, ist bislang nicht korrigiert worden: Das globale Währungssystem braucht dringend eine ordnende Instanz. Und wer sonst sollte diese Aufgabe erledigen, wenn nicht der IWF? Doch der IWF kann, soll und will an den weitgehend unregulierten Zuständen nichts ändern. Seit 1973 das Wechselkurssystem von Bretton Woods – damals war der Dollar fest ans Gold gebunden, die übrigen Währungen wiederum waren mit festen, aber anpassungsfähigen Kursen an den US-Dollar gekoppelt – endgültig auseinandergebrochen war, beobachtet der IWF zwar die Wechselkurse und gibt gelegentlich Empfehlungen ab. Auch fehlt in keinem Communiqué der G7 und der G20 der Hinweis, man wolle sich »auf ein mehr marktbestimmtes Wechselkurssystem zubewegen und die Wechselkursflexibilität verbessern«.[87] Aber ein globales Währungsmanagement findet nicht statt.

Das ist schlecht. Denn ein Großteil des Welthandels wird heute zu manipulierten Wechselkursen abgewickelt: Nur etwa ein Drittel der Währungsparitäten bildet sich halbwegs frei an den Märkten (siehe Abbildung 11), und selbst diese Kurse werden inzwischen massiv durch den Aufkauf von Anleihen durch die Notenbanken (*quantitative easing*) beeinflusst.

Vom IWF hört man zu diesem globalen Währungsmonopoly eher verhaltene Töne. Doch es ist ein höchst gefährliches Spiel, das die Staaten der Welt da spielen.

Die Währungsmanipulation schafft vor allem vier globale Probleme:

- *Gigantische Ungleichgewichte:* Die Handels- und Kapitalströme rund um den Globus werden verzerrt. Dadurch ist die Schuldenkrise im Westen überhaupt erst in dieser Größenordnung

---

87 G20 (2010)

Abb.: 11: Gelder, die an der Kette liegen: Anzahl der Länder nach Wechselkursregime

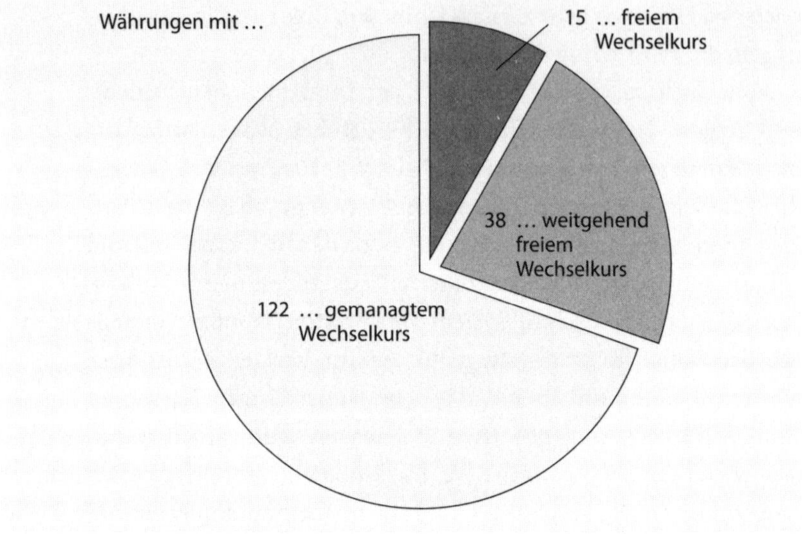

Quelle: Devisenmarktstatistik der Deutschen Bundesbank, Stand: Ende 2011

möglich geworden. Geht es weiter wie gehabt, taumelt die Welt wohl in noch größere Probleme.

- *Gefahr von Protektionismus:* Der Güteraustausch zu politisch beeinflussten Kursen verschafft einigen Ländern Vorteile, die anderswo als unfair betrachtet werden. Entsprechend werden Handelsbeschränkungen wie Zölle und Subventionen eingeführt. Diese Konflikte führen zu empfindlichen Wohlstandsverlusten.

- *Zu viel Geld:* Globale Überschussliquidität, die in der Krise immer noch weiterwächst, befeuert eine globale Preisdynamik. Weil jedes Land zuallererst seine eigenen Belange im Blick hat, werden weltweit Bubbles und Inflation genährt.

- *Weltwährung auf Abruf:* Nach wie vor ist der US-Dollar der monetäre Fluchtpunkt der Weltwirtschaft. Aber wie lange er diesen Status noch behält und welche Verwerfungen ein Ende des Dollar-Zeitalters mit sich bringen wird, das sind äußerst beunruhigende Fragen.

Aber eines nach dem anderen.

Überschuss-Liquidität, anders gesehen

In Kapitel 5 haben wir ausführlich die globale Überschussliquidität analysiert – all das Geld, das um die Welt rauscht und nicht für Transaktionszwecke (den Erwerb von Gütern und Dienstleistungen) gebraucht wird. Dort ging es um die Rolle der Geldpolitik prinzipiell. An dieser Stelle nun steht das Zusammenspiel der Währungsbehörden der Welt im Mittelpunkt: Die Überschussliquidität ist das Ergebnis eines unkoordinierten Vorgehens der Notenbanken der Welt. Jede von ihnen agiert unter reichlich unrealistischen rechtlichen und theoretischen Voraussetzungen: In den Gesetzen, die ihre juristische Basis bilden, heißt es, dass jede Notenbank zuallererst für ihr eigenes Währungsgebiet zuständig ist. Dahinter steht die theoretische Überlegung, dass eine Notenbank sich erstens vor allem um die Inflation kümmern sollte und alles andere weitgehend vernachlässigen kann und dass zweitens der Kurs jeder einzelnen Notenbank den Rest der Welt allenfalls marginal beeinflusst.

All das sind in einer Welt mit offenen Kapitalmärkten, integrierten Gütermärkten und einem geradezu beispiellosen Liquiditätsüberhang unrealistische Annahmen. In einer hochgradig interdependenten Welt gibt es mannigfache Wechselwirkungen in der Steuerung von Geld und Währung. Doch diese gegenseitigen Abhängigkeiten werden nicht gemanagt. Es gibt keine währungspolitische Koordination. Was nicht heißt, dass sich die Notenbanken gegenseitig ignorieren würden. Im Gegenteil, sie schauen sehr genau, was die anderen machen; Top-Notenbanker pflegen regelmäßige und intensive Kontakte, erst recht seit Ausbruch der Finanzkrise. Sie reagieren so schnell und empfindlich aufeinander, dass man globale Zyklen der Straffung und Lockerung der Geldpolitik erkennen kann: Sie verhalten sich ziemlich gleichförmig. Notenbanken reagieren auf internationale Preise, auf Kapitalzuströme, auf Wechselkursbewegungen. Selbst eine erzstabile Währung wie der Schweizer Franken wird seit 2011 durch Währungskäufe der Schweizerischen Nationalbank in ihrem Außenwert gedrückt – mit Rücksicht auf die eidgenössische Industrie, die den

Verlust von Wettbewerbsfähigkeit gegenüber den Konkurrenten im Euro-Gebiet fürchtet. Gemeinsam fluten sie die Welt mit Geld. Warum also gibt es keine Koordinierung? Warum gibt es keine Instanz, die die globale Liquidität zumindest ganz grob steuert, die auch die private Geldschöpfung des privaten Finanzsektors durch globale Regulierungen (»Macroprudential Regulation«) begrenzt?

Nach traditioneller Notenbanker-Denkweise ist der Stabilität am besten gedient, wenn sich jeder um seine Probleme zu Hause kümmert. *Stability begins at home* lautete ein alter Notenbanker-Spruch. Aber das ist heute eine Fiktion. In Zeiten offener Kapitalmärkte haben die Aktionen der großen Notenbanken enorme externe Effekte – die Liquidität schwappt über die Grenzen und sorgt anderswo für unerwünschte Begleiterscheinungen. Als die Bank of Japan in den 90er Jahren mit ihrer Nullzinspolitik begann, fand zwar die japanische Volkswirtschaft nicht aus ihrer Dauermalaise heraus. Dafür wurde aber ein großes Spielfeld aufgemacht für *carry trades*: Geld wurde zum Nullzins in Japan aufgenommen und dann anderswo angelegt oder zum schnellen Spekulieren benutzt. Inzwischen verfolgen auch die USA, Großbritannien und die Euro-Zone eine dauerhafte Niedrigzinspolitik – ein Festspielpanorama für *carry traders*.

In den 2000er Jahren wurde die globale Wirkung der extrem niedrigen US-Zinsen massiv verstärkt durch die Bindung asiatischer Länder wie China, die parallel zu Amerika ihre Zinsen senken mussten, um ein politisch unerwünschtes Erstarken ihrer Währungen zu verhindern. Alle standen gleichzeitig auf dem Gaspedal – kein Wunder, dass der globale Wirtschaftsmotor heiß lief.

Jede Notenbank für sich genommen hat gute Gründe, die marodierende Liquidität nicht einzufangen: Die EZB sorgt sich um die schwache Konjunktur und die finanzielle Stabilität der Euro-Südstaaten. Die amerikanische Federal Reserve ist per Gesetz verpflichtet, mit Niedrigzinsen gegen die Massenarbeitslosigkeit anzugehen. In Japan herrschte lange Deflation, weshalb die Tokioter Währungshüter seit Langem eine Nahe-Nullzins-Politik verfolgen.

China will gute Jobs für Hunderte Millionen Menschen schaffen und hat deshalb den Wechselkurs und die Zinsen zu lange niedrig gehalten. Doch die Notenbanken folgen darin einer Autonomiefiktion, die in einer Welt offener Kapitalmärkte nicht mehr einleuchtet. Ihr zufolge kann jede Geldbehörde für ihren Währungsraum das Geld effektiv managen. Weil sie davon ausgehen, dass ihr Kurs keine Auswirkungen auf andere Länder habe, blenden die Notenbanken die externen Effekte ihres Handelns aus. Dabei ist längst klar, dass die überschüssigen flüssigen Mittel von einem Land ins andere schwappen. Und manchmal auch wieder zurück. Das Problem: Nationale Alleingänge sind kaum möglich. Ein Land, das zu Hause die Stabilität sichern will, erntet leicht das Gegenteil: Die Türkei hat vor einiger Zeit die Zinsen gesenkt, um den Zufluss an kurzfristigen Geldern aus dem Ausland zu dämpfen – obwohl die Notenbank eigentlich den heimischen Boom bremsen wollte. Als wenig später das Kapital aus dem Land wieder abfloss, mussten sie den Zins massiv anheben, um einen Anstieg der Inflation zu verhindern. Geldpolitik pervers.

Ein möglicher Ausweg besteht darin, einen global koordinierten Ausstieg aus dem Maxi-Liquiditätsszenario hinzubekommen. Die G20-Länder müssten sich zusammenraufen, sie müssten übereinkommen, der Welt allmählich den Geldhahn abzudrehen. Um diesen gemeinsamen Exit zu managen, kann es sinnvoll sein, ein neues internationales Wechselkurssystem zu schaffen. Ich weiß, das ist für liberale Ökonomen Teufelszeug. Aber in einer integrierten Weltwirtschaft kann das Streben nach Stabilität zu Hause dazu führen, dass Instabilität in großem Stil exportiert wird. Die Institutionen müssen sich den neuen Realitäten anpassen: Wenn die Notenbanken künftig Wechselkursziele anpeilen, wären sie nebenbei auch gezwungen, ihre Politik stärker aufeinander abzustimmen. Das wäre das Ende der Autonomiefiktion: Die Geldpolitiker müssten externe Effekte ihres Handelns in ihr Kalkül einbeziehen.

Es ist nicht so, dass das Problem nicht erkannt wäre. 2011, als Frankreich den Vorsitz der G20 hatte, hatte sich der damalige Präsident Nicolas Sarkozy eigentlich vorgenommen, die Schaffung eines neuen Weltwährungssystems ganz oben auf die Agenda zu setzen. Das gefährliche Chaos im globalen monetären Gefüge sollte durch eine neue Ordnung ersetzt werden. Aber was genau er erreichen wollte, ob er dem US-Dollar als Weltwährung den Garaus machen wollte, ob er eine Schwächung des Euro anstrebte, ob er zu einem System fester Wechselkurse zurückkehren wollte, all das blieb offen. Die großen Ankündigungen gingen schließlich unter im Management der fortdauernden und sich zuspitzenden Euro-Krise.

Zur gleichen Zeit ließ Barack Obama, der amerikanische Präsident, politisch schwer angeschlagen nach der verlorenen Kongresswahl 2010, die US-Notenbank immer größere Dollar-Mengen in die Wirtschaft kippen. Gelder, die nicht in den USA blieben, sondern kaum kontrollierbar durch die ganze Welt schwappten. Wollten die USA den Dollar als Weltwährung ruinieren, weil sie glaubten, sich eine starke Währung nicht mehr leisten zu können? China, Brasilien, Japan und andere Länder kündigten Vergeltungsmaßnahmen an. Sie versuchten, ihre Märkte abzuschotten gegen die Dollar-Flut. Vor allem aber kauften sie direkt Dollar-Anleihen in großem Umfang vom Markt. Ihr Ziel: eine Aufwertung ihrer eigenen Währungen verhindern, um weiterhin durch Exportüberschüsse wachsen zu können.

Diese Problemlage überforderte die internationale Diplomatie heillos. Beim G20-Gipfel in Seoul Mitte November 2010 wurde denn auch deutlich, dass sich Amerikaner, Europäer, Chinesen und die übrigen Emissäre aus den großen Schwellenländern nicht mal in der Analyse einig waren, geschweige denn eine neue Währungsordnung aushandeln konnten. »Wir bestätigen die Wichtigkeit des Bekenntnisses der Zentralbanken zur Preisstabilität, wodurch sie zur Erholung und zu nachhaltigem Wachstum beitragen«, hieß es steif und formal im Communiqué von Seoul. In Wahrheit ging gar nichts voran: »Wie eine global tragfähige Lösung aussehen könnte, ist völlig unklar«, sagte mir damals ein deutscher Emissär. »Eigentlich müssten Schwellenländer wie

China ihre Währungen zügig aufwerten lassen, dazu sind sie aber nicht bereit.« Stattdessen folgten sie der US-Notenbank und pumpten ebenfalls gigantische Summen in den Markt. Aus *quantitative easing* wurde *competitive easing* – ein weltweiter Wettbewerb um die laxeste Geldpolitik. Europäische Notenbanker, mit denen ich in diesem Zusammenhang sprach, waren hochgradig alarmiert. Im vertraulichen Gespräch fielen deutliche Worte: Eine globale Geldblase werde da aufgepumpt – aus purer Verzweiflung über die miese Wirtschaftslage in den USA, ohne Rücksicht auf den Rest der Welt. Und ohne die längerfristigen Folgen im Blick zu haben: Das Risiko eines weltweiten Inflationsschubs werde immer größer, eine Entwicklung, von der sich letztlich kein Land vollständig abkoppeln könnte. Entschiedener formulierte es der Washingtoner Notenbank-Berater Anders Åslund: »Die westlichen Länder sind dabei, ihre Papierwährungen zu entwerten.« Der schwedische Ökonom in Diensten des Peterson Institute for International Economics wählte drastische Worte: »Verrückt« nannte er die globale Gelddruckmanie.

Doch seither hat sich die Lage weiter zugespitzt. Getrieben vom gigantischen staatlichen Refinanzierungsbedarf, der Angst vor Staatspleiten und nachhaltig hohen Arbeitslosenzahlen, hat sich das globale *Risiko*-Spiel auf eine neue Ebene verlagert.

Protektionismus – das Ende der Globalisierung?

Guido Mantega ist kein Freund von Zurückhaltung. Der bullige Finanzminister Brasiliens formuliert gern drastisch und ohne übermäßige diplomatische Finesse. Mantega wähnt die Welt in einem »Währungskrieg«, sieht sein Land unter Feuer und reagiert mit moralischer Empörung auf den monetären Kurs der etablierten Volkswirtschaften. »Der Dollar wird geschwächt, und weil er die wichtigste Weltwährung ist, werden damit Probleme für den Rest der Welt kreiert. Wir, die Brasilianer, sehen uns einer exzessiven Aufwertung gegenüber, die unsere Wettbewerbsfähigkeit zerstört.«

Man werde das nicht einfach so hinnehmen, sondern gegenhalten, sagte er im Sommer 2011.[88] »Der brasilianische Markt muss der brasilianischen Industrie nützen, nicht ausländischen Abenteurern«, tönte Mantega.[89]

Kurz darauf handelte die Regierung in Brasilia: Sie half heimischen Industrien im Ringen mit ausländischen Wettbewerbern. Es war womöglich der Auftakt zur nächsten Runde der globalen Krise – möglich, dass der Währungskrieg sich zum Handelskrieg ausweitet. Die ersten Anzeichen gibt es bereits. Brasilien hat zunächst die Hersteller von Kleidung, Schuhen, Möbeln und Software unterstützt; sie müssen seit Herbst 2011 keine Lohnsteuern (20 Prozent) mehr zahlen. Bis Ende 2012 will die Regierung prüfen, ob diese Maßnahme auf weitere Industrien ausgedehnt werden soll. Die Steuersubventionen für arbeitsintensive Branchen, die unter intensivem internationalem Wettbewerb stehen, sind Teil eines größeren Programms, das den Titel »Brasil Maior« trägt. Es beinhaltet Kredite von der Staatsbank, Hilfen bei Handelsstreitigkeiten mit Wettbewerbern in anderen Ländern; öffentliche Aufträge sollen bevorzugt lokalen Anbietern zugute kommen, dafür kann der Staat Preise zahlen, die um ein Viertel höher sind als marktüblich. Ach ja, die Partnerländer im Wirtschaftsverbund Mercosur will man überzeugen, saftige Außenzölle zu erheben; Argentiniens Regierung signalisiert sogleich Sympathie für die Idee. Neben den Handelsbeschränkungen bemüht sich Mantega auch noch darum, die Finanzmärkte von Währungswetten abzuschrecken, indem er eine Steuer auf Optionen einführte, die auf einen steigenden Real setzen. Der Steuersatz könne auf 25 Prozent steigen, ließ sein Ministerium wissen.

Brasiliens Präsidentin Dilma Rousseff sieht sich auf einem »Kreuzzug zur Verteidigung der brasilianischen Industrie«.[90] Das klingt für nordeuropäische Ohren reichlich martialisch, aber die Aufregung ist durchaus verständlich. Der Real, Brasiliens Wäh-

---

88 Vgl. Mantega (2011)
89 FAZ (2011)
90 FAZ (2011), Economist (2011)

rung, ist zwischen Anfang 2009 und Mitte 2011 um 45 Prozent (real, effektiv gegenüber anderen Währungen) teurer geworden. Dabei steuerte das Land einen wirtschaftspolitischen Kurs, der vorbildlich für andere Schwellenländer ist: Der Wechselkurs kann sich frei am Markt bilden, die Kapitalmärkte sind offen, Sozial- und Steuerpolitik sorgen für ein vergleichsweise sozial ausgewogenes Wachstum. Das Land entwickelte sich dynamisch, nicht nur wegen seines Rohstoffreichtums, sondern auch, weil mehr und mehr technologieintensive Branchen wie der Flugzeugbau gedeihen. Die globale Krise hat das Land zwar getroffen, der Wachstumspfad scheint sich jetzt um die 4 Prozent einzupendeln nach 7 Prozent in den Jahren vor der Krise. Es gibt Anzeichen der Überhitzung, die Inflation pendelt zwischen 5 und 7 Prozent, dagegen geht die Notenbank mit den höchsten Zinsen aller G20-Länder vor. Als Rousseff und Mantega ihren Kreuzzug starteten, lagen die Leitzinsen bei 12,5 Prozent.

Kurz: Brasilien hat sich ökonomisch mustergültig verhalten. Anders als China etwa, das viel ungleichgewichtiger wächst und von den USA seit Jahren scharf wegen seiner hohen Handelsüberschüsse kritisiert wird, hat Brasilien eine leicht defizitäre Leistungsbilanz. Und doch wird dieses Land, das sich seit der Emerging-Market-Krise der späten 90er Jahre so positiv entwickelt hat, bestraft – durch überschwappende Liquidität aus den reichen Ländern. Nebenbei sieht sich Brasilien auch noch genötigt, Dollar-Reserven in großem Stil aufzubauen. Fast zwangsweise wird Brasilien zum Gläubiger des bis über die Ohren verschuldeten amerikanischen Staates. Ehrlich gesagt, ich kann die Frustration der Brasilianer verstehen.

Frustration – das ist überhaupt einer der Schlüsselbegriffe der derzeitigen globalen wirtschaftspolitischen Verstrickungen. Die Amerikaner sind frustriert, dass die Chinesen ihre Währung nicht schneller aufwerten lassen – Peking, das gehört in der kruden amerikanischen Politdebatte inzwischen zur Folklore, sei mitverantwortlich für die nachhaltig hohe Arbeitslosigkeit in den USA. Die Chinesen wiederum frustriert, dass die Amerikaner die

Dollar-Menge brutal aufblähen – Washington, fürchtet man in Peking, wolle seine billionenschweren Verbindlichkeiten in aller Welt, zuvörderst bei China, weginflationieren. Der Rest der Welt ist frustriert, dass die Europäer ihre Schuldenkrise nicht in den Griff bekommen – aus Prinzipienreiterei und Egoismus, so der Vorwurf, exportiere die reiche alte Welt Unsicherheit rund um den Globus. Die Europäer schließlich sind frustriert voneinander.

Es ist dieser Geist der Frustration – über die Dauer der Krise, über die hohe Arbeitslosigkeit, über das egoistische Verhalten der jeweils anderen –, der die Lage fragil macht. In der ersten Phase nach dem Crash von 2008 haben sich die G20-Staaten verpflichtet, keine Handelsbeschränkungen einzuführen, und sich auch weitgehend daran gehalten. Doch Anzahl und Intensität der handelspolitischen Scharmützel nehmen zu – siehe Brasiliens Vergeltungsmaßnahmen gegen Amerikas superexpansive Geldpolitik. Die USA zetteln Handelskonflikte mit China an; 2011 belegten sie beispielsweise den Import chinesischer Autoreifen mit Schutzzöllen. Der Zusammenhang zwischen der hohen Arbeitslosigkeit im Westen und den Handelsstreitigkeiten mit der inzwischen größten Exportnation China ist eindeutig (siehe Abbildung 12). Es ist durchaus möglich, dass der monetäre Overkill in weitere Runden des Protektionismus führt.

Damit rückt das große Horrorszenario wieder ins kollektive Gedächtnis: der Handelskrieg der 30er Jahre, als die meisten Länder der Erde binnen weniger Jahre ihre Grenzen dichtmachten und der internationale Warenaustausch drastisch geschrumpft wurde.[91] Dass etwas Derartiges wieder passieren könnte, wird gern als Schwarzmalerei abgetan. Ich bin mir da nicht so sicher. Es gibt durchaus einige bedenkliche Parallelen.

Die Voraussetzung für den damaligen Zusammenbruch der internationalen Handelsbeziehungen war das Währungssystem des Goldstandards: Die Umtauschverhältnisse der nationalen Währungen waren damals fixiert durch die staatliche Garantie,

---

91 Kindleberger (1986), James (2001)

Abb.: 12: Krisen schüren Protektionismus: Arbeitslosenquoten und Handelsstreitigkeiten

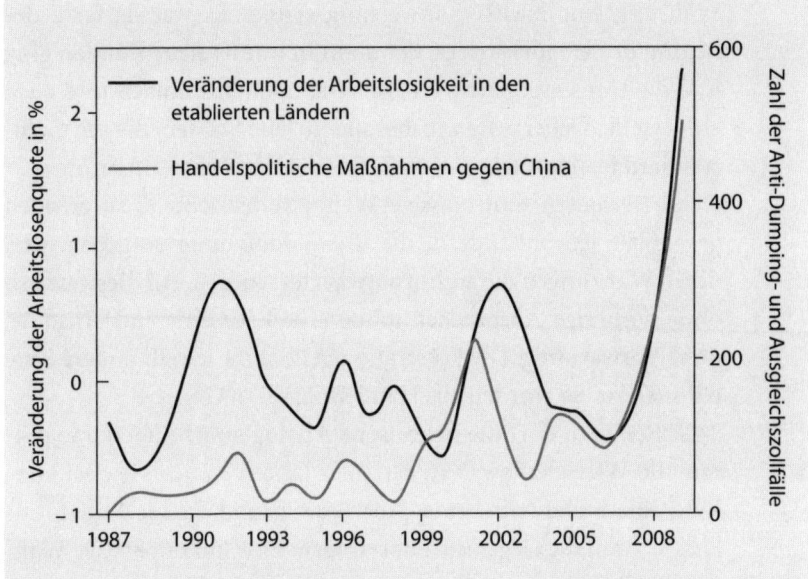

Quelle: Internationaler Währungsfonds (2011d)

Papiergeld zu einer festen Parität in Gold zu tauschen. Das System hatte seit den 1870er Jahren bis zum Ausbruch des Ersten Weltkriegs so gut funktioniert, dass nach dem Krieg in den 1920er Jahren viele Staaten dazu zurückkehrten; auch Deutschland führte 1924 die Goldkonvertibilität wieder ein, was die Hyperinflation beendete. Doch der Goldstandard war ein starres System, das den Staaten kaum geldpolitische Spielräume bot. Auch die Haushaltspolitik folgte damals der Orthodoxie, wonach das Staatsbudget immer ausgeglichen sein sollte, auch in einer Rezession; in Deutschland war tatsächlich kein Spielraum vorhanden, da die Reparationszahlungen an die einstigen Kriegsgegner an den Goldpreis gebunden waren. Kurz: Die Geld- und Finanzpolitik in den Goldstandard-Ländern war – oder fühlte sich – durch enge Restriktionen gebunden. Als die Krise sich 1931 verschlimmerte, führte Deutschland im Juli jenes Jahres eine Beschränkung des Kapitalverkehrs und der Handelsfinanzierung ein. Großbritan-

nien hingegen löste das Pfund von der Goldbindung, worauf seine
Währung eine massive Abwertung erfuhr. Es war de facto der
Beginn des Handelskriegs, der dann in immer neue Runden ging
und die transnationalen Wirtschaftsbeziehungen nach und nach
erdrosselte. Dabei waren insbesondere jene Staaten, die am Goldstandard festhielten, geneigt, Zölle und Ähnliches einzuführen.[92]
Denn sie hatten nun massive Wettbewerbsnachteile zu erleiden
gegenüber jenen Ländern, die die Goldbindung aufgaben, und
deren Währungen daraufhin abgewertet wurden. All dies geschah
ohne vorherige Absprachen, ohne eine koordinierende Instanz,
ohne Vorwarnung. Die Frustrationen über die jeweils andere Seite
nahmen zu. So wurden aus Handelspartnern Gegner.

Sicher, man darf die historische Analogie nicht überstrapazie-
ren; die Wirtschaftswelt in den 30er Jahren war in vielerlei Hinsicht eine andere als heute. Aber eine grundlegende Erkenntnis
lässt sich auf die Gegenwart übertragen: Eine unkooperative Währungspolitik kann in Zeiten hoher ökonomischer Anspannung
leicht zu einem Übergreifen der Krise auf die Handelspolitik führen. Dies umso mehr, wenn auch die staatlichen Budgets nicht flexibel reagieren können. In der ersten Phase der derzeitigen Krise,
ab Sommer 2007, sicherten vor allem die großen Notenbanken
das Funktionieren des Geldmarktes ab. In der zweiten Phase der
Krise, ab Herbst 2008, stiegen die Regierungen der G20-Staaten
massiv ein und einigten sich darauf, gemeinsam gegen die Krise
anzugehen – es war ein globales *Deficit-Spending*-Programm ohne
Beispiel. In der dritten Phase der Krise jedoch sind die meisten
westlichen Staaten so hoch verschuldet, dass sie nicht noch mehr
Geld ausgeben können, weil ihnen niemand mehr etwas leiht. Entsprechend stehen wiederum die Notenbanken im Zentrum des
Geschehens. Sie sind, so kann man es sehen, in einen Wettbewerb
um die lockerste Geldpolitik verstrickt, um ihrer jeweils heimischen Wirtschaft Vorteile zu verschaffen. Auch jetzt fehlt jedwede
koordinierende Instanz. Schwellenländer, wie Brasilien oder die

---

92 Eichengreen/Irwin (2009)

Türkei, die sich dagegen wehren wollen, ohne selbst ihre Wirtschaft durch Überhitzung zu ruinieren, müssen fast zwangsläufig auf handelsbeschränkende Maßnahmen zurückgreifen.

Globale Ungleichgewichte – ein Problem, das nicht verschwindet

Erinnern Sie sich daran, wie dieses Buch begann? Mit der Warnung des damaligen BIZ-Chefvolkswirts William White wegen des außenwirtschaftlichen Defizits der USA. 1998 hatte Amerika ein Leistungsbilanzdefizit von 2 Prozent seines Bruttoinlandsprodukts. Das galt damals als problematisch hoch. Whites Vermutung war, dass es auf die eine oder andere Art korrigiert werden müsste. Das war die Erfahrung jener Jahre: 2 Prozent Defizit waren ein Schwellenwert, ab dem es kritisch wurde. Zwar hatte Ronald Reagan Mitte der 80er Jahre bereits Leistungsbilanzdefizite von 3,5 Prozent gewagt. Aber das hatte weltweit spürbare Schockwellen verursacht, den Dollar auf Achterbahnfahrt geschickt und die damalige Schuldenkrise in den Entwicklungsländern durch hohe Zinsen verschärft.

Große Ungleichgewichte im Welthandel, das war die jahrzehntelange Erfahrung, bringen schwere Verspannungen mit sich. Doch dann schien plötzlich alles anders: In den 2000er Jahren stiegen die außenwirtschaftlichen Diskrepanzen auf bis dahin nicht gesehene Größenordnungen – sie verdoppelten sich etwa gegenüber den Jahren zuvor. 4 oder 5 Prozent Defizit waren nichts Besonderes mehr. Und insbesondere im größten Defizitland USA herrschte die weit verbreitete Überzeugung, dass Ungleichgewichte – hohe und bleibende Überschüsse in einigen Ländern, hohe und bleibende Defizite in anderen – kein Problem darstellten. Innerhalb Europas sah man das ähnlich. Die Deutschen, darin den Chinesen nicht unähnlich, waren stolz auf ihre nach der Jahrtausendwende rasch wachsenden Überschüsse. Das war der ökonomische Zeitgeist in den 2000er Jahren: Große Ungleichgewichte gehörten zur Globalisierung. Sie wurden gesehen als eine Abkürzung auf dem Weg zum allgemeinen Wohlstand.

Das ist natürlich Unsinn. Auch für außenwirtschaftliche Ungleichgewichte gilt: Was nicht nachhaltig ist, wird sich irgendwann zurückbilden. Und je länger der Aufbau der Ungleichgewichte andauert, desto heftiger wird die folgende Anpassung. Die große Schuldenkrise wäre ohne die großen Ungleichgewichte nicht möglich gewesen. Dass die Schuldenstände so gigantisch wurden, lag überhaupt nur an der Fehlsteuerung der weltweiten Handels- und Kapitalströme. Mitte der 2000er Jahre summierten sich die Ungleichgewichte zu rund 5 Prozent der weltweiten Wirtschaftsleistung, rund doppelt so viel wie zehn Jahre zuvor. Auch seit Ausbruch der großen Krise haben sie sich nur unzureichend zurückgebildet (siehe Abbildung 13). Und für die Zukunft sagt der Internationale Währungsfonds große Diskrepanzen vorher.[93]

Die übermäßigen Defizite und Überschüsse sind das Ergebnis des Zusammenspiels von offenen Güter- und Kapitalmärkten, liberalisierten Finanzmärkten und manipulierten Wechselkursen. Sie sind folglich das Ergebnis eines Versagens der Politik auf globaler Ebene – einer unzureichenden Koordinierung der Währungspolitik.

In einer idealen globalen Marktwirtschaft würde ein Defizitland eine Abwertung seiner Währung erleben; denn es nimmt im Ausland weniger ein, als es ans Ausland zahlt. Konkreter: Seine Einnahmen aus Exporten und ausländischen Kapitalerträgen sind geringer als seine Ausgaben für Importe und inländische Kapitalerträge ans Ausland. Ein Defizit in der Leistungsbilanz bewirkt deshalb, dass die Nachfrage nach seiner Währung sinkt, die Nachfrage nach ausländischer Währung steigt. In der Folge muss der Preis der heimischen Währung relativ zu anderen Währungen sinken. Dadurch wiederum wird die Leistungsbilanz tendenziell verbessert, weil seine Exporte nun wettbewerbsfähiger sind – das außenwirtschaftliche Defizit verringert sich.

Spiegelbildlich dazu wäre die Lage in einem Überschussland. Es erhält mehr Einnahmen aus dem Ausland, als es an Ausga-

---

93 IWF (2011), WEO, S. 25

Abb. 13: Jenseits der Balance: globale Ungleichgewichte[1]

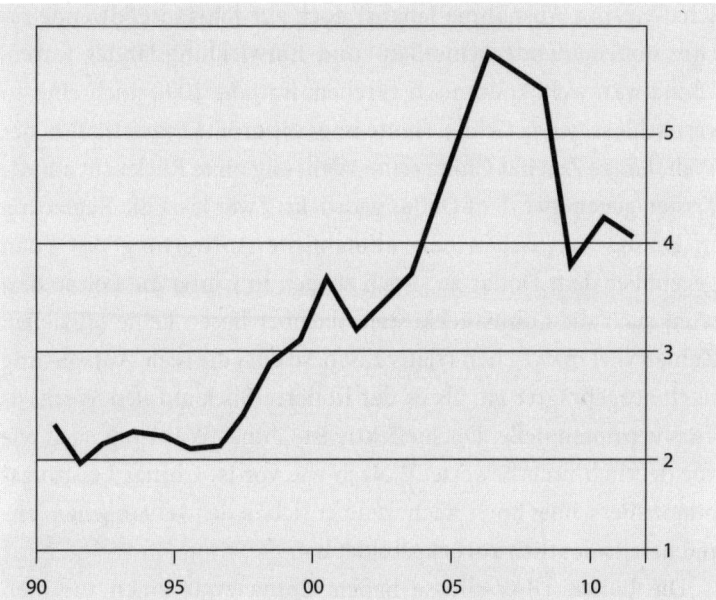

1 Summe der globalen Leistungsbilanzüberschüsse und -defizite
Quelle: Bank für Internationalen Zahlungsausgleich (2012), S. 10

ben ans Ausland tätigt. In einer Welt freier Wechselkurse erfährt seine Währung dadurch eine Aufwertung. Dadurch wiederum verschlechtert sich die Leistungsbilanz tendenziell, weil seine Exporte teurer werden – der außenwirtschaftliche Überschuss verringert sich.

Bei flexiblen Wechselkursen kommt es also von beiden Seiten zu einer automatischen Korrektur der Ungleichgewichte. Bei frisierten Wechselkursen hingegen findet dieser Ausgleich nicht statt. Das Ungleichgewicht bleibt bestehen, vergrößert sich womöglich sogar.

Eben das ist im vergangenen Jahrzehnt passiert: Viele asiatische Volkswirtschaften – nicht nur, aber vor allem China – haben ihre Währungen an den Dollar gekoppelt. Eine gewisse Unterbewertung war ihnen durchaus willkommen, um ein exportgetriebenes Wachstum zu unterstützen. Weltwirtschaftlich gesehen war das zunächst kein großes Problem, weil die asiatischen Volkswirtschaften (mit Ausnahme Japans) noch zur Jahrtausendwende relativ unbedeutende Schwellen- und Entwicklungsländer waren. China war, weltökonomisch gesehen, im Jahr 2000 noch eine zu vernachlässigende Größe. Heute ist es die größte Exportnation der Welt. Lange Zeit hat China seine Währung ohne Rücksicht auf die Kosten gegenüber dem Dollar gedrückt. Zwar lässt die Regierung in Peking inzwischen eine allmähliche Aufwertung des Yuan gegenüber dem Dollar zu. Auch steigen in China die Löhne und wohl auch die Lohnstückkosten (darüber liegen keine offiziellen Zahlen vor) inzwischen relativ rasch, so dass die reale Aufwertung noch ausgeprägter ist, als es der isolierte Blick auf den Wechselkurs vermuten ließe. Doch effektiv ist Chinas Währung nach wie vor deutlich unterbewertet.[94] Nach wie vor ist Chinas Leistungsbilanzüberschuss hoch, auch wenn er sich in den vergangenen Jahren bereits deutlich zurückgebildet hat.

Die hohen Überschüsse haben China zwar einen rasanten Aufstieg beschert, der ohne Vorbild in der Weltwirtschaftsgeschichte ist. Doch diese Abkürzung auf dem Weg zum Wohlstand ist mit hohen Kosten und Risiken erkauft. Zunächst für China selbst, weil die Bürger die konsequente Unterbewertung ihrer Wertschöpfung mit Einbußen beim Lebensstandard bezahlt haben – mit einer billigen Währung und niedrigen Löhnen lässt sich nun mal schlecht im Ausland einkaufen. Dazu kommt nun eine spürbar steigende Inflation in China – eine unterbewertete Währung macht Import teuer –, die die Kaufkraft schmälert. Das sorgt inzwischen für sichtbaren Unmut in China selbst. Um die Lage zu beruhigen, lässt die Regierung nun Lohnerhöhungen zu; insbesondere die Mindestlöhne steigen. Die niedrige Bewertung des Yuan und die gleichzeitig niedrigen Zinsen haben die Wirtschaftsstrukturen verzerrt: Ein langer Investitionsboom – die Investitionsquote liegt um 45 Prozent des BIP[95] – hat mutmaßlich

---

94 Internationaler Währungsfonds (2011c), S. 6 ff., Bank für Internationalen Zahlungsausgleich (2011),
    S. 38 f.
95 Vgl. IWF (2011d), S. 33

viele unsinnige Kapazitäten geschaffen, sowohl in der Industrie auch in der Infrastruktur. Zugleich hat die Führung in Peking gigantische Währungsreserven aufgebaut. Weil die Notenbank ständig Dollars am Devisenmarkt aufkaufte, um den Yuan-Kurs zu drücken, haben sich Rücklagen von drei Billionen Dollar angesammelt (Stand 2011).[96] Seit 2007 hat China Jahr für Jahr mehr als 400 Milliarden Dollar vom Markt gekauft.[97] Die Notenbank sitzt nun auf Dollar-Beständen, die sie zu überbewerteten Kursen gekauft hat und die ein großes Bewertungsrisiko bilden. Für andere asiatische Volkswirtschaften wie Taiwan und Korea ergibt sich ein ähnliches Bild.

Auf der anderen Seite hat auch das Defizitland USA Probleme dadurch, dass sich eine andere, inzwischen sehr große Volkswirtschaft an den Dollar gekettet hat. Die Überversorgung der amerikanischen Wirtschaft mit Geld und Kredit – die in den langen Immobilienboom und die Subprime-Krise geführt hat – wäre ohne den Zustrom an billigem Kapital aus Asien und den Erdöl produzierenden Ländern nicht möglich gewesen.

Es gibt ein beliebtes Argument, wonach den Schwellenländern gar nichts anderes übrig bleibe, als Kapital in den einzigen großen Kapitalmarkt zu exportieren. Denn sie selbst verfügten ja gar nicht über die hoch entwickelten Finanzmärkte, um ihre ganzen Überschüsse im eigenen Land anlegen zu können. Sie müssten ergo praktisch aus Eigeninteresse ihre Überschüsse auf dem größten Finanzmarkt der Welt, dem amerikanischen, abkippen. Ich halte dieses Argument nur für die Öl-Exporteure für stichhaltig. Gerade kleine Ölstaaten – von Kuwait bis Norwegen – tun gut daran, ihre Öleinnahmen nicht sofort auszugeben, sondern für kommende Generationen zu sparen; sie verhindern damit nebenbei auch eine komplette Überhitzung ihrer heimischen Volkswirtschaften. Diese Gelder müssen ihre Staatsfonds irgendwo auf der Welt anlegen, und je größer die Summen sind, desto eher suchen sie größtmögliche Finanzmärkte. Für diversifizierte Überschuss-

---

96 Shu-Ling Tan (2011)
97 Bank für Internationalen Zahlungsausgleich (2011a), S. 40

länder wie China jedoch besteht das primäre Problem darin, dass sie überhaupt derart große Überschüsse einfahren – was wiederum an ihrer Wechselkurspolitik liegt.

Wie für den Westen, so gilt für China: Die großen Volkswirtschaften haben es schwer, aus der Logik der fortgesetzten Ungleichgewichte herauszukommen. China hat durch seinen politisch unterstützten Exportboom gigantische industrielle Kapazitäten aufgebaut, die weiterhin beschäftigt werden wollen. Die USA haben eine gigantische Verschuldung aufgebaut, die weiter bedient werden muss; dafür brauchen sie auch ausländische Geldgeber, gern die chinesische Notenbank (siehe Kapitel 2). So hängen beide Seite aneinander – zunehmend frustriert über die jeweilige Gegenseite, aber doch bislang ohne gemeinsamen Ausstiegsplan. Noch existiert dieses »Chimerica«, wie der US-Historiker Niall Fergusson die symbiotische Beziehung zwischen China und Amerika genannt hat. Aber die Spannungen in diesem Verhältnis wachsen.

Und so sehr in der amerikanischen Öffentlichkeit auch über Chinas Währungspolitik geschimpft werden mag – die Regierung in Peking ist die wichtigste und womöglich einzige Stütze des Dollar als Weltwährung Nummer eins. Würde China sich vom Dollar abwenden, hätte Amerika ein ernstes Problem.

Die Welt nach dem Dollar

Das Urteil aus Peking war harsch und alarmierend. Pünktlich zum G20-Gipfel im November 2010 in Seoul hatte die chinesische Rating-Agentur Dagong Global Credit Rating wissen lassen, dass die Weltwährung Dollar am seidenen Faden hänge. Sie stufte die Kreditwürdigkeit Amerikas herunter, lange bevor die US-Agentur Standard & Poor's diesen Schritt tat. In klaren, harten Worten präsentierte der Report die Botschaft, die wie eine Kampfansage klang: »Dagong hat das Kreditrating für die USA von »AA« auf »A+«gesenkt.« Der Grund sei »die sich verschlechternde Schuldenrückzahlungsfähigkeit und der drastische Rückgang des Willens der Regierung, die Schulden zurückzuzahlen«.[98]

Weitere Kostproben gefällig? Der extrem expansive Kurs der Federal Reserve Bank drohe »die Attraktivität Dollar-denominierter Assets für ausländische Investoren zu reduzieren«, so war in dem Bericht weiter zu lesen. Und: »Im Endeffekt zeigt die Abwertung des US-Dollars«, die die US-Regierung vorantreibe, »dass ihre Zahlungsfähigkeit kurz vor dem Zusammenbruch steht.« Die Folgen: »heilloses Chaos im internationalen Währungssystem«. In diesem Ton geht es weiter, zehn Seiten lang. Starker Tobak. Ein Dollar-Crash – das wäre die Mutter aller Krisen.

Glücklicherweise kam es dann erst mal nicht so – auch weil die immer tiefere Euro-Krise zu einer Flucht aus der europäischen Währung in den vermeintlich sicheren Hafen der USA führte. Im Abschlussbericht des G20-Gipfels von Seoul hieß es, man wolle sich um geordnete Währungsverhältnisse bemühen, was insbesondere für Länder mit Reservewährungen gelte (»*Advanced economies, including those with reserve currencies, will be vigilant against excess volatility and disorderly movements in exchange rates*«) – gemeint waren natürlich die USA, aber sie wurden, der guten Diplomatie halber, nicht direkt angesprochen.

Dennoch muss man Warnungen wie die von Dagong ernst nehmen. Schließlich ist China der wichtigste Kreditgeber des amerikanischen Staates (siehe Kapitel 2). Seit Jahren gehört die People's Bank of China zu den größten Aufkäufern von US-Staatsanleihen. Doch die amerikanische Schuldendynamik und der fortgesetzte groß angelegte Aufkauf von US-Staatsanleihen durch die Fed sorgen für Verunsicherung, weltweit, nicht nur in China.

Doch in der Tat hängt die Bonität der USA entscheidend vom Willen Chinas ab, weiterhin Amerikas Defizite zu finanzieren. Auch amerikanische Rating-Agenturen wie Standard & Poor's (S&P) versahen ihre USA-Beurteilungen stets mit dem Hinweis auf den Status des Dollar als Weltwährung Nummer eins. Wenn

---

98 Dagong (2010)

der Dollar diese Rolle einbüßte – wenn sich die USA also nicht mehr in eigener Währung zu niedrigen Zinsen finanzieren könnten –, dann könne dies »zu einem Abwärtsdruck auf das Rating führen« (so S&P bereits am 13. Januar 2009). Mit anderen Worten: Nur solange der Rest der Welt bereit ist, dem amerikanischen Staat Dollar-Anleihen abzukaufen, sind die USA ein Topschuldner.

China – Eigner der größten Dollar-Reserven der Welt – kommt in diesem Spiel die entscheidende Rolle zu. Wenn die Führung in Peking nicht mehr bereit ist, Schulden in US-Geld aufzukaufen, wird der Weltwährungsstatus des Dollars tatsächlich verloren sein. Die Auswirkungen wären kaum absehbar: Amerika, hoch verschuldet und ökonomisch labil, müsste mit einer sprunghaft steigenden Zinslast zurechtkommen. Womöglich könnte ein Staatsbankrott nur durch unbegrenzte Treasury-Käufe seitens der Fed abgewendet werden.

Ein extremes Szenario. Schon die Herabstufung der amerikanischen Bonität – sagen wir, auf japanisches oder italienisches Niveau – hätte weltweit dramatische Folgen. Die Kurse von US-Bonds, der größten Wertpapierklasse auf dem Globus, würden fallen, weitere gigantische Wertberichtigungen quer durch den globalen Finanzsektor wären fällig. Eine neue Runde von Banken- und Versicherungsrettungen wäre die Folge. Auch Notenbanken, zumal in den Dollar-satten Schwellenländern, müssten womöglich rekapitalisiert werden.

Mehr als sechs Jahrzehnte lang war die US-Währung das dominierende Weltgeld. Zunächst stand sie im Zentrum des Festkurs-Systems von Bretton Woods. Auch nachdem das Arrangement 1973 zerbrach, wurden internationale Geschäfte und Kapitalflüsse weiterhin überwiegend in Dollar abgewickelt. Ab den 90er Jahren nahm das sogenannte Bretton-Woods-II-Regime Gestalt an: Die aufstrebenden asiatischen Länder koppelten ihre Währungen an den Dollar. Über Jahrzehnte ist der Greenback monetärer Anker, globaler Wertmaßstab, wichtigstes Medium der Geldanlage, wichtigste Reservewährung gewesen. Auch wenn er zwischenzeitlich

Marktanteile an den Euro verloren hat und sein Außenwert einem langen Abwärtstrend folgt – er bleibt bis heute das mit Abstand meistverbreitete Weltgeld. Vor allem die Schwellenländer nutzen den Dollar für ihre internationalen Geschäfte, um ihre Überschüsse weltweit anzulegen, als Reservewährung ihrer Notenbanken, als Orientierungspunkt ihrer eigenen Geldpolitik.

Aber so wird es nicht bleiben. »Dollar-Dominanz – das ist vorbei«, sagte mir Paul de Grauwe, Professor im belgischen Leuwen und einer der profiliertesten geldtheoretischen Denker Europas. Man dürfe die Politik dabei nicht ignorieren: Der Greenback sei doch nur zur unumstrittenen Weltwährung geworden, »weil andere Länder gewillt waren, den USA zu folgen«.

Der Dollar, das war lange Zeit die monetäre Versinnbildlichung amerikanischer Größe – politischer, militärischer, ökonomischer und moralischer Überlegenheit. Nach dem Krieg banden die Europäer und die Japaner ihre Wechselkurse an den Dollar und ihre Geldpolitik ein Stück weit an den Kurs der Federal Reserve Bank, weil sie sich an die umstrittene Vormacht anlehnen wollten, an deren *hard power* (militärische Sicherheit), *soft power* (Freiheit) und *cash power* (der größte Binnenmarkt der Welt). Als das System von Bretton Woods zerbrach, hatte auch die ökonomische und politische Dominanz der USA abgenommen. Seit den 90er Jahren, als die USA eine Renaissance erlebten, verfolgten die asiatischen Länder, voran China, einen ähnlichen Kurs. Allerdings ohne dass es eine ordnende Instanz wie den IWF gegeben hätte. Sie banden sich einfach einseitig an den Dollar, und die Amerikaner ließen sie gewähren, weil es ihnen zu nützen schien.

Mit Chinas Aufstieg und Amerikas Schwäche verschieben sich die Gewichte nun abermals. Die Führung in Peking ist dabei, ihre Währung zu internationalisieren: Sie gibt den Yuan für immer mehr internationale Transaktionen frei. Ende 2011 verabredeten die Chinesen mit Asiens zweiter großer Handelsmacht Japan, im bilateralen Warenaustausch auch den Yuan zu verwenden. Aber wie stets tastet sich die chinesische Führung allmählich und vorsichtig voran. Auch der Handel mit Schwellenländern wie Brasilien oder Indonesien soll nach dem Willen Pekings zunehmend in chinesischen Yuan abgewickelt werden. Internationale Konzerne sollen in Shanghai und in Hongkong Yuan-Bonds auf den Markt bringen; McDonald's emittierte bereits 2010 einen »McBond« in Shanghai. Bis zur vollen Konvertibilität wird es zwar noch einige Jahre dauern, aber die schiere Größe der chinesischen Volkswirtschaft unterstreicht das Potenzial des Yuan.

Denn was sollte Peking anderes tun? Der Euro, der lange als alternative Weltwährung und heißester Dollar-Konkurrent galt, ist durch Europas Schuldenkrise auf lange Zeit diskreditiert. Und angesichts der europäischen Probleme könnte Europa wohl derzeit nichts weniger gebrauchen als eine Internationalisierung seiner Währung – die aller Wahrscheinlichkeit nach den Euro stärken und Europas Exportwirtschaft schwächen würde.

Also bewegt sich die globale Ökonomie zu auf die parallele Existenz mehrerer Weltwährungen. Auch dafür gibt es historische Vorbilder: Der Wechsel vom Pfund – der Weltwährung des 19. Jahrhunderts – zum Dollar dauerte Jahrzehnte. Zwischen 1914 und 1944 gab es parallel drei wichtige Reservewährungen – das Pfund, den französischen Franc und die deutsche Reichsmark, deren Platz dann später der Dollar einnahm.[99] So sieht das auch der Währungsfachmann Barry Eichengreen. »In zehn Jahren«, sagte mir der Professor aus dem kalifornischen Berkeley, »wird es drei gleichberechtigte Währungen geben – den Dollar, den Euro und den Yuan. In 20 Jahren werden noch weitere Währungen international verwendet werden, insbesondere der brasilianische Real und die indische Rupie.« Andere Fachleute sagen auch dem Rubel künftige internationale Verbreitung voraus.

Allerdings ist es angesichts des rapiden Niedergangs des Westens nicht unwahrscheinlich, dass der Übergang nicht ein oder zwei Jahrzehnte dauert, sondern viel schneller vonstattengeht. In einer multipolaren Welt ohne dominante Macht, wie sie die USA nach dem Zweiten Weltkrieg waren, braucht man keine dominante

99 James (2008)

Währung mehr. Auch das Argument, die Preise international gehandelter Güter und Wertpapiere müssten in der gleichen Währung ausgedrückt werden, um einen einheitlichen Rechenmaßstab zu haben, sticht im digitalen Zeitalter nicht mehr. In einer Welt, in der die große Mehrheit der Geldströme digital kursieren, lassen sich Preise unmittelbar umrechnen.

Drei große Fragen ergeben sich aus diesem Szenario.

Erstens: Wer finanziert Amerikas Defizite, wenn China, Saudi-Arabien und andere Länder wegen ihrer Dollar-Bindungen ihre Überschüsse nicht mehr vornehmlich in US-Staatsanleihen stecken müssen?

Zweitens: In welchem Verhältnis werden die drei, fünf oder sechs künftigen Weltwährungen zueinander stehen? Wird es eine Form von Kooperation geben, womöglich sogar ein System fixierter Wechselkurse?

Drittens: Wie wird der Übergang vom Dollar zum künftigen Multiwährungsstandard vonstattengehen? Ruhig und geordnet oder abrupt, mit großen Verwerfungen an den Märkten?

Die Antwort auf die erste Frage lautet: Amerika kann sich in Zukunft nicht mehr darauf verlassen, dass irgendwer auf der Welt US-Schuldscheine aufkauft, egal, welche Finanz- und Geldpolitik in Washington betrieben wird. Bislang war das anders: Sogar die Herabstufung der US-Bonität durch Standard & Poor's im Sommer 2011 konnte der Attraktivität der Treasuries nichts anhaben; die Zinsen auf US-Staatsanleihen sanken sogar – weil die Anleger beunruhigt über die weltweiten Auswirkungen waren. Was zeigt, wie groß das tradierte Vertrauen in die USA nach wie vor ist. Aber das kann schnell schwinden. Ergo: Wenn die Dollar-Dominanz zu Ende geht, muss Amerika sparen – und zur Not seine Schuldscheine durch die Fed monetarisieren lassen.

Die zweite Frage ist kniffliger zu beantworten. In einer idealen Welt wären die drei bis sechs Weltwährungen der Zukunft gegeneinander vollständig konvertibel, ihre Wechselkurse würden sich frei am Markt bilden. Andere, kleinere Währungen würden sich jeweils an eine der großen (oder an einen Korb aus mehreren

Währungen, je nach Handelsverflechtungen) binden, mit fixierten, aber anpassungsfähigen Wechselkursen (wie die dänische Krone an den Euro). Daneben gäbe es eine Art lose Koordinierung der Geldpolitik und der Finanzmarktregulierung, mit dem Ziel, die globale Liquidität im Zaum zu halten.

Sollten sich die beteiligten Behörden aber nicht zu dieser Koordinierung durchringen können, werden Länder, die ein Überschwappen überschüssiger Liquidität befürchten, Kapitalverkehrskontrollen einführen. Es sind auch andere Lösungen denkbar: zum Beispiel das Entstehen von Blöcken jeweils um eine der großen Währungen herum; von Blöcken, die im Innern offen, nach außen aber relativ abgeschottet wären, was Handel und Kapitelverkehr angeht. Oder ein neues formales globales Währungssystem könnte entstehen: In seinem Zentrum stünde ein Währungskorb, die Sonderziehungsrechte (SZR) des IWF, der aus den international genutzten Währungen bestünde; die SZR gibt es längst (seit den 60er Jahren), sie bestehen bislang aber nur aus westlichen Währungen (Dollar, Euro, Pfund, Yen). Aber auch so viel ist klar: Ein neues Fixkurssystem, das, wie oben beschrieben, automatisch zu einem Management der globalen Liquidität führen würde, wäre mit einer Beschränkung des globalen Kapitalverkehrs verbunden (anders lassen sich die Wechselkurse nämlich nicht stabilisieren), womöglich auch mit einer Beschränkung des Welthandels. Um mehr Stabilität zu erreichen, würde die Globalisierung ein Stück weit zurückgedreht.[100]

---

100 Diese Feststellung beruht auf dem sogenannten »Trilemma«, einer weithin anerkannten Hypothese, wonach ein Land nicht gleichzeitig alle drei Ziele: geldpolitische Unabhängigkeit, stabile Wechselkurse und offene Kapitalmärkte, erreichen kann, sondern immer nur zwei davon. In der Geschichte gibt es verschiedene Arrangements, die diese »unmögliche Dreifaltigkeit« illustrieren: Der Goldstandard (etwa 1870 bis 1914) garantierte freien Kapitalverkehr und stabile Wechselkurse, die Länder gaben aber ihre geldpolitische Unabhängigkeit auf. Im Bretton-Woods-System (1945–1973) hatten die Länder (begrenzte) geldpolitische Autonomie und Wechselkursstabilität, aber die Kapitalmärkte waren geschlossen. In jüngerer Zeit wurde das Trilemma für die asiatischen Länder mit Dollar-Bindung zum Problem: Sie mussten entweder dem expansiven Kurs der amerikanischen Zentralbank folgen (keine geldpolitische Autonomie), oder sie mussten ihre Wechselkurse freigeben, oder sie mussten den Kapitalverkehr beschränken (Aizenman et al. 2010). China zum Beispiel wählte in den vergangenen Jahren eine Zwischenlösung: Es tat etwas von allem, konnte damit aber Verspannungen (Inflation, Immobilienblasen) nicht vermeiden (Bank für Internationalen Zahlungsausgleich 2012, S. 11 und 27).

Die dritte Frage nach den Eruptionen, die das Ende des Dollar-Zeitalters bringen kann, beschäftigt längst die internationale Währungsdiplomatie. So fand im September 2011 bei der EZB in Frankfurt hinter verschlossenen Türen ein G20-Workshop statt (Titel: »*Global Liquidity in a Multi-polar Currency World*«). Einer der Teilnehmer war der damalige deutsche Staatssekretär Jörg Asmussen, inzwischen bei der EZB fürs Internationale zuständig. Er trug vor, man sei durchaus daran interessiert, dass auch die Währungen der großen Schwellenländer verstärkt international genutzt würden. Das Weltwährungssystem müsse der größeren Rolle der Schwellenländer im Welthandel angepasst werden. Dazu müssten sie ihre eigenen Finanzmärkte entwickeln, um nicht mehr in großem Umfang Währungsreserven in westlicher Währung zusammenkaufen zu müssen. Außerdem solle der chinesische Yuan schnellstmöglich in den IWF-Währungskorb (die Sonderziehungsrechte) aufgenommen werden. Doch dann sagte Asmussen etwas, das aufhorchen ließ: »In der Übergangsphase« gebe es auch »Risiken«. Nämlich: »zunehmende Schwankungen der Wechselkurse und Kapitalströme sowie, als eine mögliche Folge, abrupte Anpassungen der Währungsreserven« der Notenbanken.

In weniger diplomatische Worte gekleidet: Auf dem Weg zu einem neuen Währungssystem kann eine Menge schiefgehen – bis hin zum Absturz des Dollars, weil Staaten mit großen Dollar-Reserven ihre Bestände ungeordnet auf den Markt werfen. Die Folge wäre eine weitere Eskalationsstufe der großen Krise – die Währungspolitik bekäme eine ganz neue Wendung.

Ein kurzes Zwischenfazit: Da es unmöglich scheint, auf dem Verhandlungswege am grünen Tisch ein neues Arrangement zu entwerfen, wird sich die neue Geldordnung am Markt herausbilden. Zwei Szenarien sind dabei denkbar: ein moderates und ein extremes. Wenn die derzeitige Geldschwemme doch noch halbwegs glimpflich endet, wird ein globales Multiwährungssystem entstehen. Es würde einen allmählichen Ausstieg aus den globalen Ungleichgewichten und der globalen Überschussliquidität ermöglichen und den Weg ebnen zu einer stabileren Weltwirtschaftsordnung.

Wenn es aber schlecht läuft, erfasst auf dem Weg dorthin ein kompletter Vertrauensverlust die Weltwirtschaft. Der Auslöser dafür wäre wohl ein politischer Schock: ein Zerbrechen der Euro-Zone beispielsweise, Terroranschläge in Saudi-Arabien, ein Krieg im Nahen Osten, eine innenpolitische Krise in Amerika – irgendein äußeres Ereignis, das die Zahlungsfähigkeit großer Schuldnernationen und den Wert der Papierwährungen prinzipiell infrage stellt. Dann gäbe es einen Run auf Gold, sonstige Edelmetalle, Rohstoffe und andere hoch liquide Güter – Dinge von inhärentem Wert, die nicht vom Wohlwollen überschuldeter Staaten abhängen.

8

»Unser Modell auf dem Prüfstand«
Humankapitalismus und neue Geldordnung

Im Winter 2011/12 erlebte Europa einen kurzen vorgezogenen Frühling. Nachdem EZB-Präsident Mario Draghi am 8. Dezember die fast vollständige Öffnung der Liquiditätsschleusen verkündet hatte, entspannte sich die Lage an den Anleihemärkten, vorübergehend jedenfalls. Die Zinsen sanken, finanziell bedrängte Staaten wie Italien und Spanien konnten neues Geld aufnehmen. Drei Monate dauerte das Tauwetter. Dann kam die Krise zurück: Wieder stiegen die Zinsen. Wieder machten sich Ängste breit. Wieder verdüsterten sich die Vorhersagen. Wieder einmal wurde offenkundig, dass es Europa mit einem Problem zu tun hat, das sich vielleicht vorübergehend mit immer mehr Geld zudecken, aber keinesfalls lösen lässt.

Immerhin war die Draghi-EZB an die Grenzen ihrer Möglichkeiten gegangen. Seit Frühjahr 2012 dürfen nationale Notenbanken sogar selbst bestimmen, welche Sicherheiten sie akzeptieren. Mit anderen Worten: Die europäische Geldpolitik mag noch eine gemeinsame sein, aber sie ist keine einheitliche mehr. Nachhaltig geholfen hat das alles nicht. Wenn sich die Mitglieder des EZB-Rats zu ihren üblichen informellen Dinners am Vorabend der offiziellen Ratssitzungen treffen, dann stehen sie immer wieder vor der Frage, was sie eigentlich noch tun können. Noch mehr Staatsanleihen vom Markt kaufen? Noch mehr Liquidität in die Banken pumpen mit einer weiteren Runde des LTRO-Programms (*Long Term Refinancing Operation*)? Den Leitzins auf null senken und dann ankündigen, ihn für die weitere Zukunft dort zu belassen? Mit solchen Maßnahmen kann die EZB den akuten Zusammenbruch verhindern. Sie kann Zeit kaufen. Aber sie ist nicht in der Lage, die fundamentalen Probleme zu lösen. Nämlich:

- *Die hohen Schulden:* Die öffentlichen und privaten Schulden sind in vielen Euro-Staaten so hoch, dass sie das Wachstum abwürgen und die Wirtschaft immer wieder ins Minus ziehen (Kapitel 2 und 3). Erst wenn ein nachhaltiger Abbau der Schulden auf den Weg gebracht ist, eröffnen sich Europa die Spielräume, die weiteren Probleme zu lösen. Wie ein gemeinsamer Tilgungsplan für Euro-Land aussehen könnte, hat Kapitel 4 skizziert.
- *Die brüchige Verfassung:* Die Währungsunion wird auf Dauer nur halten können, wenn sich die Euro-Zone zu den Vereinigten Staaten von Euro-Land weiterentwickelt. Wie das künftige super-staatliche Design aussehen könnte, wurde ebenfalls in Kapitel 4 dargelegt.
- *Der fehlgeleitete Kapitalismus:* In den vergangenen zwei Jahr-zehnten degenerierte die westliche Wirtschaftsordnung in eine selbstzerstörerische Richtung (Kapitel 5 und 6). Dies ist ein Pro-blem nicht nur Europas, sondern der gesamten Welt (Kapitel 7).
- Fehlgeleitet ist diese Wirtschaftsordnung, weil sie auf immer billigeren Krediten und immer größeren Kreditvolumina fußt. Diese Mittel flossen in den 2000er Jahren immer weniger in produktive Investitionen; die Produktionskapazitäten wurden kaum ausgeweitet. Stattdessen stiegen die Preise für existierende Vermögensgüter – Firmen, Aktien, Anleihen, Rohstoffe, Häuser – immer weiter in die Höhe. Mit anderen Worten: Bestehende Assets wurden zu immer höheren Preisen getauscht – eine Ket-tenbriefökonomie. In einigen Ländern setzten Baubooms ein, die die ganze Wirtschaftsstruktur verzerrten, Löhne nach oben trieben und der Wettbewerbsfähigkeit schadeten. In Euro-Land waren von dieser Entwicklung vor allem Spanien und Irland be-troffen.

Fehlgeleitet war diese Wirtschaftsordnung auch, weil häufig nicht mehr die Frage im Vordergrund stand, ob eine ökonomische Akti-vität eigentlich irgendwie oder irgendwem nützlich sei: Machte sie

Abb: 14: Immer mehr Schulden, immer weniger Investitionen:
Schuldenstand und Investitionen des Unternehmenssektors, in Prozent des BiP

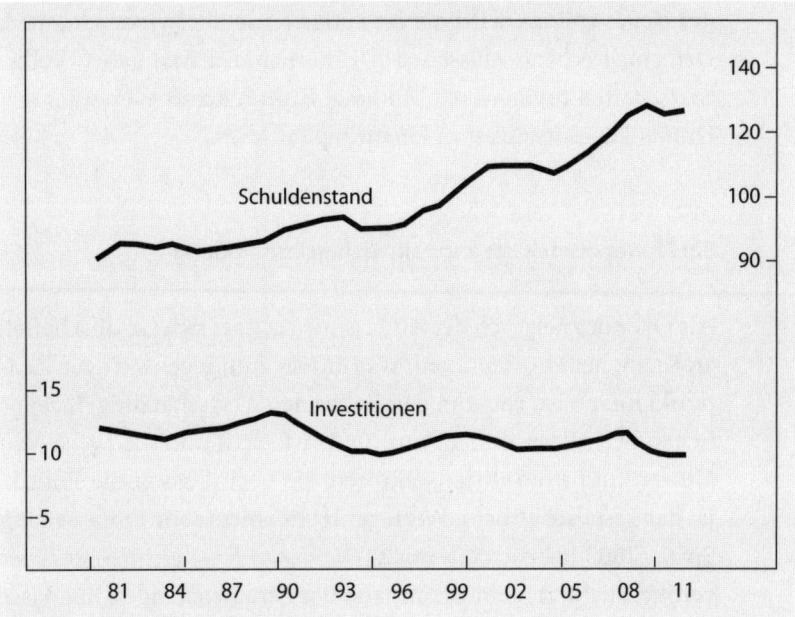

1 Einfacher Durchschnitt aus 17 OECD-Ländern

Quelle: Caruana (2012)

das Leben von Menschen besser? Steigerte sie das Wohlergehen, den Wohlstand, die Zufriedenheit, die Sicherheit, den Spaß? Stattdessen ging es darum, Renditeerwartungen zu erfüllen. Und die waren zeitweise exzessiv. Doch eine Wirtschaft, deren vorrangiges Ziel es ist, eine möglichst hohe Kapitalverzinsung zu erwirtschaften, läuft in die Irre. Wer nur kurzfristig die Rendite in die Höhe treiben will, kann das tun, indem er beliebig die Kosten kürzt – bis irgendwann das Unternehmen stirbt. Profit und Rendite zu erwirtschaften ist für eine nachhaltige Wirtschaft nur eine notwendige Nebenbedingung, aber kein Selbstzweck.

Mit den Folgen dieser Fehlentwicklungen hat gerade Europa heute zu kämpfen. Eine in Teilen sinnentleerte Volkswirtschaft ist nicht mehr in der Lage, den Wohlstand zu mehren. Sie erstickt in ihren Schulden und geht unter. Herausfinden wird Europa aus dieser Lage nur, wenn es die Interessen der Menschen wieder in den Mittelpunkt stellt. Nur die Kreativität des menschlichen Geistes, der Neues ersinnt, wird die derzeitige Krise überwinden können. Dementsprechend müssen sich Unternehmen und ganze Volkswirtschaften organisieren: Bildung, Kultur, kreative Freiräume – Humankapitalismus statt Finanzkapitalismus.

Ein Phasenmodell der kapitalistischen Entwicklung

Als Ökonom neige ich der Auffassung zu, dass sich Gesellschaften an Knappheiten orientieren. Was immer zum gegenwärtigen Zeitpunkt knapp ist, rückt in den Fokus der Wertschätzung. Knappheiten beeinflussen nicht nur die Wirtschaft und die Preise von Gütern und Produktionsfaktoren, sie beeinflussen die Politik, ja, das gesellschaftliche Wertegerüst in einem sehr umfassenden Sinne. 2008 habe ich ein Buch (*Die sieben Knappheiten*) darüber veröffentlicht, in dem ich anhand der heraufziehenden Engpässe große Entwicklungslinien für die kommenden Jahrzehnte vorzuzeichnen versuchte. Was knapp wird, ist uns lieb und teuer. Deshalb baut zum Beispiel eine alternde, schrumpfende Gesellschaft wie die deutsche die staatliche Förderung von Kindern und Familien immer weiter aus – obwohl die politische Mehrheit der Älteren und der Kinderlosen aus reinem, unmittelbarem Eigeninteresse eigentlich für eine Kürzung dieser Mittel plädieren müsste. Aber Kinder sind knapp und werden deshalb besonders wertgeschätzt und umsorgt.

Entsprechend verhält es sich mit dem Wirtschaftssystem im Großen. Es richtet sich an den begrenzenden Faktoren aus: Menschen, Umwelt, Kapital, Rohstoffe – die ökonomische Ordnung orientiert sich daran, was in der jeweiligen historischen Phase der Entwicklung gerade besonders benötigt wird. Folglich gibt es immer wieder Perioden, in denen Kapital knapp wird. Entsprechend organisiert sich das gesamte Gesellschaftssystem um: Die Interessen der Kapitaleigner rücken in den Mittelpunkt. Hohe

Renditen zu erwirtschaften wird zum gesellschaftlichen Imperativ. Unter welchen Bedingungen kommt es zu einer solchen Shareholder-Fixierung? Wenn die Märkte rasch wachsen und die Kapazitäten ausgebaut werden. Das ganze System richtet sich dann am knappen Faktor Kapital aus. So war es in der zweiten Hälfte des 19. Jahrhunderts, als die Industrialisierung den Bau immer größerer Fabriken antrieb und die rasche Verstädterung neue Ballungsräume entstehen ließ. Die Märkte wuchsen rasch durch die damals neuen Transportmittel Bahn und Dampfschiff, die die Raumüberwindung in immer kürzerer Zeit und zu immer niedrigeren Kosten möglich machten. Wer in den schnell wachsenden Märkten mitspielen wollte, musste selbst rasch expandieren, musste schneller als die Konkurrenten neue Größenordnungen erreichen, so dass seine Stückkosten sanken. Der Effekt der steigenden Skalenerträge (*economies of scale*) und die industrielle Logik der sinkenden Durchschnittskosten sorgten für einen gnadenlosen Zwang zu wachsen. Produktionsanlagen in bis dahin nicht gesehenen Größenordnungen wurden gebaut, Infrastruktur – Eisenbahnen, Straßen und Stromversorgung – errichtet. Wo zuvor ländliche Strukturen mit kleinen Bauernhöfen und Manufakturen, deren Wertschöpfung vor allem auf menschlicher Arbeitskraft basierte, vorgeherrscht hatten, wurde nun Kapital in großem Maßstab benötigt und akkumuliert. Damit das gelingen konnte, wurden die Kapitaleigner hofiert. Der Kapitalismus als Gesellschafts- und Wirtschaftssystem entstand – ein System, das einseitig die Interessen der Kapitalbesitzer in den Vordergrund rückte, eben weil Kapital knapp war und man es brauchte.

Dieses System des lupenreinen Kapitalismus, in extremer Form Mitte des 19. Jahrhunderts in Großbritannien praktiziert, funktioniert jedoch nur phasenweise. Denn es führt in Stagnation und in Krisen durch eine übermäßige Akkumulation von Kapital. Es wird immer mehr vom Gleichen zu immer niedrigeren Kosten produziert. Ein endliches Spiel, weil die Märkte irgendwann gesättigt sind. Damit eine Wirtschaft dauerhaft wachsen kann, damit eine Gesellschaft sich immer weiterentwickeln kann, muss ständig Neues entstehen. Innovationen, Erfindungen, neue Verfahren, neue Ideen – damit aber wird der menschliche Geist zum eigentlich knappen Faktor. Gebraucht werden nun Erfinder, Wissenschaftler, Unternehmer. Gebraucht werden auch Künstler, Dichter und Denker, die ihrer Kunst zwar aus eigenem innerem Antrieb nachgehen mögen, die aber nebenbei zu einem geistig anregenden Klima beitragen, das wiederum Wirtschaft und Gesellschaft befruchtet. Auch im Produktionsprozess selbst braucht es nun keine billigen Arbeitssklaven mehr, sondern gut ausgebildete und zugleich gebildete Mitarbeiter, die selbstständig denken und flexibel handeln können. Entsprechend orientiert sich das ganze System um: Der Mensch rückt in den Mittelpunkt, und zwar nicht unbedingt aus Humanität oder politischer Opportunität (um einen Klassenkampf zu verhindern), sondern aus wirtschaftlicher Notwendigkeit. Die objektiven Knappheiten begünstigen eine Humanisierung des Systems, weil der nun knappe Produktionsfaktor Mensch – in seiner kultivierteren Ausprägung – umworben wird. Schulen und Universitäten werden ausgebaut, die Künste und die Wissenschaft gefördert. Die Bürger bekommen mehr Freiheiten, Eigentumsrechte werden geschützt, gerade auch geistiges Eigentum. Die Rechte der Beschäftigten, beispielsweise der Schutz vor plötzlicher Kündigung, werden gestärkt, soziale Sicherungssysteme werden ausgebaut – all das aus purer ökonomischer Notwendigkeit, weil Unternehmen in dieser Phase der Entwicklung auf stabile Belegschaften angewiesen sind, die gemeinsam in spezifisches Wissen investieren. Denn in einer wissensbasierten Wirtschaft schaden zu viel Flexibilität und zu große Unsicherheit. Dies war das Entwicklungsmodell Deutschlands im ausgehenden 19. Jahrhundert. Begründet auf Bildung und Wissenschaft, gelang damals binnen weniger Jahrzehnte ein atemberaubender wirtschaftlicher Aufholprozess. Erstmals entstand eine Industrie, die die permanente Innovation zum Prinzip erhob. Dies konnte nur gelingen, weil es nicht mehr allein um Kapitalakkumulation ging, sondern weil sich die Wirtschaft neu ausrichtete. Und weil bildungsbeflissene Generationen zuvor das geistige Fundament für den ökonomischen Erfolg gelegt hatten.

Doch auch der Humankapitalismus stößt immer wieder an Grenzen. Wie Joseph Schumpeter[101] und später Mancur Olson[102] eindrucksvoll beschrieben haben, verknöchern Institutionen; institutionalisierte Interessengruppen streben vor allem nach Aneignung öffentlicher Mittel. Statt die Mehrung der Wertschöpfung voranzutreiben, geht es immer mehr um die Verteilung des Bestehenden; die Ausbeutung der Kollektivsysteme zum eigenen Vorteil (*rent seeking*) wird für immer größere Teile der Bevölkerung zum Arbeitsinhalt. Die institutionelle Eigendynamik führt dazu, dass die wirtschaftliche und gesellschaftliche Dynamik im Zeitablauf abnimmt: Zu viel Bürokratie erstickt die Kreativität. Zu viel Solidarität zerstört die Eigeninitiative. Zu viel Stabilität wirkt einschläfernd. Zu viel Sicherheit verringert die Sparquote, so dass das Angebot an Kapital dünner wird und Kapital abermals zum knappen Faktor – das Pendel schlägt zurück. Der Kapitalismus als System erfährt eine Wiederauferstehung.

So war es seit 1990, als die Globalisierung die Weltmärkte öffnete. In dieser Phase ging es hauptsächlich darum, bestehende Geschäftsmodelle weltweit auszudehnen. Mit anderen Worten: immer mehr vom Gleichen zu produzieren. Beispiel Autoindustrie: Erst wurden neue Fabriken in Osteuropa gebaut, dann in Asien. Aber sie fertigten im Prinzip überall die immer gleichen Produkte. Abermals rückte die industrielle Logik der steigenden Skalenerträge und der sinkenden Durchschnittskosten ins Zentrum. Wachstum wurde zum Imperativ. Wer die weltweite Expansion nicht schnell genug vorantrieb – wie die italienischen und französischen Autokonzerne –, war irgendwann nicht mehr wettbewerbsfähig. Entsprechend organisierte sich das System wiederum um die Interessen der Kapitaleigner. *Shareholder Value* und »Profit, Profit, Profit« (Ex-Daimler-Chef Jürgen Schrempp) wurden zum zentralen Maß des Konzernmanagements.

---

101   Schumpeter (1942)
102   Olson (1982)

Derzeit steht die Weltwirtschaft an einem Wendepunkt: Das bisherige Entwicklungsmodell hat sich totgelaufen – immer mehr vom Gleichen zu produzieren stößt an Grenzen. Kein Wunder, dass auch in den Schwellenländern, sogar in China, das Wachstum abflaut. Jetzt bedarf es Innovationen, ohne die weiterer Fortschritt nicht stattfinden kann. Der wirklich knappe Faktor ist nicht mehr Kapital, sondern abermals Kreativität – Humankapital in seiner schönsten Form.

Die derzeitige Krise wird der Westen nur überwinden können, wenn die freien Gesellschaften diese Knappheit überwinden lernen. Immer mehr immer billigeres Geld in die Wirtschaft zu pumpen ist jedenfalls keine Lösung. Sollte Europa nicht in der Lage sein, sich aus der selbst gestellten Falle herauszuwinden, dann wäre das eine Blamage historischen Ausmaßes. »Gerade die aufstrebenden Länder Asiens und Lateinamerikas beobachten uns sehr genau. Finden wir eine demokratische Lösung? Oder lassen wir alles den Bach runtergehen in Staatsbankrotten und Inflation?«, fragte sich mir gegenüber ein Euro-Notenbanker. Wie viel sind Demokratie und Freiheit eigentlich wert, wenn die europäischen Kulturnationen keinen Ausweg aus der selbst gestellten Schuldenfalle finden? »Derzeit«, sagt er, »steht unser Modell auf dem Prüfstand.«

Europa als Modell

Wenn an der These des vorherigen Abschnitts, dass der Humankapitalismus das Wirtschafts- und Gesellschaftssystem der Zukunft sei, etwas dran ist, dann hat Europa in den kommenden Jahrzehnten gute Chancen, weiterhin eine führende weltweite Rolle zu spielen – sofern es gelingt, die derzeitige Krise zu überwinden. Erfolgreich sind dann nämlich Gesellschaften mit hohem Bildungsstand in der Breite der Bevölkerung, mit tief gründendem kulturellem Fundament, mit freiheitlicher Gesellschaftsordnung und offenem Diskurs, mit stabilen Institutionen und großen, solide finanzierten staatlichen Sektoren, die zugleich mit so viel kultureller Reibungswärme ausgestattet sind, dass das kreative Feuer nicht erlischt. Es gibt nicht viele Weltgegenden, wo das alles zusammenkommt.

Die USA? Amerika hat immer noch große Stärken, sicher. Wichtige wissensgetriebene Branchen werden von US-Konzernen dominiert: IT, Internet, Biotechnologie. Aber das Fundament bröckelt. Amerika ist ein tief zerstrittenes Gemeinwesen. Die Rolle des Staates wird prinzipiell angezweifelt, was zu einer chronischen Unterfinanzierung des öffentlichen Sektors führt und zu einer im globalen Vergleich zu geringen Ausstattung des Gemeinwesens mit öffentlichen Gütern. Verschärft werden diese Unzulänglichkeiten durch den überbordenden Militärapparat einer überdehnten Weltmacht. Die Resultate sind ein in der Breite schwacher Bildungsstand und ein öffentlicher Diskurs auf beschämend niedrigem Niveau – was wiederum die Qualität der Politik und der staatlichen Führung beschädigt, wie der Aufstieg der ins Absurde tendierenden Tea-Party-Bewegung gezeigt hat. Amerika, obwohl immer noch mit großen kreativen Stärken ausgestattet, unterminiert seine Humankapital-Basis durch systematische Vernachlässigung. Besonders krass ist das an der Bewegung der »Kreationisten« sichtbar, die etablierte Erkenntnisse der Evolutionsforschung ablehnen und stattdessen die biblische Schöpfungsgeschichte im Biologieunterricht der Schulen gelehrt sehen wollen. Längst sind sie ein Massenphänomen und nicht bloß eine kleine Gruppe von Spinnern. Setzt sich diese Entwicklung fort, wird das nicht gerade hilfreich sein für eine wissensbasierte Wirtschaftsordnung.

China? Das Hybridmodell des roten Turbokapitalismus funktionierte so lange hervorragend, wie es darum ging, Kapital in großem Maßstab zu akkumulieren. Mehr als jedes westliche Land hat das formal kommunistische China Kapitalisten umworben. Menschliche Arbeitskraft war in der Milliarden-Nation im Übermaß verfügbar. Entsprechend waren die Löhne extrem niedrig, die Arbeitsbedingungen mies, Umweltauflagen zunächst kaum vorhanden. Ein beispielloser Investitionsboom ließ China im Zeitraffer zur größten Industrie- und Exportnation der Welt heranwachsen. Fabriken und Infrastruktur wurden eilig aus dem Boden gestampft, ganze Millionenstädte am Reißbrett entworfen und in die Landschaft gebaut. Kurz: Das totalitäre China mag genau das richtige System sein für die Ära des globalisierten Kapitalismus. Ob das Land die Umstellung auf ein wissens- und kreativitätsgetriebenes Wachstumsmodell schafft, ist indes zweifelhaft. Zwar hat China das Bildungssystem massiv ausgebaut. Um aber wirklich Neues erdenken und erfinden zu können, bedarf es aller Erfahrung nach einer Öffnung der Gesellschaft. China muss erst noch beweisen, dass es diesen Übergang hinbekommt. Denkende Bürger fordern Mitwirkungsrechte und Freiheiten. Die Behörden erlauben zwar inzwischen rasche Lohnsteigerungen, um soziale Spannungen zu entschärfen, was wiederum die Wettbewerbsfähigkeit ganzer Branchen, deren Erfolg bislang vor allem auf niedrigen Lohnkosten basierte, infrage stellt. In den 2000er Jahren ist Chinas Wirtschaft im Schnitt um 10 Prozent pro Jahr gewachsen. Das Versprechen auf schnell steigenden Wohlstand ist der Klebstoff, der Pekings Herrschaftssystem bislang stabilisiert hat. Für die Ära des freiheitlichen Humankapitalismus ist das Land noch nicht gerüstet.

Indien? Viele sehen in der kommenden Mega-Nation das Modell für die Zukunft. Immerhin ist es eine freiheitliche Demokratie mit offenem Diskurs, kultureller Vielfalt und einer durch die englische (Amts-)Sprache eng in die globalen Informationsströme eingebundenen Gesellschaft. Doch ob Indiens schwacher staatlicher Sektor in der Lage ist, das extreme Bevölkerungswachstum der kommenden Jahrzehnte zu managen – bis zur Mitte des Jahrzehnts soll die Zahl der Inder den UN-Projektionen zufolge auf anderthalb Milliarden steigen –, ist eine offene Frage. Möglich, dass der Verteilungskampf um knappe Ressourcen – von Wasser bis Bildung – das Land ins Chaos stürzt.

Ob Indonesien, Russland, Brasilien oder Afrika – all die Länder und Kontinente, die in den vergangenen Jahren die Fantasie globaler Konzernstrategen beflügelt haben, stehen vor gewaltigen Herausforderungen. Rasches Bevölkerungswachstum, ein übermäßiges Wachstum der Rohstoffsektoren und politische Instabilität lassen Zweifel aufkommen, ob ihnen die Umstellung auf das Modell des Humankapitalismus gelingt.

Gemessen daran ist Europa für die Zukunft nicht so schlecht gerüstet – aus der globalen Perspektive relativiert sich der vorherrschende altweltliche Pessimismus. Das Risiko eines Euro-Armageddon mag derzeit die Aussichten verdüstern, doch wenn es gelingt, dieses Szenario zu überwinden, hat Europa enorme Chancen. Nirgends auf der Welt findet sich ein Kulturraum solcher Vielfalt, solcher Stabilität und Prosperität. Die Demokratie ist etabliert. Die kulturelle Humusschicht ist tief, das Bildungsniveau hoch, die Institutionen sind stabil (was sich ändern dürfte, wenn die Euro-Krise unkontrolliert eskalieren sollte). Die Bevölkerungszahl ist weitgehend konstant (auch wenn sie in Mittel- und Osteuropa tendenziell schrumpft). Offener Diskurs und offene Grenzen (innerhalb der EU) sind Errungenschaften, die sich die Bürger so leicht nicht nehmen lassen werden. Die Krise hat institutionelle Reformen in Gang gesetzt, die lähmende Verkrustungen aufbrechen können. Darin steckt das Potenzial künftiger Dynamik.

Es genügt nicht, einen institutionellen Rahmen zu schaffen – die Vereinigten Staaten von Europa oder wie wir ihn auch immer nennen mögen. Das ist zu formalistisch gedacht. Dieser Rahmen muss mit Inhalt gefüllt werden – mit Geist, mit Ideen. Europa braucht ein Narrativ, das in die Zukunft reicht: das gemeinsame Ziel, den besten humankapitalistischen Wirtschaftsraum auf dem Globus zu schaffen. Die höchste Lebensqualität. Die größte Sicherheit. Die reichhaltigste kulturelle Vielfalt. Europa braucht einen eeuropäischen Traum. Das mag auf dem Höhepunkt der Krise schwärmerisch klingen. Aber es ist alles andere als abwegig, wenn man den Kontinent mit etwas Abstand betrachtet.

Die gemeinsame europäische Geldordnung zu erhalten und zu festigen ist kein Selbstzweck. Sie ist nur ein Instrument, um das größere Ziel eines freiheitlichen, prosperierenden, friedlichen, zufriedenen Europa zu erreichen. Aber sie ist ein zentrales Instrument.

Mit voller Härte – die Geldordnung der Zukunft

Europa wird sich der Euro-Vision nur annähern können, wenn es gelingt, die Geldordnung zu stabilisieren. Dazu gehört eine strikte Regulierung des Finanzsektors (Kapitel 6). Dazu gehört eine konservative Geldpolitik der Notenbanken (Kapitel 5). Und dazu gehört ein umfassender Ausbau einer Fiskalunion (Kapitel 4).

Derzeit ist es so: Weil das institutionelle Design unvollkommen ist, muss die Europäische Zentralbank die Geldversorgung stets am schwächsten Euro-Mitglied ausrichten. So geht das seit Beginn der Währungsunion. In den frühen 2000er Jahren hielt die EZB die Zinsen zu lange zu niedrig mit Rücksicht auf das damals schwächelnde Deutschland. Das aus Sicht der Südländer zu reichliche Geld richtete in Spanien und Co. enorme Schäden an – hohe Verschuldung, Baubooms, zu stark steigende Löhne. Inzwischen ist die Situation umgekehrt: Die Notenbank hält nun wegen der Krise in den ehemaligen Boomländern die Zinsen extrem niedrig, so dass Deutschland mit billigem Geld geflutet wird und sich hierzulande Blasen bilden. Die EZB muss so handeln, weil sie die einzig wirklich handlungsfähige Euro-Land-Institution ist. Sie muss die Kohlen aus dem Feuer holen, weil sonst niemand dazu in der Lage ist. Wenn es in Zukunft andere handlungsfähige Institutionen gibt, die für einen begrenzten Ausgleich zwischen starken und schwachen Regionen sorgen und den divergierenden Entwicklungen in Europa entgegenwirken, wenn zudem die Schulden planvoll abgebaut werden, dann kann die EZB sich einer neuen geldpolitischen Orthodoxie zuwenden.

Der Kern dieser Orthodoxie ist, dass Geld und Kredit nicht schneller wachsen dürfen als das nominale Sozialprodukt. Entsprechend strikt muss der private Finanzsektor reguliert sein, entsprechend straff sollte die Notenbank die Zügel halten.

Warum? Weil das Paradigma des kreditgetriebenen – des »gehebelten« (*leveraged*) – Wachstums mit der Krise an sein Ende gekommen ist. Sich immer höher zu verschulden ist keine nachhaltige Form des Wirtschaftens. Entsprechend strikt müssen die

Notenbanken und die Aufseher vorgehen. Womöglich ist es sogar nötig, die Währungen – auch den Euro – wieder an Rohstoffe zu binden. Denn es ist auffällig, dass es der Fortfall der (mittelbaren) Gold-Bindung Anfang der 70er Jahre war, der den Beginn einer langen Phase der zu reichlichen Geldversorgung einläutete. Zunächst produzierten die Notenbanken damals die »Große Inflation«. Nachdem die Verbraucherpreise in den 80er Jahren stabilisiert waren, blähte die Überschussliquidität Blasen auf den Märkten für Vermögensgüter auf. Offenbar kommen Notenbanken auf lange Sicht nicht gut mit der institutionellen Freiheit zurecht, die ihnen die Ära des ungedeckten Papiergelds (*fiat mone«*) einräumt. Eine Bindung der Zentralbank-Geldversorgung an ein Bündel von Rohstoffen könnte sich als sinnvoller Ansatz erweisen, um eine orthodoxe Geldversorgung dauerhaft zu gewährleisten. John Maynard Keynes schlug ein solches Vorgehen am Ende des Zweiten Weltkriegs vor, als er eine globale, rohstoffgedeckte Kunstwährung (»Bancor«) ersann.

Das Standardargument dagegen lautet, dass zu strikt agierende Notenbanken das Wachstum abwürgen. Wenn die Sache so einfach wäre, dann hätte die Weltwirtschaft weder im 19. Jahrhundert wachsen dürfen (damals waren praktisch alle Währungen ans Gold gebunden) noch in der Bretton-Woods-Ära (als der Dollar goldgedeckt war und die übrigen Währungen, mit anpassungsfähigen Kursen, an den Dollar gebunden waren). Tatsächlich waren beide Phasen geprägt von dynamischem Wachstum. Es ist wahr: Die reine Rohstoffbindung mag allzu mechanistisch sein. Aber den Fachleuten fallen sicher kluge Zwischenlösungen ein.

Die künftige Geldordnung sollte die nachhaltige Wohlstandsmehrung unterstützen – mit Betonung auf allen Satzelementen: *nachhaltig* (nicht: kurzfristig), *Wohlstand* (nicht: Bruttoinlandsprodukt, Renditen, Gewinne), *unterstützen* (nicht: herstellen). Das ist ihre oberste Maxime.

Was wir nicht mehr brauchen: »eine Gesellschaft aus Egoisten«

In den vergangenen Jahren ist klar geworden, dass zu billiges, zu reichlich vorhandenes Geld für gefährliche gesellschaftliche Fehlsteuerungen sorgt. Wenn zu viel Liquidität die Asset-Preise treibt und ganze Gesellschaften sich in eine Gier nach schnellen Gewinnen hineinsteigern, wenn die Finanzsektoren so hohe Gehälter zahlen, dass die Besten und die Klügsten aus produktiveren Bereichen der Gesellschaft abgezogen werden, wenn es nur noch darum geht, Gewinne zu machen, statt das Leben von Menschen zu verbessern – dann läuft ganz offenbar grundsätzlich etwas falsch. Eine zu reichliche Geldversorgung sorgt nicht nur für ökonomische Fehlsteuerungen, sondern auch für eine Verzerrung des Wertesystems: Sie verwandelt eine Gesellschaft der Produzenten in ein Heer von Dealern, die nur einen schnellen Schnitt machen wollen. Gier mag geil sein[103] und eine wichtige Bedingung für den Wohlstand der Nationen. Wenn aber ein ganzes System darauf aufgebaut ist, die natürliche Gier der Menschen schrankenlos zu begünstigen, dann ist etwas faul.

Das sehen inzwischen sogar Ökonomen so. Zum Beispiel Dennis Snower, Präsident des Instituts für Weltwirtschaft in Kiel:[104] »Ich denke, wir stehen an einem Wendepunkt«, sagte er mir. »Die Finanzkrise hat gezeigt, dass man völlig legale Produkte auf den Markt bringen kann – und damit die Welt ruiniert. Manager, die das Gemeinwohl nicht im Blick haben, bürden anderen allzu leicht gigantische externe Kosten auf.«

Snower ist ein Enthusiast, der die Welt verbessern will. Das mag naiv klingen. Aber er entwickelt eine beachtliche Energie: Vor einigen Jahren hat er das Global Economic Symposium gegründet, womit er konkrete globale Probleme lindern will. Er ist ständig auf der Suche nach Mitstreitern, gerade auch aus der Wirtschaft. Doch da bekommt er relativ wenig Unterstützung. Ein großer Fehler, wie Snower meint: »Wir leben in einer Welt wachsender Probleme:

---

103 Um eine Formulierung aus meinem Buch *Wirtschaftsirrtümer* von 2004 zu karikieren.
104 Snower (2012)

krasse soziale Gegensätze, Ressourcenknappheit, globale Spannungen. Große Unternehmen und ihre Topmanager müssen helfen, sich an der Suche nach Lösungen zu beteiligen.«

Sicher, sagt Snower, ein Unternehmen müsse natürlich profitabel sein, weil es sonst irgendwann vom Markt verschwinde. »Aber wenn das Management ausschließlich darauf abzielt, kurzfristig den Gewinn zu maximieren, dann wird es problematisch. Es geht doch letztlich um die grundsätzliche Frage, warum eine Gesellschaft überhaupt funktioniert. Die Antwort lautet nicht: weil es so starke Gesetze gibt und so viel Polizei, die die Einhaltung der gemeinsamen Spielregeln sicherstellen. Sondern es sind Werte, die eine Gesellschaft zusammenhalten: soziale Normen, die von den Bürgern internalisiert sind, weshalb sie sich dementsprechend verhalten. Wenn wir allein durch Polizeipräsenz verhindern müssten, dass es keinen Diebstahl gibt, dann würden wir sehr schlecht dastehen. (…) In einer freien Gesellschaft bedarf es der Einsicht des Einzelnen, dass er sich im Sinne einer übergeordneten Gesamtverantwortung verhalten muss, weil sonst das Gemeinwesen zerfällt.«

Und dann sagte er diesen einen gewichtigen letzten Satz: »Eine Gesellschaft aus Egoisten kann keine freie Gesellschaft sein.«

Ein guter Satz. Er gilt für jedes einzelne Land. Und er gilt – natürlich – auch für Europa als Ganzes.

Literatur

Zitierte und verwendete Werke

Abbas, S. Ali/Nazim Belhocine/Asmaa ElGanainy/Mark Horton (2011): »Lessons from a century of large public debt reductions and build-ups«, veröffentlicht auf www.vox.eu am 18. Dezember 2011

Ahlswede, Sophie (2011): »Wie Banken in der EU Wohnimmobilien-kredite refinanzieren«. Deutsche Bank Research, *EU-Monitor* No. 86, 11. Oktober 2011

Aizenman, Joshua/Menzie D. Chinn/Hiro Ito (2010): »Surfing the Waves of Globalization: Asia and Financial Globalization in the Context of the Trilemma«, NBER Working Paper 15876, April 2010

Asmussen, Jörg (2012): Introductory remarks to panel at the high-level conference »Lessons from Lative and the Baltics« in Riga, 5. Juni 2012

Asmussen, Jörg (2011): »Challenges in the reform of the international mo-netary system«, Rede auf dem 4th Policy Roundtable of the ECB »Glo-bal Liquidity in a Multi-polar Currency World«, 1. September 2011

Bini Smaghi, Lorenzo (2010): »Has the financial sector grown too big?«, Rede auf dem Nomura-Seminar »The paradigm shift after the finan-cial crisis«, Kyoto, 15. April 2010

Barton, Dominic (2010): »Eine Ära der Exzesse«, Interview mit dem Autor, in: *manager magazin* 6/2010

Bank für Internationalen Zahlungsausgleich (1998): *Annual Report 1998*

Bank für Internationalen Zahlungsausgleich (2010): *Annual Report 2010*

Bank für Internationalen Zahlungsausgleich (2011a): *Annual Report 2011*

Bank für Internationalen Zahlungsausgleich (2011b): »The future of central banking under post-crisis mandates«, 9th BIS Annual Confe-rence, 24–25 Juni 2010, veröffentlicht Januar 2011

Bank für Internationalen Zahlungsausgleich (2011c): »Global liquidity – concept, measurement and policy implications. Report submitted by an Ad-hoc Group established by the Committee on the Global Financial System«, *CGFS Papers* No 45, November 2011

Bank für Internationalen Zahlungsausgleich (2011d): *BIS Quarterly Review*, Dezember 2011

Bank für Internationalen Zahlungsausgleich (2012): *Annual Report 2012*

Beyer, Andreas/Vítor Gaspar/Christina Gerberding/Otmar Issing (2009): »Opting out of the great inflation. German monetary policy after the breakdown of Bretton Woods«, ECB Working Paper No. 1020, März 2009

Bickenbach, F./E. Bode/D. Dohse/A. Hanley/R. Schweickert (2009): »Adjustment After the Crisis – Will the Financial Sector Shrink and Entrepreneurship Boom?«, Institut für Weltwirtschaft, Policy Brief No. 12, Oktober 2009

Blanchard, Olivier/Giovanni Dell'Ariccia/Paolo Mauro (2010): »Rethinking Macroeconomic Policy«, IMF Policy Paper, Februar 2010

Blommestein, Hans/Ahmed Keskinler/Perla Ibarlucea Flores (2011): »Overview of the OECD Sovereign Borrowing Outlook«, in: *OECD Financial Market Trends*, 2011/2

Borio, Claudio/Haibin Zhu (2008): »Capital regulation, risk-taking and monetary policy: a missing link in the transmission mechanism?«, BIS Working Papers No 268, Dezember 2008

Born, Benjamin/Teresa Buchen/Kai Carstensen/Christian Grimme/Michael Kleemann/Klaus Wohlrabe/Timo Wollmershäuser (2012): »Austritt Griechenlands aus der Europäischen Währungsunion: historische Erfahrungen, makroökonomische Konsequenzen und organisatorische Umsetzung«, Ifo Institut, April 2012

Bush, Oliver/Katie Farrant (2011): »Reform of the global financial system«, veröffentlicht auf www.vox.eu, 21. Dezember 2011

Europäische Kommission (2011): Green Paper on the feasibility of introducing Stability Bonds, Brüssel, 23. November 2011, COM (2011) 818 final

Caruana, Jaime (2011): »Global liquidity: a view from Basel«. Rede auf dem International Capital Markets Association Annual General Meeting and Annual Conference, Paris, 26. Mai 2011

Caruana, Jaime (2012): »It's time to address the root causes«, Rede in Basel, gehalten am 24. Juni 2012

Cecchetti, Stephen G./M. S. Mohanty/Fabrizio Zampolli (2011): »The real effects of debt«, BIS Working Paper, September 2011

Cevik, Serhan/Tahsin Saadi Sedik (2011): »A Barrel of Oil or a Bottle of Wine: How Do Global Growth Dynamics Affect Commodity Prices?«, IMF Working Paper, Januar 2011

Cooper, Richard (2009): »The Future of the Dollar«, Peterson Institute for International Economics, Working Paper No Pb 2009–21

Crowe, Christopher/Giovanni Dell'Ariccia/Deniz Igan/Pau Rabanal (2011): »How to Deal with Real Estate Booms: Lessons from Country Experiences«, IMF Working Paper No. 11/91, April 2011

Dagong Global Credit Rating (2010): »Surveillance Report for Sovereign Credit Rating: The United States of America«, November 2010

Deutsche Bundesbank (2007): »Der Zusammenhang zwischen monetärer Entwicklung und Immobilienmarkt«, in: Monatsbericht Juli 2007, S. 15–28

Deutsche Bundesbank (2009): »Demographischer Wandel und langfristige Tragfähigkeit der Staatsfinanzen«, in: Deutschland, Monatsbericht, Juli 2009, S. 31–48

Deutsche Bundesbank (2011a): »Konsequenzen für die Geldpolitik aus der Finanzkrise«, in: Monatsbericht 3/2011, S. 55–71

Deutsche Bundesbank (2011b): »Ansätze zur Messung und makro-prudenziellen Behandlung systemischer Risiken«, in: Monatsbericht 3/2011, S. 39–54

Dor, Eric (2011): »Leaving the euro zone: a user's guide«, IESEG School of Management (Lille Catholic University, LEM-CNRS), Working Paper 2011-ECO-06

Dorrucci, Ettore/Julie McKay (2011): »The international monetary sytem after the financial crisis«, ECB Occasional Paper No 123, Februar 2011

Economist, The (2011): »Dealing with the real«, Ausgabe vom 6. August 2011

Eichengreen, Barry/Douglas A. Irwin (2009): »The slide to Protectionism in the Great Depression: Who Succumbed and Why?«, Working Paper 15142, Juli 2009

Eichengreen, Barry/Marc Flandreau (2010): »The Federal Reserve, the Bank of England and the rise of the dollar as an international currency, 1914–39«, BIS Working Papers No 328, November 2010

Eichengreen, Barry/Peter Temin (2010): »Fetters of Gold and Paper«, Working Paper 16202, Juli 2010

Fergusson, Adam (1975): *When Money Dies. The Nightmare of Deficit Spending, Devaluation and Hyperinflation in Weimar Germany* (Neuauflage von 2010), New York 2010

Ferguson, Niall (2008): *The Ascent of Money. A Financial History of the World*, London 2008

Frankfurter Allgemeine Zeitung (2011): »Brasilien stützt seine Industrie«, Ausgabe vom 4. August 2011, Seite 11

Fisher, Irving (1933): »The Debt-Deflation Theory of Great Depression«, in: *Econometrica*, Vol. 1, No. 4, S. 337–357

Fuchs, Johann/Gerd Zika (2010): »Arbeitsmarktbilanz bis 2025: Demografie gibt die Richtung vor«, IAB Kurzbericht 12/2010

Gerlach, Petra/Peter Hördahl/Richhild Moessner (2011): »Inflation Expectations and the Great Recession«, in: *BIS Quarterly Review*, März 2011, S. 39–52

Goodhart, Charles (2010): The Changing Role of Central Banks. BIS Working Papers No 326, November 2010

Gros, Daniel (2011): »Es brennt, aber es passiert nichts.« Interview mit dem Autor für *manager magazin online*, veröffentlicht am 26. September 2011

Gräf, Bernhard/Jochen Möbert/Stefan Schneider (2011): »Deutsche Bank Research. Ausblick Deutschland«, 10. März 2011, S. 5–9

Group of 20 (2010): »The G20 Seoul Summit Leaders' declaration«, 11. und 12. November 2010

Gros, Daniel/Thomas Mayer (2011): »What to do when the euro crisis reaches the core?«, CEPS Commentary, 11. August 2011

Haldane, Andrew (2010): »The Contribution of the Financial Sector: Miracle or Mirage?«, Speech at the Future of Finance Conference, London, 14. Juli 2010

Haldane, Andrew/Vasileios Madouros (2011): »What is the contribution of the financial sector?«, Kommentar auf vox.eu am 22. November 2011

Helliwell, John/Haifang Huang (2011): »New Measures of the Costs of Unemployment: Evidence from the Subjective Well-Being of 2.3 Million Americans«, NBER Working Paper 16829, Februar 2011

Internationaler Währungsfonds (2010a): »Central Banking Lessons from the Crisis», prepared by the Monetary and Capital Markets Department, approved by José Viñals, 27. Mai 2010

Internationaler Währungsfonds (2010b): »Strategies for Fiscal Consolidation in the Post-Crisis World«, prepared by the Fiscal Affairs Department, approved by Carlo Cottarelli, 4. Februar 2010

Internationaler Währungsfonds (2011a): »Global Finanical Stability Report«, September 2011

Internationaler Währungsfonds (2011b): »Fiscal Monitor«, September 2011

Internationaler Währungsfonds (2011c): IMF Country Report No. 11/193: People's Republic of China, Spillover Report for the 2011 Article IV consulation and Selected Issues, Juli 2011

Internationaler Währungsfonds (2011d): IMF Country Report No. 11/192, People's Republic of China, 2011 Article IV Consultations

Internationaler Währungsfonds (2012a): »Global Financial Stability Report«, April 2012

Internationaler Währungsfonds (2012b): »World Economic Outlook«, April 2012

Internationaler Währungsfonds (2012c): »Fiscal Monitor«, April 2012

James, Harold (2001): The End of Globalisation: Lessons from the Great Depression, Cambridge 2001

James, Harold (2008): »Instabile Situation«, Interview mit dem Autor, in: manager magazin 1/2008

James, Harold (2010): Central banks: between internationalisation and domestic political control«, BIS Working Papers No 327, November 2010

James, Harold (2011): »Deutschland muss eine Vision für Europa entwickeln«, Interview mit dem Autor für manager magazin online, veröffentlicht am 27. September 2011

Junius, Karsten/Ulrich Kater/Carsten-Patrick Meier/Henrik Müller (2002): Handbuch Europäische Zentralbank, Bad Soden 2002

Katzensteiner, Thomas/Ulric Papendick (2011): »Kasino fatal«, in: manager magazin 4/2011

Keynes, John Maynard (1936): The General Theory of Employment, Interest, and Money, Cambrigde 1936

Kindleberger, Charles (1986): The World in Depression, revised edition. Erste Ausgabe 1973

Kiyotaki, Nobuhiro/John Moore (2001): »Evil is the root of all money«, Edinburgh University and London School of Economics, 26. November 2001

Kumhof, Michael/Claire Lebarz/Romain Rancière/Alexander W. Richter/Nathaniel A. Throckmorton (2012): »Income Inequality and Current Account Imbalances«, IMF Working Paper 12/8. Januar 2012

Ma, Guonan/Robert McCauley (2010): »The evolving renminbi regime and implications for Asian currency stability«, BIS Working Papers No 321, September 2010

Ma, Guonan/Eli Remolona/Ilhyock Shim (2009): Introduction for »Household debt: Implications for monetary policy and financial stability«, Proceedings of a joint conference organised by the BIS and the Bank of Korea in Seoul on 28 March 2008, erschienen als BIS Paper No 46, Mai 2009, S. 1–3

Mantega, Guido (2011): »Le problème est la croissance trop faible des pays avancés«, Interview in *Le Monde* vom 12.07.2011, Seite 15

Mattern, Frank (2011): »Wir stehen vor einer radikalen Zinswende«, Interview mit dem Autor für *manager magazin online,* veröffentlich am 21. Januar 2011

Mayer, Thomas (2011a): »Der Euro aus politökonomischer Perspektive«, in: Deutsche Bank Research, EU-Monitor No. 82, 8. Juli 2011

Mayer, Thomas (2011b): »Monetary Policy in times of crisis«, in: Deutsche Bank, *Global Economic Perspectives,* 16. November 2011

Mayer, Thomas (2011c): »Monetary Policy in Times of Financial Crisis«, in: *Global Economic Perspectives,* 18. November 2011, S. 3–8

McCauley, Robert (2011): »Renminbi internationalisation and China's financial development«, in: BIS quarterly review 4/2011, S. 41–56

McKinsey Global Institute (2010a): »Debt and deleveraging: The global credit bubble and its economic consequences, Januar 2010

McKinsey Global Institute (2010b): »Farewell to cheap capital? The implications of long-term shifts in global investment and saving«, Dezember 2010

McKinsey Global Institute (2012): »Debt and deleveraging: Uneven progress in the path to growth, Prepublication, Version vom 19. Januar 2012

Merkel, Angela (2012): Rede von Bundeskanzlerin Dr. Angela Merkel im Rahmen der Diskussionsveranstaltung »Die künftige Gestalt Europas« an der juristischen Fakultät der Karls-Universität am 3. April 2012 in Prag

Miles, David/Jing Yang/Gilberto Marcheggiano (2011): »Optimal bank capital«, Bank of England Discussion Paper No. 31, January 2011

Mishkin, Frederic (2011): »Monetary Policy Strategy: Lessons from the crisis«, NBER Working Paper 16755, Februar 2011

Morgan Stanley: *The Global Monetary Analyst,* verschiedene Ausgaben in den Jahren 2011 und 2012

Müller, Henrik (1999a): *Großmacht Euro – Sprengsatz für die Weltwirtschaft?,* Bonn 1999

Müller, Henrik (1999b): *Wechselkurspolitik des Eurolandes – Konfliktstoff für die neue währungspolitische Ära,* Frankfurt/Main 1999

Müller, Henrik (2004): *Wirtschaftsirrtümer. Richtigstellungen von Arbeitszeitverkürzung bis Zinspolitik,* Frankfurt/Main 2004

Müller, Henrik (2006a): *Wirtschaftsfaktor Patriotismus. Vaterlandsliebe in Zeiten der Globalisierung,* Frankfurt/Main 2006

Müller, Henrik (2006b): »Getrennte Wege«, in: *manager magazin* 8/2006

Müller, Henrik (2008a): »Das Weltgeld«, in: *manager magazin* 2/2008, S. 90–98

Müller, Henrik (2008b): *Die sieben Knappheiten,* Frankfurt/Main 2008

Müller, Henrik (2009a): »Rethinking Globalisation – an Agenda for Phase 4«, in: *Globalisation 2.0. A Roadmap to the Future from Leading Minds,* 2009

Müller, Henrik (2009b): »Mit dem Rücken zur Wand«, in: *manager magazin* 1/2009, S. 96–102

Müller, Henrik (2010a): *Sprengsatz Inflation. Können wir dem Staat noch trauen?,* Frankfurt/Main 2010

Müller, Henrik (2010b): »Der nächste Tsunami«, in: *manager magazin* 2/2010, S. 70–74

Müller, Henrik (2011a): »Glück in Zeiten der Krise«, in: *manager magazin* 1/2011, S. 107

Müller, Henrik (2011b): »Jeder kämpft für sich allein«, in: *manager magazin* 3/2011, S. 88

Müller, Henrik (2011c): »Lächeln, Christine!«, in: *manager magazin* 12/2011, S. 112–118

Müller, Henrik (2011d): »Die Notenbanken stehen mit dem Rücken zur Wand«, Kommentar für *manager magazin online,* veröffentlicht am 10. August 2011

Müller, Henrik/Dietmar Palan (2012): »Der goldene Schnitt«, in: *manager magazin* 4/2012, S. 90–98

Müller, Henrik/Ulric Papendick (2009): »Der Staat schlägt zurück«, in: *manager magazin* 4/2009, S. 84–92

Olson, Mancur (1982): The Rise and Decline of Nations, Economic Growth, Stagflation and Social Rigidities, New Haven1982

Orphanides, Athanasios (2003): »Historical Monetary Policy Analysis and the Taylor Rule«, The Board of Governors of the Federal Reserve System Working Papers, Juni 2003

Orphanides, Athanasios (2007): »Taylor Rules«, Finance and Economics Discussion Series, Divisions of Research & Statistics and Monetary Affairs, Federal Reserve Board, Washington, D.C. 2007–18

Organisation für wirtschaftliche Zusammenarbeit und Entwicklung (2011): *Divided We stand: Why Inequality Keeps Rising,* OECD report 2011

Organisation für wirtschaftliche Zusammenarbeit und Entwicklung (2012a): *OECD Economic Surveys. Euro Area 2012*

Organisation für wirtschaftliche Zusammenarbeit und Entwicklung (2012b): *OECD Economic Outlook* No. 91, Mai 2012

Pradhan, Manoj (2011): »Is Modern Central Banking Ancient History?«, in: Morgan Stanley: *The Global Monetary Analyst,* 19. Oktober 2011

Philippon, Thomas (2007): *The Equilibrium Size of the Financial Sector,* New York University, August 2007

Philippon, Thomas (2008): »The Evolution of the US Financial Industry from 1860 to 2007: Theory and Evidence«, NBER Working Paper, November 2008

Reinhart, Carmen/M. Belen Sbrancia (2011): »The Liquidation of Government Debt«, NBER Working Paper 16893, März 2011

Reinhart, Carmen/Kenneth Rogoff (2009): This Time Is Different. Bight Centuries of Financial Folly, Princeton 2009

Reinhart, Carmen/Kenneth Rogoff (2011): *A Decade of Debt,* Washington, D.C., 2011

Rogoff, Kenneth (2006): »Eurozone wird zerbrechen«, Interview mit dem Autor für *manager magazin online,* veröffentlicht am 20. Dezember 2006

Schäuble, Wolfgang (2012): »Lang und steinig«, Interview mit dem Autor und Christian Rickens, in: *manager magazin* 2/2012, S. 10–14 (Supplement)

Schinasi, Garry/Edwin Truman (2010): »Reform of the Global Financial

Architecture«, Peterson Institute for International Economics Working Paper 10–14, September 2010

Schumpeter, Joseph (1942): *Capitalism, Socialism and Democracy,* New York/London

Shu-Ling Tan, Catherine (2011):»China's financial integration into the world economy. Scrutinising China's international investment position«, Deutsche Bank Research, Current Issues Asia, 23. November 2011

Simmel, Georg (2008): *Philosophie des Geldes,* Leipzig 1900, Neuauflage 2008

Snower, Dennis (2012):»Wir stehen an einem Wendepunkt«, Interview mit dem Autor auf *manager magazin online,* veröffentlicht am 23. April 2012

Stark, Jürgen (2008):»Wir müssen sehr aufpassen«, Interview mit dem Autor für *manager magazin online,* veröffentlicht am 18. Dezember 2008

Stelter, Daniel/Marc-Olivier Lücke/Dirk Schilder (2012):»Fixing the Euro-Zone«, Boston Consulting Group Paper, März 2012

Tanzi, Vito/Ludger Schuknecht (2000): *Public Spending in the 20th Century. A Global Perspective,* Cambridge 2000

Van den Haan, Wouter/Vincent Sterk (2011):»The myth of financial innovation« and the great moderation«, Kommentar auf vox.eu, 8. November 2011

Véron, Nicolas (2011):»Europe must change course on banks«, Kommentar auf vox.eu, 22. Dezember 2011

Walter, Stefan (2011):»Basel III: Stronger Banks and a More Resilient Financial System«, Paper zur Conference on Basel III Financial Stability Institute Basel, 6 April 2011

Wang, Christina (2011):»What is the value added of banks?« Kommentar auf vox.eu, 8. Dezember 2011

Watson, Peter (2011): *The German Genius: Europe's Third Renaissance, the Second Scientic Revolution and the 20th Century,* britische Ausgabe, Erstausgabe 2010 in den USA

Weidmann, Jens (2011): Ansprache zum Amtswechsel des Präsidenten der Hauptverwaltung Hannover, 1. September 2011

White, William (2008):»Globalisation and the determinants of domestic inflation«, BIS Working Papers No 250, März 2008

White, William (2009): »Should Monetary Policy ›Lean‹ or ›Clean‹?,« Center for Financial Studies, Goethe University Frankfurt House of Finance, Paper Mai 2009

White, William (2010): »Dann kommt es zum globalen Beben«, Interview mit dem Autor für *manager magazin online,* veröffentlicht am 26. August 2010

Woodward, Bob (2000): *Maestro. Alan Greenspan and the American Boom,* New York 2000

Xiaochuan, Zhou (2009): »Reform of the International Monetary System«. Aufsatz des Chefs der chinesischen Notenbank, veröffentlicht am 23. März 2009 auf der Website der Bank (http://www.pbc.gov.cn/english/detail.asp?col=6500&id=178

Register